U0546276

# 每個人的教室：
以差異化教學支持學生的多元需求

Everybody's Classroom

Differentiating for the Shared and Unique
Needs of Diverse Students

Carol Ann Tomlinson｜著

侯秋玲、李燕菁、黃怡甄、陳映先、陳志偉｜譯

Everybody's Classroom

Differentiating for the Shared and Unique Needs of Diverse Students

Carol Ann Tomlinson

Copyright © 2022 by Teachers College, Columbia University
First published by Teachers College Press, Teachers College, Columbia University, New York, New York USA. All Rights Reserved.
Complex Chinese Edition Copyright © 2025 by Psychological Publishing Co., Ltd.

目次

關於作者	v
關於譯者	vi
推薦序	viii
譯者序	x
前言	xv

PART 1 ｜ 探討差異化教學全貌

第 1 章・介紹差異化教學	003
第 2 章・彈性是差異化教學的地基	013
第 3 章・打造基礎	027
第 4 章・深入解析差異化教學	047
第 5 章・為回應所有學生的教學奠定基礎	065

PART 2 ｜ 探討不同類型的學生

第 6 章・從基礎往上，支持有特定學習困難的學生	093
第 7 章・教導英語學習者	101
第 8 章・教導經歷創傷的學生	117

第 9 章・教導多元性別認同的學生　　129

第 10 章・教導貧窮學生　　137

第 11 章・教導自閉症學生　　151

第 12 章・教導 ADHD 學生　　163

第 13 章・教導特定學習障礙學生　　177

第 14 章・教導情緒行為障礙學生　　191

第 15 章・教導多元文化背景學生　　203

第 16 章・教導有色人種學生　　217

第 17 章・教導資賦優異學生　　233

第 18 章・每個人的教室：兩個例子　　247

結論　　265

致謝　　270

參考文獻　　273

關於作者

Carol Ann Tomlinson 是維吉尼亞大學教育與人類發展學院的威廉・克萊・派瑞許二世（William Clay Parrish, Jr.）講座榮譽退休教授，她在該校任教近三十年，包括擔任教育領導、基礎研究暨政策學系系主任，以及維吉尼亞大學學術多樣性研究中心的共同主持人。在加入維吉尼亞大學教職前，她在公立學校擔任教師二十多年，期間教導過高中、幼兒園和國中學生，也擔任過資優學生和學習困難學生的課程指導員。1974 年，她榮獲維吉尼亞州年度傑出教師獎。

2004 年，Carol 被提名為維吉尼亞大學教育與人類發展學院的傑出教授，並且在 2008 年獲頒全校教學卓越獎（All-University Teaching Award）。2022 年，《教育週刊》（Education Week）的教育學者公眾影響力排名，在美國兩百位「為有關學校和學校教育的公共辯論做出最大貢獻的高等教育專家學者」中，她名列第十二位，在課程領域的發聲則名列第四位。

Carol 的著作超過三百本書籍、書籍篇章專文、各類論文文章和其他教育題材，包括《能力混合班級的差異化教學》（*How to Differentiate Instruction in Academically Diverse Classrooms*, 3rd Ed.）、《差異化班級：回應所有學習者的需求》（*The Differentiated Classroom: Responding to the Needs of All Learners*, 2nd Ed.）和《讓每個學生都能翱翔：學習者為中心的教室原則和實踐》（*So Each May Soar: The Principles and Practices of Learner-Centered Classrooms*）。她在美國及世界各地與教育者合作，一起追求並創造出能夠更有效回應多元學生學習需求的教室。

關於譯者

侯秋玲

臺灣大學外文系學士，彰化師範大學特殊教育碩士，臺灣師範大學教育博士。現任臺灣師範大學教育學系兼任助理教授、台灣小學語文教育學會理事，為拓展語文教育之可能性而努力，長期與一些學校及教師社群合作課程教學設計和教學觀察討論。曾任教育專業發展中心博士後研究員，負責國中小補救教學師資培育計畫，關注弱勢者教育與差異化教學，期望培育出有教育愛與教育專業的教師，協助每一個學生成功學習。曾任毛毛蟲兒童哲學基金會執行長，喜歡跟孩子一同探索「思考」和「學習」的各種可能性。另外也翻譯童書繪本、親子教養書和課程教學資源書。未來，應該會繼續探究教與學，譯寫更多好書。

李燕菁

臺灣師範大學特殊教育學士與碩士，大學輔修英語系。現任新北市丹鳳高中教師，主要任教特殊需求學生的國語文和社會技巧；同時兼任新北市特殊教育輔導團團員，協助辦理課程與教學相關研習，並陪伴初任教師面對教育現場的多元挑戰，積蓄能量，走過適應期。近年來投入社會情緒學習的教學實踐，2024年通過臺灣師範大學教育研究與創新中心第一屆SEL講師培訓。喜愛學習，致力將所學付諸行動，為自己和周圍的人開創更和諧美好的生活。

黃怡甄

新竹師範學院初等教育系學士，淡江大學課程與教學研究所碩士，現任新北市新興國小教師兼教學組長。當過十三年導師，也曾兼任多年教學組和訓育組長。教學時樂於觀察學生，聽見他們的思考，讓彼此成為學習共同體。喜歡陪伴學生閱讀好書，一有機會就朗讀故事和詩給全班聽，認為繪本是班級經營和輔導

的好幫手。時常參與學習型社群，和老師們一起共備，學習課程設計和教學方法。希望能持續在教育的路上，幫助更多孩子愛上學習與探究的樂趣。

| 陳映先 |

　　臺北教育大學教育學系教育行政碩士，現任金門縣金城鎮中正國小教師。大學畢業後即返鄉服務，教學年資已屆二十年，曾兼任行政工作、擔任國教輔導團輔導員及學校輔導教師；最喜歡擔任導師，在教室裡進行各種教學嘗試。時時在教學中凝視孩子，檢視自我，希望累積二十年的人生智慧與教學經驗，不改二十年前的熱情與初衷。

| 陳志偉 |

　　臺中師範學院特殊教育系學士，臺北教育大學教育學系教學碩士，現任金門縣金城鎮中正國小教師兼事務組長。初任教師的時光，約莫有兩年多在基隆市信義區深美國小磨練，雖然時間不長，但沉浸在「以學生為中心」的教學環境下，對教育信念的涵養及教學方法的培養有深刻的影響，至今仍樂於嘗試對學生學習有助益的教學法。

推薦序

只要對教育工作者提到**差異化教學**這個詞,必然會浮現 Carol Ann Tomlinson 的名字。Tomlinson 教授比其他人都更堅定的將畢生職志投入於說服教師和教育行政人員,現今教室裡學生的差異日益多元化,學校如果真的要滿足學生的教育需求,那麼差異化教學不僅是渴望的理想(desideratum),更是必要的作為(necessity)。

在相當程度上,由於 Tomlinson 教授孜孜不倦、深具說服力的倡導和闡述差異化教學的理念基礎,使得教育界人士很少再提倡「教中間程度的學生」(teaching to the middle)或假裝全班學生在每個學科、每段時間的準備度、性向和需求都一樣,藉此來合理化自己總是以全班教學為主要教學策略的做法。

不過,我造訪了一些學校並坐在教室裡觀察教學,請原諒我下的結論是:儘管我們知道差異化教學之必要,也期望它落實在美國教育現場,但實際上,它走進教學現場的進展相對而言是很有限的。我探訪過好幾個以差異化教學為政策的學區,但也很少看到穩定、優質的差異化教學實踐。來自教育高層的政策聲明或學術象牙塔的高調言論,無益於幫助教師發展出必須具備的態度和技能,來讓差異化教學在美國教育得以實現,而非僅是空洞的承諾。

之所以會這樣,我認為原因是創造差異化教學的教室並不是一件容易的事。它需要時間,需要幾年而不是幾天的時間,才能發展出真正以差異化方式來教學所需要的策略和技能。它需要行政管理人員實質且持續的支持,也需要可觀的時間和資源的支出,才能讓教師發展成差異化教學專家教師——不僅能侃侃談論差異化教學的理念想法,同時也能腳踏實地的付諸教學行動。為了應對這些挑戰,Tomlinson 教授提供了真正有用的點子和方法,讓教師讀者能體驗立即得到回饋的成就感,也能因為看到學生的進步成長,激起強烈的動機繼續做必要的作為。

大約六十年前，約翰‧甘迺迪總統在萊斯大學（Rice University）演講時告訴美國民眾：「我們選擇要在這十年內登陸月球和做到其他的事情，不是因為它們容易，而是因為它們很難。」要讓國內的教室真正實現差異化教學也是一樣的難事，有時候，我們必須找出抗拒和阻礙最多的那條路。沒有人比 Tomlinson 教授更有資格讓我們了解那是一條什麼樣的路、如何找到那條路的入口，以及如何找到方向，走到終點。

　　Tomlinson 教授的前言一開始就提到這個信念：「這本書談的是『**每個人的教室**』——懷抱著『每個學生都有需要發展的獨特優勢，隨時間和學科而異的獨特學習需求，以及獨特的社會和情意發展模式』的信念來規劃設計的教室。」對於差異化教學，我們很難再提出比這個更簡潔、更精確的解釋了。

　　正如 Tomlinson 教授所說的：「這本書是一個邀請，邀請你以滿懷希望、融合包容、回應學生需求的方式來教學，讓身為教師的我們和我們所照顧的每一個學生都能盡展所長。」（第 xvii 頁）滿懷希望、融合包容、回應學生需求的教學——將這些特質融入日常教學實踐的教育者，足以作為教師成就高度的典範，讓受到召喚投入這個社會最重要行業的教師們知道自己也可以達到的那種高度，並且啟發學生去追求、達到那種高度。

　　差異化教學**的確是難事**，但其重要性是無庸置疑的。我不斷重提上一段的「**滿懷希望**」（hopefully）這個詞，希望是很重要的特質，能讓我們對犬儒主義（cynicism）產生免疫力，當今學校經常爆發激烈爭議，加上可悲的政治化氛圍，很容易誘使教師變成不相信理想又憤世嫉俗的犬儒主義者，但有了希望，有了 Tomlinson 教授的智慧指引，我們乃能期望和想見這樣的學校：「每間教室都建基於富含意義的課程、引人投入的教學、積極正向的協同合作，以及因為強烈相信每個學生都有能力完成重要工作而產生的高度期望，每個學生都有機會進入這樣的教室。」（第 xv 頁）關於教育卓越（educational excellence），我想不出有什麼比這個更好的描述，也想不到有誰比 Carol Ann Tomlinson 更有資格幫助我們達到這種教育卓越的高度。

——*James H. Borland*
哥倫比亞大學師範學院教育系教授

譯者序

每個人的教室，Everybody's Classroom，那是什麼？會是什麼樣子？

2022 年 4 月 1 日收到心理出版社敬堯總編輯的 email：「Carol Ann Tomlinson 好會寫，又一本新書出來了。」當時我們正考慮是否翻譯出版差異化教學大師 Tomlinson 教授 2021 年 6 月由 ASCD 出版的新書 *So Each May Soar: The Principles and Practices of Learner-Centered Classrooms*，又一本新書？點開連結，進入 Teachers College Press，看到了這本書的封面：一扇通往教室的門，斗大的書名標示著「Everybody's Classroom」，我的腦中冒出了開頭的問句。

簡要瀏覽目次和試閱章節，再跟 ASCD 的新書比對後，我看到 Tomlinson 教授在這本書的第一部分更清晰地闡述了差異化教學的理念和元素，從她投入教學的種種經驗來談「每個人的教室」的重要影響與創造原則；在第二部分則具體提出針對各種不同類型學生的教學策略和方法，對現場老師──普通班和特教班老師──都會很受用。同時，我也了解出版社由 ASCD 換到 Teachers College Press 代表的意義：這本書有更高層次理論實務兼具的系統性內涵，才能通過已有百年歷史的哥倫比亞大學師範學院出版社的嚴謹審查機制，得以出版。

於是，請總編輯洽談版權，卻得到另一家出版社正在評估的回覆──我們太慢了？難掩失望之餘，卻也懷抱希望：也許評估後未必會買版權，所以我們願意等待。然後，在生日當天，收到總編輯傳來好消息：我們有機會了！（許願成功了？！）總編輯衡估我手邊的工作，希望找合作教師一起翻譯以減輕負擔，並能在一年後交稿，所以燕菁、怡甄、映先、志偉接受了我的邀請──應該有點勉強卻也躍躍欲試吧！總之，我們一起開始學習「每個人的教室」，關於這段翻譯的歷程，怡甄說：「我們遇到艱澀難懂的長串語句和專有名詞，透過秋玲老師講解與討論，查找相關資料，漸漸理解 Tomlinson 教授堅定的差異化教學信念和做

法。」志偉曰：「事情不像『憨人』想得簡單，面對 Tomlinson 教授超長句子的寫作風格（秋玲註：加上許多來源引用，有些句子雖精簡卻意涵廣闊，中文如何對應讓人傷透腦筋），雖然有時邊讀邊想自己的教學的確頗有收穫，但要將其翻譯為易於閱讀的中文真是吃足了苦頭。我們五人組成讀書會，經過一次次的討論，字斟句酌後總算將譯稿完成。」苦了總編輯癡癡等待兩年的時間……。

但是，翻譯這本書真是值得！目前已是榮譽退休教授身分的 Tomlinson，在書裡說了不少教學經驗和師生故事，鋪陳出一生投入差異化教學的奮鬥軌跡，是什麼樣的學生和教師夥伴影響了她，讓她多年來堅持致力於創造融合包容的教室，每一位學生——超越各種類型標籤，真正回歸到學生全人——都受到尊重且有公平的學習發展機會的教育理想。同時，她也花了許多心力回頭閱讀、整合最好的課程與教學研究知識，提出各種差異化教學實踐的策略方法。這本書的廣度與深度，更勝於以往我在她所作其他差異化教學書籍裡讀到的內容，而且那些導致翻譯難度提高的文學寫作手法，使得 Tomlinson 教授的整個教學生命立體化、鮮明化，更具有感動人的力量。

隨著各章不同主題的探討，我想起了曾經相遇的學生：因為家庭變故而突然出現暴衝行為的孩子；因為家境清寒、父母疏於照顧而帶著一身怪味上學的女孩；輾轉住過幾個寄養家庭、有學習障礙、總是握著拳頭的男孩；跟著父母搬來臺灣，只會講英文，正要開始學國語的孩子；花東部落裡微笑著對我說「課文就是老師說好像懂、自己讀就不懂的東西」的孩子；不斷製造各種行為問題煙霧彈，掩飾自己無法讀寫的女孩；經常閃神、無法專心，喃喃說著我也不知道怎麼辦的孩子；因童年創傷而罹患憂鬱症、缺課太多導致被退學的大學生；還有那些難以「正常」行事而被視為麻煩問題的學生、不被接納而放棄學習的學生……。Tomlinson 教授的文字敲著我的腦袋，讓我不斷思考著：如果這些學生能夠擁有「每個人的教室」，他們的學習旅程和生命發展是否可能大不相同呢？

希望讀者在閱讀本書的過程中，時時思考和回應這三個核心問題：

- 每個人的教室，會是什麼樣子？
- 如果學生能夠擁有「每個人的教室」，他們的學習旅程和生命發展是否可

能大不相同？
- 我可以做些什麼來創造「每個人的教室」？

我覺得，合作翻譯的教師們為了這篇序所寫的話語，是挺好的回應：

怡甄：我很喜歡 Tomlinson 教授在前言裡的呼籲：我們需要有萬全準備的教室，去歡迎、接納和有效的教導每一個學生。我們需要「每個人的教室」。她邀請我們以滿懷希望、融合包容、回應學生需求的方式來教學。我在學校擔任教師的這些年，初心不變，想要照顧好每一位孩子，幫助他們成功學習，雖時有收穫，但也時有挫折。在心裡疑惑時，能遇見這本書真是太好了，更加增我的信心，儘管路很漫長，仍想要繼續實施有意義的差異化教學，並持續反思我的教學工作。Tomlinson 教授在改變的路上已經走了五十多年了，她仍在繼續學習呢！向她看齊！

志偉：Tomlinson 教授的信念——支持每一位學生，讓學生每一天都能進步一點，正是我在深美國小服務時，前輩教師透過身教、言教讓我領受的。每一次提到差異化教學，秋玲老師總會以「回應學生個別的學習需求」作為註腳，耳濡目染之下，我逐漸將這個想法放在心中，在教學時盡可能關照每個小孩。猶記得第一次接觸差異化教學，是 2010 年某次臺灣師大舉辦的特教研習，當時的 DI（differentiated instruction）翻譯為「區分性教學」，研習中講者以教學示例展示如何透過 DI 來對資優生進行適性教學。研習結束後我便將學到的粗淺概念——將學生依能力分組並給予不同的鷹架完成學習任務，以自以為是的方式在班上試驗「區分性寫作教學」，牛刀小試的結果，各組學生都能完成給予的寫作任務。而本書 Tomlinson 教授清楚闡述了自己的理念，並提供了許多教學策略，相信在我未來的教學路上能提供學生更多協助。

映先：大部分老師（包括我），在傳統「標準化」教學中，都是優勢的既得利益者，教師養成的歷程中也從未有機會思考如何引導來自不同背景，具有不同準備度、技能和興趣的學生進行學習。因此，在翻譯過程中，完全可以感受 Tomlinson 教授以學生為本，積極看待差異的信念，並依此信念發展出全面、實用且鉅細靡遺的基本態度和各種策略；Tomlinson 教授不但有仰之彌高的理念，更有鑽之彌堅的論述與基礎，不僅是理想家，更是實踐家。書中統整了各個面向的差異化教學，有的令我心有戚戚：「對對，就是這樣！」有的讓我恍然大悟：「原來，可以這麼做……」如果，你在教學中遇到瓶頸，需要來點正能量；如果，你在班級經營中有點卡住，需要一些靈光，強力推薦你看看這本書，你得到的會比想像的還多。

燕菁：從事特教工作三十年，深深感受到每個孩子都有自己獨特的學習風格，卻往往受限於齊一式的教學方式而難以發揮所長。學生間的學習歷程有相當大的差異：因背景知識缺乏而難以深入思考、視覺優勢者在處理聽覺訊息遇到瓶頸、口語表達能力不佳無法清楚敘述所學；此外，更有為數不少的學生受到情緒調節、專注度、記憶力和文化背景等因素影響，在學習過程中掙扎，坐等失敗。究竟，該如何讓每位學生都能參與學習，獲得需要的支持與協助？「成就每一個孩子」的願景又該如何轉化到教學現場？我們何其有幸，在這本書中窺見 Tomlinson 教授畢生投入差異化教學的豐富經驗，以「全人教育」的模式營造尊重、接納與支持的學習氛圍，提供許多具體方法，為不同程度和不同學習需求的學生調整教學策略、積極回應與回饋，並期許教師保持彈性，鼓勵學生運用優勢能力展現學習成果，達成學習目標。如此珍貴的資源正等待我們去探索、去善用。當每位學生的個別需求得到充分支持，當學習之路不再處處受限，我們想望的「適性揚才，成就每一個孩子」，將陸續在每所學校、每間教室開展！

是的。一次一位教師,一次一間教室,一次一所學校。體認差異化教學是值得一生追求的難事,所以需要攜手同行、一起努力開創每個人的教室。期待每個人的教室,陸續在每間教室、每所學校開展!

侯秋玲 謹誌

前言

　　這本書談的是「**每個人的教室**」——懷抱著「每個學生都有需要發展的獨特優勢，隨時間和學科而異的獨特學習需求，以及獨特的社會和情意發展模式」的信念來規劃設計的教室。這些教室裡的教師工作時帶著堅定的信念：在他們教室裡的每個學生都需要經常得到教師的關注；沒有一個學生是麻煩人物（inconvenience）；學生每天醒著的時間大多在教室裡度過，任何學生都不應該覺得自己在教室裡是隱形人或麻煩人物。這些想法當然是融合教育和差異化教學的核心，但「**每個人的教室**」多加了一些額外的元素——每間教室都建基於富含意義的課程、引人投入的教學、積極正向的協同合作，以及因為強烈相信每個學生都有能力完成重要工作而產生的高度期望，每個學生都有機會進入這樣的教室。這樣的教室致力於確保每個學生都有公平的機會去參與學校提供的最佳學習經驗。

　　這並非暗示說融合教育代表的是所有學生都在同一間教室裡，不管他們的需求是什麼。有些學生在學習或生活方面有很大的困難，所以需要非常庇護性的協助才能繼續前進；有些學生的學業能力比同齡學生優異許多，但公立學校卻缺乏必要的人力資源來引導他們成長。此外，如果引入「每個人的教室」代表的是教室裡會有好幾位具有特殊又嚴重學習需求的學生，那麼許多教師的教學生活也不會好過——特別是如果教師的經驗有限或毫無經驗，不知道如何針對教室裡有特殊障礙類型和學習需求的學生進行差異化教學。這本書主要想傳達雙重訊息：第一，我們能夠也應該做得更好的是，打開教室的門，迎接任何能因教室團體關係（membership in classrooms）而受益的學生，教師了解、接納和滿足每一個學生每天帶到學校來的個人差異。第二，只有當教師致力於應用專業知能，為每個學生提供我們所能提供最優質的學習機會時，這樣的教室和教室裡的學生才能蓬勃發展。

「每個人的教室」是「**大帳篷型的教室**」，在教室活動的中心擺放著的是每個學生的座位。它們是「**擁抱所有人的教室**」，歡迎每個學生每天帶來教室的一切——接納學生目前的樣子，渴望和他們一起學習，並熱切的幫助學生發現自己可以成為什麼樣的人。它們是「**大傘型的教室**」，有夠寬夠大的傘面，在暴風雨來臨時為學生提供庇護。它們是「**全方位的教室**」，裡面的學習環境、課程、評量、教學和班級常規都是為了幫助每個學生每天邁出成長的下一步而設計。

「每個人的教室」為所有到來的學生提供公平的管道獲得優質的學習機會——以及在這些機會中成功學習所需的各種協助。

「每個人的教室」建立起學生團隊，團隊成員在過程中逐漸了解到彼此的相似處讓他們凝聚關係，彼此的差異性則擴展了他們學習的深廣度。

「每個人的教室」不會要求學生——或他們的老師——當個超人，而是要大家一起合作，一次跨出一步，在未來某一天或在共享學習機會的一年之後，能夠成為最好的自己。

如果你以為你將要讀的是一本關於融合教育的書，我想你會在這裡找到實用的想法和策略；如果你以為你將要讀的是一本關於差異化教學的書，我希望你的需求能得到滿足。如果你正在尋找更好的方法來回應那些曾經經歷創傷、貧窮、偏見、文化和語言差異或有學習困難的學生的需求，你會找到林林總總的方法，這些方法引用各領域專家和我自己的研究成果，同時也為讀者指出其他可參考的資源。如果你尋求的是自我挑戰，我相信本書正是讓自己身為老師和身為一個人都能更加成長、盡展所長的資源。

根據 Barbara Boroson 的主張，我稍加改述如下：我們需要專為身在教室裡，彼此有巨大差異的年輕學子而打造我們的教室，這些學生有不同的人種、民族、宗教、文化、國籍和性別取向，有些學生才剛開始學習課堂上使用的語言，有些是性別流動或跨性別的學生，有些學生需要眼鏡或助聽器或使用輪椅，有來自和樂家庭的學生，有來自混亂或暴力家庭的學生，也有些學生回家後不知道肚子餓時有沒有食物可吃。這些學生的學業精熟度、社會技巧、感官知覺反應、情緒成熟度和行為模式差異很大，有些學生興致勃勃的享受學習的樂趣；有些學生已經放棄了學校——或者即將放棄；有些學生經歷過創傷，正在苦苦掙扎不放棄

生命。這些差異雖非中性（neutral）、無好壞之分，卻是天性（natural）、生命之自然，它們是教室的一部分，正如它們也是生活的一部分（Boroson, 2020）。我們需要有萬全準備的教室，去歡迎、接納和有效的教導所有這些年輕學子——每一個學生，我們需要「每個人的教室」。在本書的第一部分，我們將開始「每個人的教室」的思考之旅，想一想什麼是差異化教學——或它**應該是**什麼，它可以如何幫助我們建立將學生差異視為常態的教室，以及有效差異化教學的基礎可以如何讓我們和學生做好準備，迎向更融合、包容每個人的教與學。第二部分則是細看十一種學習需求「類型」，其中有幾種是經常在融合教育教室裡處理的類型，有些則反映了我們一般認為的「融合教育」比較少處理的學生需求類型。不管如何，這些學習需求可能會對學生造成重大的學習阻礙，也會對教導這些學生的教師產生巨大的挑戰。此外，本書的第二部分提供有關這十一種類型的一般背景概述，說明被歸類到某種需求類型的學生通常共有的（但絕非人人皆有的）特殊學習需求，並且清楚闡述：儘管這些被鑑定為有特殊學習需求的學生各有差異，但支持他們成長和成功所需要做的事情，大部分是相同，同時也是有效差異化教學的基礎。換言之，這也很具體的表明，正確的理解和應用差異化教學，就能建立全然接納有這些和其他學習需求的學生的教室。

　　本書的最後兩章提出並說明了在差異化和融合式教室裡，「往上教」（teaching up）所有學生的概念，這樣一來，幾乎所有學生都可以體驗到那種意義豐富、複雜的學習機會（通常只保留給少數學生）。讀者也會在最後兩章找到機會扮演兩間教室裡的臨床觀察者，運用建議的架構來引導他們思考兩位教師如何創造「每個人的教室」的方法。這本書是一個邀請，邀請你以滿懷希望、融合包容、回應學生需求的方式來教學，讓身為教師的我們和我們所照顧的每一個學生都能盡展所長。請跟著我一起讀，請跟著我一起想，然後用一點點不同的眼光來看待你的學生以及你身為教師的角色。

—— Carol Ann Tomlinson

PART 1
探討差異化教學全貌

第 1 章

介紹差異化教學

我喜歡這個班，因為這裡每天都有不一樣的事情發生。我其他課的班，感覺就像每一天的午餐都吃花生醬一樣。在這個班，就像我的老師開了一間超級棒的餐廳，有豐盛的菜單且應有盡有。

—— 引自一位國中女孩的訪談

> 本章的大概念：要成為教學專家，就要成為學習專家。

身為教師，除非我們嚴重怠忽職守，才會沒有注意到進入我們教室的年輕學子的顯著多樣性，或始終沒有察覺他們每天帶來的優點、需求、夢想和恐懼有那麼巨大的不同。可能稍微比較容易忽略的是這個事實：有些學生因為生活的條件狀況，或者因為當天上課的內容超乎他們的學業能力、缺乏社會與情感上的連結，所以大部分的日子都放棄學習。或許也同樣比較容易忽略的是這個事實：許多「優秀」學生賺到了「好分數」，卻沒有盡展所長、成長進步、學到新事物或發掘他們最大的可能性。也許最容易忽略的是：有多少看起來表現不錯或至少尚可的學生，如果我們明顯提高對他們的期望和支持，如果我們幫助他們找到個人的長處並提升強化，如果我們就算必須面對「重要考試」之前要趕完進度的壓力，也絕不會讓他們覺得自己沒被看見，那麼他們的學業表現就會比現在好很多。教師必須以同樣的方式、在同樣的時限內為所有學生教完規定的、內容過多的課程，以做好準備應付標準化測驗，這樣的期望使得教師覺得要照顧和滿足學

生每天帶到學校的所有需求是不可能的任務。我們發現自己在做的是檢傷分類式教學（triage teaching）——對我們所教的年輕學子進行分類，然後將我們有限的注意力分給那些看起來最需要的學生，或至少最有可能因為我們騰出時間來陪伴他們而受益的學生。

儘管如此，我依然相信大多數老師真的都了解「整批式教學」（batch teaching）辜負了許多學生。我相信許多教師會尋找方法，在不同的學習起始點迎接學生，盡可能長遠又有效的推動學生往前進，幫助每個學生發現及擴展自己的長處。差異化教學是一種教學架構，旨在幫助教師為這些目標做好教學計畫，並將這些計畫轉化成課堂實際行動。

所以，差異化教學到底是什麼？

差異化教學，就我的理解，是一種教學模式，旨在為不同學習者的需求預留空間，在多元異質的學習情境裡，能夠有意義的處理和滿足各式各樣的學生學習需求。差異化教學和融合教育有共同的信念，相信教室裡的多元差異對所有學生都有益，因為它（舉例來說）：

- 給予所有學生一種歸屬感；
- 減少刻板印象；
- 增進學生之間的理解、同理心與尊重；
- 示範一個所有公民共存共榮的世界；
- 讓學生做好準備去參與和領導那樣的世界；
- 展現汲取許多不同經驗和觀點的好處；
- 增進友誼；
- 支持協同合作；
- 提供彈性的學習機會；
- 幫助學生充分發揮潛能；
- 創造機會讓每個學生發展優勢領域和補強劣勢領域（Kids Together, Inc., n.d.; New Brunswick Association for Community Living, n.d.）。

因此，精確理解的話，差異化教學**是**：

- 為成功的融合教育鋪路預備的一種教學模式；
- 給班上**每一個**學生的教學；
- 了解「人類是獨特的個體，因而有不同的學習差異，這些差異會顯著影響他們學習的方式」這個事實，並據此採取行動；
- 將學生視為一個一個的個體（THE student，**個別學生**）來看待和規劃教學，而不是將學生視為大致的整體（the STUDENTS，**全體學生**）來看待、談論和規劃教學；
- 在學生多元的學習軌道裡觀察與尋找相同和相異之處，並且依據學生共同和不同的學習需求來規劃教學週期裡特定時段的安排；
- 一系列的態度和技能，教師長時間的研究學生、試用不同的方法來教學生，並反思什麼方法有效、對誰有效、在什麼條件下有效和為什麼有效，從而學習到的態度和技能；
- 思考教室意義和「存在」於教室的一種方式。

差異化教學**不是**：

- 只給經過鑑定的特殊教育需求學生、英語學習者*（English learners，指母語不是英語，所以必須另外學英語的學生）和資優學生的教學；
- 為每個學生制定不同的課程計畫；
- 給資優學生較多工作，或給學習困難學生較少工作；
- 對一些學生往下教（teach down），對另一些學生往上教（teach up）；
- 一套特定的教學策略；
- 根據我們**認為**的「能力程度」，分類教室或學校裡的學生。

---

* 譯註：有些移民學生的母語並非英語，為了融入社會和學習環境，必須學英語，這些學生是本書所稱的「英語學習者」。在臺灣，也有剛移民或海外回臺的學生需要學國語。閱讀本書時，讀者可將「英語學習者」替換為「國語學習者」來思考這些學生的教與學。

圖表 1.1 提供了一些差異化教學的定義，這些是多年來我與大學學生和教師一起工作時使用的定義。圖表 1.2 呈現的是以不同方式思考和研究差異化教學的其他專業人士的定義。請花幾分鐘時間比較一下這些定義和你的想法，也想想它們如何在提出相似觀點的同時也擴展了其他定義。在第 3 章和第 4 章，我們會再探討其他幾個有助於引導教師規劃教學的差異化教學思考方式。

▷▷▷ 圖表 1.1　差異化教學的一些基本定義

差異化教學正視每個孩子都不相同的事實，也認同最有效能的老師會盡一切努力來吸引所有類型的孩子學習。	差異化教學是為教室的不可預測性預作教學規劃。
它是思考、看待教室的一種方式，目標是重視每個學生的學習需求，盡最大可能提升每個學生的學習能力，同時建立一個堅實穩固的學習團體。	差異化教學是尊重學生的教學。
	差異化教學是教師設法先看見孩子，然後依據他們對孩子的了解來教學。
差異化教學是徹底改變教室，好讓學生有更多方式去吸收、理解新想法和表達他們學到的東西。	差異化教學是確保給予每個學生必須的支持，以公平獲得優質學習機會的教學。

就某種程度而言，我們現在所謂的「差異化教學」其實只是常識而已。如果有真正重要的東西需要所有學生都學習，而且如果有些學生沒有任何進步的話，那麼教師自然應當找到方法幫助學生運用不同的方式，或給予不同的協助或更長的時間來學習。同樣的道理，當學生展現證據證明自己已經精熟某些知識或技能時，老師也應當找到方法擴展他們的學習，好讓他們持續學業和智能上的發展。而且，我們為什麼不要幫助所有學生發現並擴展他們獨特的長處和興趣，或鼓勵他們學習並以能促進他們成功的方式來表達學習呢？我們為什麼不應該關心學生的情意和社會發展，就像我們應該關心學生的學業或智能發展那樣呢？

>>> **圖表 1.2　差異化教學的其他定義**

差異化教學是確保對的學生在對的時間獲得對的學習任務。一旦你知道每個學生擁有什麼樣的能力特質，作為「給定條件」或「已知事實」，也了解每個學生需要什麼才能學習，差異化教學就不再是一個選項，而是明顯應做的回應。
——Lorna Earl (2003), *Assessment as Learning*

差異化教學是考量他人的需要和想要，但不放棄我們自己的需要和想要，也不主導和控制他人的一種方式。因此，差異化教學不只是一種教學方法，而是一種為人之道。
——John Stroup，維吉尼亞大學研究生

我認為差異化教學是將每個人獨特的發展、才能、長處和興趣都納入考量；覺察每個人獨一無二的特質；然後因應這些差異來調整、客製化教育的做法。
——Elliott Seif, *Teaching for Lifelong Learning* 一書作者

差異化**教學**是讓「一般典型的」學生、特教生、資優生，及來自不同文化、種族和語言族群的學生都能

一起學習，好好學習。

不只有融合的形式，更有融合的教學。
——J. Michael Peterson & Mishael M. Hitte (2005), *Inclusive Teaching: Creating Effective Schools for All Learners*

一位教師說明她的教學在運用差異化教學之前和之後的改變

（差異化教學之前：在盒子裡；差異化教學之後：在盒子上面、在盒子裡、在盒子側邊、在盒子下面）

　　但是，常識要付諸實踐卻可能非常困難——尤其是在一間擠滿太多年輕身心的教室裡，而且教師欠缺差異化教學的心理圖像，不曉得如果學生常常是走不同的學習路徑，而不是幾乎全班一致地向前走的話，那班上會是什麼樣子。此外，很少有老師覺得他們對於如何協助各種學生更成功的學習有厚實的了解，包含：對教室裡使用的語言很陌生的學生，來自不同文化、語言和種族的學生，無家可歸的學生，必須忍受社會不公不義衝擊影響的學生，體驗數種身體和（或）認知學習障礙的學生，學業資優的學生，經歷童年創傷的學生，按照與眾不同、更具創意的內在鼓聲前進的學生，在性別認同中掙扎的學生，身上帶有兩種或兩種以上特教需求的學生……等等。正如一位焦慮的老師曾經在我主持的工作坊裡大

喊：「學生每個人都有需求，怎麼有人能期望我們去照顧那麼多學生的需求!?」

老師不是（也不可能是）所有這些領域的專家。儘管如此，每天還是有非常不一樣的學生來到我們的教室，**還是有**一些事情是我們可以做的，可以使學校變得更加友善接納每一個學生，讓每一個學生的學習更富有成效。我們只是需要堅持不懈的意志，長時間持續不斷的發展做這些事情所需要的知識、理解和技能。在幾乎所有的人類努力作為上，堅持不懈的意志是通往成功的門票。我們要求學生努力握住鉛筆、學習數學事實、在平面紙張上畫出空間透視圖、有策略技巧的踢足球、在歷史發展中尋找意義、運用他們不熟悉的語言溝通交流。我們不要求他們在第一天就精熟這些東西。相反的，我們盡可能的激勵每個學生長時間堅持不懈的朝一個目標前進，當他們跌倒和覺得挫敗時，把他們扶起來，然後溫柔的堅持要他們再次專注於自己的下一步，繼續朝著目標前進。這個過程裡沒有魔法，只有決心，魔法發生在學習發生之際。要成為擁有強大、正向的力量來協助**每一個**學生發展——而不是將所有學生視為一個整體進行籠統的全班教學——的老師，也是像這樣的。

當心：前有改變！

差異化教學本身並沒有你想像的那麼難——特別是如果你允許自己隨著時間慢慢發展差異化教學技能的話。困難的是這樣的現實：為了發展這些技能，你必須放棄一些可能已經在你的教室裡變成「既定」的習慣和做法。你不需要一下子全部放棄這些習慣和做法——它是一步一步進行的過程，但是，如果你採用能讓你以學生為中心的方式進行教學工作的話，差異化教學就會帶領你在思考、計畫和實施教與學的方式上產生巨大的改變。舉例來說，差異化教學要求教師的思考

- 從有能力和沒能力的區別，改變成相信他們自己的能力和他們學生的學習能力；
- 從教完課程進度，改變成重視學生的理解；
- 從注重老師的教，改變成注重學生的學；
- 從全班整體教學，改變成考慮各種學生的多元需求；

- 從固定的時間安排，改變成流動、彈性的時間安排；
- 從評量是為了評斷學生，改變成評量是為了指導學生。

這些並不是任意隨機的改變，而是促成有意義的差異化教學必須有的改變。之所以必須，正因為它們就是差異化教學要求教師做的事情。如果你是按照步調嚴明的教學指引來教學，那就不可能將學生放在你教學工作的中心；如果你覺得必須在規定期限內「教完」課程進度，那麼要從你的課表中找出時間來滿足教室裡存在的多元學習需求就不可行了；如果你迴避不讓學生經常配對或分組進行學習，那麼他們的社會和情意技能就不太可能成長。舉例來說，如果你的評分或管教程序讓學生覺得是懲罰，或者，如果教室的學習環境或課程與教學裡沒有學生的生命形象，導致學生覺得自己「不如人」，就會有很多學生不願意投入大量心力在學習上面。

當然，改變有其正向積極的一面，儘管人們經常強烈抗拒改變，但它對於我們自身的成長和發展卻是必須的。當你冒險嘗試小改變，進而帶來更大的改變時，你可能會發現：教學對你來說更有意義、更有回報；你的學生會帶著更高的信任感來回應你；在一節課或一天當中，你喜歡有更多時間連結接觸和實際教導個別學生；還有，你會覺得在工作中獲得新生。這些都是我從已經轉變為差異化教學的老師那裡聽來的話，他們也總是告訴我，他們無法想像再回到教師生涯早期所用的教學方式。

通往有意義的改變之路是漫長的。當我寫下這個句子的時候，我已經在改變之路上走了五十多年了。當我回顧以往，我發現在和我的學生們一起學習、工作的這段時光裡，自己變得更有效能、更有自信。我一直很喜歡著名大提琴家 Pablo Casals 的回應，有人問 83 歲的他為什麼每天還要持續練琴好幾個小時，他回答：「因為，我覺得我還在學。」我也是！而且，有何不可？我不想去給覺得沒必要在執業中持續有所長進的醫師看診，我也會懷疑那個告訴我他大概第一年當爸爸就學會了所有教養須知的人。改造、重塑自我的潛能，是上天給予人類的禮物，它讓我們不斷拓展、成長。我希望這本書是對讀者發出的邀請，邀請你們也選擇這條改變之路。

結語

本書的重要目標是幫助教師對差異化教學有基礎的了解,包括:

- 意識到要對學生帶進教室的學習需求類型有適當的認識;
- 學生在教室裡如何展現這些需求;
- 可以幫助教師有意義的回應這些需求的一些基本信念和做法。

為了達成這個目標,本書涵蓋兩個部分。前五章清楚闡述優質差異化教學的核心要素,第六章則是連結這些有效**差異化教學**的核心要素和有效**融合教育**的基本規劃。第一部分還提出了十二項重要原則,用以指引教師思考、計畫、實施和反思自己的教學工作,使得每個學生都能受益。對於既想要滿足個別學生的需求和目標,又想要達成全班教學目標的教師來說,這些原則的作用有點像是衛星定位導航系統。

本書第二部分聚焦於你在任教班級裡可能會看到的學生學習需求的群組或「類型」。你從第一部分點點滴滴收集到的了解應該連結到第二部分,這樣你就能準備好運用關於處理學生多元差異的新增知識,協助更多類型的學生——同時也支持你自己——一步一步隨著時間慢慢前進,獲得更多積極正向的成果。

第二部分各章的內容,大多是我五十多年來學習的成果——在小學、國中、高中和大學教室裡,學習如何成為對每一個學生來說更有效能的老師。我就像大多數的教師一樣,剛開始教職生涯時,並不清楚所謂好的教學是什麼意思。在早期的教學日子裡,我常常覺得自己是個失敗者。在 K 到 12 年級教室的二十年光陰,我有幸和一群熱情、積極、創新而且不會輕易被打敗的教師一起共事。我們經常聚會,一起分享課堂經驗,我們面對自己的不足,試著釐清自己的困惑。有時我們捨棄我們的想法,從頭開始;有時我們抓住一個想法的核心,重新改造它;有時我們只稍做一些調整;偶爾偶爾,我們需要做的只是潤飾一下而已。在近二十年的共事過程之後,我們對於教與學的了解,比起剛開始合作時實在多太多了,我們知識的深度和廣度都有明顯的增加。我們往往感到振奮鼓舞,但我們還是會失敗跌跤。不過,因為我們已經有顯著的成長,所以我們跌得更漂亮、更

聰明，也更少灰心喪志。這就是教學的真義——學習。

　　在這本書裡，我會不時的與你分享我和同事們在嘗試變得更能有效教學的過程中曾經共享的一些經驗和洞見，在很長一段時間裡，這些經驗對我和我的學生都發揮了良好的影響作用。再結合我身為大學教授所擁有的機會，在身為教育者的第二人生中，從心理學和神經科學來研究這些領域對於「有效教與學的屬性特徵」最好的研究結果和理解，更增加了我的知識深廣度。但我還是會失敗，這就是我們這個職業的本質。對我來說，這使得追求教學藝術之路充滿了無限的挑戰與回報，我希望你也有同感。

第 2 章

彈性是差異化教學的地基

伊莉莎白・安（Elizabeth Ann）張口結舌跌坐在長椅上，她覺得頭昏眼花。老師說的話太瘋狂了！她覺得自己好像要被撕裂了。「怎麼了？」老師看她一臉困惑，於是這麼問。「為什麼——為什麼？」伊莉莎白・安說：「我完全搞不懂我是什麼了。如果我數學課是二年級，閱讀課是七年級，拼字課是三年級，那我到底是幾年級？」老師笑了。「不管你在學校哪裡，你都不會是哪一個年級。你就是你自己，不是嗎？你在哪個年級有什麼差別呢？而且，只因為你不會九九乘法表，就必須閱讀對你來說像小嬰兒等級那麼簡單的東西，有什麼用呢？」

──Dorothy Canfield Fisher，《蘋果山丘上的貝絲》（ Understood Betsy ）

本章的大概念：除非我們將教室設計成適合所有類型的學習者，不然它不可能適合任何特定類型的學習者。

　　對於我們現在所謂的差異化教學，我第一個有意義的洞察出現在我教學早期。當時是開學第三週，某一節下課跑班的時候，一位個子小小、外表瘦弱的男孩，大大的眼睛裡充滿懇求，在學校穿堂低聲對我說了一句話，國中的穿堂是可想而知的嘈雜。他說得很輕，而且用手遮住嘴巴。我從沒見過他，我以為他需要有人幫忙打開置物櫃，因為每年剛開學時，升上我們國中的學生經常遇到這個問題。試了三次以後，我終於聽懂他真正想告訴我的話。對我們倆來說，這個訊息又短又可怕。「我不認識字。」他看著地板說出這句話。

他的年紀不是我以為的十二或十三歲，事實上，他已經十五歲了，當天是他第一次來到我那個十二到十三歲學生的班級。我立刻體悟到兩件事：第一，我不知道怎麼教識字，沒有教材可以幫我，也不知道如何讓他融入班級，才能讓同學尊重他並和他成為朋友。第二，而且更重要的是，我知道我不能讓他失望。在第一節過渡到第二節的下課時間裡，這是我所見過展現極大勇氣與信任的行動。我要弄清楚該怎麼做，我別無選擇，日復一日，我就是不斷在弄清楚該怎麼做——每天都不完美，但有些日子做得還算好，所以他有了進展，我也是。他的名字叫高登（Golden），等一下我還會回到他的故事。

「彈性」（flexibility）這個詞並不完全是「差異化教學」的同義詞，但它確實反映出能夠穩健有效實施差異化教學的教師的一個關鍵特徵，正如它也反映出有效差異化教學的教室的一個決定性特徵。彈性在教室裡是必要的，其原因與差異化教學是必要的一樣——每個人有各式各樣的差異，這些差異會形塑、影響他們的學習。他們不是一致或整體同步的學習，學習是高度個人化的事情。我們被誤導去相信我們教的是一整個班級，但這是不正確的。我們教導的年輕學子的大腦有很多共同之處，然而其神經連結的方式也會造成顯著的差異，因此我們需要教每個學生獨特的大腦。再加上現實存在著學生的文化、語言、家庭經驗、天賦才能、興趣、恐懼、社會發展、情緒成熟度、學校經驗和性格氣質等等的巨大差異，因此，我們以為運用我們偏好的「一體適用所有人」的教學方法和紀律嚴明的班級「管理」方式，就能有效教好學生的想法，對現今的學生來說似乎非常不合適。所以，彈性意味著什麼？它不意味什麼？

教室裡的彈性是什麼？不是什麼？

我們先從彈性的意思不是什麼開始。彈性**不是**：

- **混亂**。混亂但有效率的教室是一個虛幻的想法。我們很多人在剛開始教學的那幾年，至少都經歷過一些混亂，那是大多數人都不想重溫的噩夢。混亂對學生而言是具有破壞性的——對某些學生甚至是創傷。混亂對教師和學生都是不利的狀況。實際上，研究者告訴我們，對複雜思考

和深度學習而言,「彈性而有序的教室」是必要的,因為這兩件事情都不是線性進行,而且都有點「雜亂無章」和不可預測(Sousa & Tomlinson, 2018)。混亂會阻礙教師想要學生達成的學業與社會學習結果,彈性則能支持學生達標。

- **教師規劃能力薄弱的證明。**事實上,彈性需要清晰、深思熟慮的規劃,使得教師總是清楚學習的目的、課程裡最重要的是什麼、時間的限制,甚至是作為教室指南針的基礎哲學信念。正是這種程度的用心和周詳規劃,才能避免彈性淪為混亂,才能讓整個班級和組成班級的個別學生都能好好學習。當我們跟學生一起協力建立和澄清班級常規,有系統地教導他們如何運用這些常規來幫助他們和同學的學習,所有年紀的年輕學子都能夠在彈性的教室裡好好學習。
- **降低期望。**在有效差異化的教室裡,教師會「往上教」(teach up),也就是說,他們在規劃教學時,會先設計能夠挑戰優秀學生的學習經驗,而後再做差異化的處理,使得所有學生都能獲得豐富的學習經驗。相對於比較僵硬固定的教室情境,彈性能夠讓更多學生有更高層次的思考和生產力。正確理解差異化教學的教師永遠不會「往下教」(teach down),相反的,他們會教導學生如何學習,好讓學生能以更複雜的程度達致更高的成就。

彈性真正的意思是:

- **教師認為規則和程序應該服務學生,而非學生服膺規則。**也就是說,教師了解教室常規和做法的可預期性,可以帶給學生和教師一種安全感,同時也了解由於每個人內在和彼此之間存在著差異,因此這樣的可預期性必須包含一定程度的可變通性,才能在某些時候促進而非妨礙不同學生的發展。
- **教師明顯展現成長型心態。**也就是說,教師深信每個學生都擁有一座未開發的潛能庫,而且他們所能學會的通常遠比我們或他們自己認為的要多得多。教學的彈性使教師能夠對學生展現這種信念,並且以步驟化的

順序和學生一起努力，向每個學生證明：憑藉專注的堅持和持續的協助，他們就能看到自己成就逐漸展現。

- **師生是學習的夥伴。**彈性讓教師有時間去觀察學生如何學習，提供切實可行的回饋來指引學生下一步該怎麼做，教導小組學生，徵詢並回應學生對於教室生活和學習各方面的聲音與想法，以及引導學生逐步發展出身為學習者的自主能動性（agency）。這些事情在比較制式化、步調一致和嚴格控制的學習環境中，基本上很難做到。

- **教師審慎地運用教室生活的元素，以各種不同方式回應學生不同的需求。**教師時時在腦中思考的一個問題是：「我能夠以什麼方式運用這個元素（例如：時間、空間、教材、課表安排）來支持、協助學生成長和成功？」本章的下一部分提供一些例子說明教師可以如何彈性運用教室元素來促進學生發展。

如何及為什麼需要彈性運用教室元素

　　教室生活和教室運作的特徵或元素裡，有許多是教師可以彈性運用的。目標不是要一次全部用上，也不是無時無刻都要彈性地運用這些元素。相反的，目標是教師在規劃和工作時能夠具有這樣的意識：在對的時間運用對的元素可以促進一個學生或一群學生的學習。圖表 2.1 呈現的是教師可彈性運用以幫助學生學習的十個元素。

▶▶▶　圖表 2.1　可彈性運用的十個教室元素，以幫助學生學習

元素	可以如何彈性運用	為什麼它可以幫助學習
時間	有些學生可能需要較多時間來完成作業，因為他們的動作比較慢、有學習困難或比其他人更需要深入探索一個主題。	彈性運用時間能幫助學生進行適切挑戰程度的學習。學生學習的目標應該是展現理解，而不是完成賽跑。有些學生需要較多時間來學習，至少在某些時候需要。

元素	可以如何彈性運用	為什麼它可以幫助學習
空間	教室空間應能容許不同的學生座位配置和工作安排，或在有需要時就可用不同方式重新布置。可以兼有個人和小組學習的空間，有對話討論或安靜工作的空間，也應該有個地方能讓教師指導個別學生和小組學生。	不同的學生工作通常需要不同的空間運用。學習中心、學習分站、討論區或其他的安排，能夠讓教師關注學生的學習需求和偏好。此外，在可能有助於學生的舒適感、發言權、自主權和生產創造力的時候，讓學生選擇工作空間的安排，也是有益的。
學生分組	學生可以跟目前有相同準備度需求的同學一組；與不同學習起點的同學一起學某一課或主題；相同或不同興趣的人一組；相同或不同學習風格的人一組；根據老師或學生的選擇來分組──或者隨機分組。還有，專家小組可以讓學生聚焦努力去研究他們覺得有趣或有關聯的主題或次主題。	重要的是要讓學生在各種不同的情境中學習，以聽取不同的聲音和觀點，而不是被「分類」為特定「類型」的學習者。學生會將不同的優點長處帶到不同的任務裡，互助互惠地貢獻自己的長處和學習別人的長處。彈性分組會促進學生彼此尊重，也讓班上成員擔任學習團隊的一份子，每個人都可以做出貢獻。
教材	學生可以根據興趣、偏好或需求來運用不同的教材：不同的閱讀程度、是否操作教具、文字印刷文本或錄音文本、附有模型或視覺圖像、英語（國語）文本或其他語言文本。	不同來源和形式的教材輸入，可增進不同學習起始點的學生的學習，而且也要視他們在某個時期的興趣和學習方法而定。為個別學生找到適合的教材可以同時強化學習動機和成就。
學習工作方式	學生通常會感謝並珍視能有機會選擇和一個夥伴、一個小組或自己單獨完成作業。同樣的，讓他們自己選擇如何吸收和處理學習內容，通常也是有意義的。	學習工作方式的選擇提供學生一個發聲的機會，同時也尊重學生的學習風格。多數情況下，學生的學習工作方式不會造成多大的差異，如果目標是完成一項任務，那麼選擇權可以幫助達成目標。
學生的目標	雖然對一個班級裡的學生，通常會有共同的學習目標，但是個別化教育計畫（IEP）能具體指出給某些或所有學生的替代目標。讓學生自己設定個人的目標，或與老師討論老師建議的目標，這樣也會很有幫助。	全班／全體性的目標通常不會考慮學生個人的天賦、興趣、進階學習的需求，或填補背景知識、理解和技能的重大落差的需求。個別學生的目標可以針對優點長處、需求或興趣，也可以支持學生從目前的發展位置成長，並且強化學習自主權和動機。

元素	可以如何彈性運用	為什麼它可以幫助學習
表達學習的方式	好的評量（形成性或總結性）會提供最佳機會讓學生分享他對這個主題的所有認識。通常，限制表達學習的方式會限制這個機會，因此也限制了評量個別學生的有效性。	限制表達學習的方式會對母語非英語（國語）的學生以及有某些學習障礙的學生特別不利。對某些學生而言，開放更多的表達方式能讓他們運用和發展自己的長處或天賦。表達學習方式的選擇也提供學生發聲的機會和學習的自主權。
學生的獨立性	當作業和成果要求學生獨立完成時，重要的是呈現在學生面前的任務要略高於他目前的獨立程度，並提供必要的支持，協助他繼續發展成獨立的學習者。在同一段時間，絕大多數班級裡的學生的獨立程度會有很大差異。	如果學生的作業任務設定，高估了學生目前可獨立完成的程度，那可能會造成品質很差的成果，而且變成挫折和沮喪的根源。當支持能幫助學生以逐漸提升的能力完成作業任務時，不僅品質會提高，而且學生作為學習者的獨立性或自主能動性也會增長。
學生成果的範例	看到以前學生成果的範例，比老師的指導說明乃至於評量準則，更能有效幫助現在的學生去想像高品質的完成作品可能是什麼樣子。	為學生提供略高於他們當前表現水準的範例，示範具有相當複雜度的合格作品，可以讓學生清楚了解要求，並且提出合宜程度的挑戰，激勵學生成功。
學習進展成績報告	為了支持學生的動機、參與投入度和堅持毅力，成績單最好分成三種分數來報告：表現（performance，學生目前知道、理解和能做到的事情）；過程（process，學生的學習工作習慣促進他學業成長的程度）；進步（progress，從前次成績單分數到現在的成長證據）（Guskey, 1994, 2020）。這個方法有時稱為 3-P 評分，相較於較為傳統的評分，它透露更多學生學習的情況，也更能鼓勵學生。這三種分數不應該加總平均，而應該分別呈現。有些成績單系統使用 3-P 指標，如果不是的話，教師可以在成績單後面提供附件、透過電子郵件溝通，或在班級家長會或親師會上分享這些資訊。	成績單上的分數會導致許多在學校有學習困難的學生陷入挫敗沮喪的循環。對於一直很高分的學生來說，成績單往往會促使他想取得更多高分，而不是促進實質的學習和智識的擴展。**表現**分數清楚說明學生在指定的知識、理解和技能上，目前表現的程度和狀態。**過程**分數有助於學生和教師發展出共同的語彙，以增進學生身為學習者的自主能動性。**進步**分數告知並肯定學生的成長，這應該是每個學生成功的關鍵指標。

差異化教室裡教師彈性運用的示例

諾亞需要走動

　　十三歲的諾亞（Noah）身高還不到 150 公分，只有一般四年級學生的身材。他對各種事物都感興趣，導致有時候注意力廣度（attention span）變化不定，但是，當他投入教室裡進行的活動時，他是百分之百沉浸其中。開學幾個月後的某一天，班上正在激烈討論我們閱讀的故事裡的一個角色，這時我注意到諾亞離開座位，繞著桌子走來走去。當時的我是年輕教師，比較缺乏經驗，但我決定在要求他坐回座位前，先觀察他一下。看起來他沒有干擾到任何人；事實上，似乎也沒有人注意他。所以，當下我決定不干預。討論沒有中斷的繼續下去，而且諾亞有幾次的發言貢獻，每當他說話時，他會暫時停在桌旁。

　　這節課結束時，我有點困惑，但推測諾亞的繞桌走動是一次性的事件。接下來的幾天，我很少想起這件事，直到他再次開始繞桌走動。這一次，我不是觀察諾亞，而是觀察教室裡的其他學生。我的擔心也許是新手老師典型的擔心，我怕如果我讓諾亞站起來繞桌走動，其他同學也會起而效尤。同樣的，就算有人注意到他，他們似乎也不太在意。

　　終於，我明白了他認真思考的時候就會繞桌走動——當他特別全神貫注在一個想法的時候。在某種程度上，他的作用就像是氣壓計，可以顯示這節課或這次對話吸引學生注意的程度。偶爾偶爾，諾亞就會安靜地開始緩慢、繞圈式的走動。

　　第二學期開學後，諾亞的父親到學校來參加親師晚會。當他走進門時，我立刻就知道他是誰，因為諾亞和他像是一個模子刻出來的。同時我也立即領悟諾亞何以會有異於常人的走動需求。諾亞的父親大約 195 公分高，而諾亞正開始進入青少年成長迸發期（growth spurt），他的身體會一直莫名的疼痛。他要走動，因為不動就會痛，也因為他到我們教室之前已經坐了將近六個小時。那個學期，諾亞長高了大約 10 公分。後來升上七年級時他告訴我，他的雙腿雙臂痛到他幾乎無法思考，當他想深入思考時，他就開始走動，這會讓他的「大腦做它該做的事情」。我學到的一課：不必因為擔心「如果我讓一個學生做某件事，其他所有學

生也會起而效尤」，就必須嚴格限制學生的行為。學生不會起而效尤，而且事實上，他們非常清楚不同的孩子在不同的時候會有不同的需求。

我可以晚點再交報告嗎？

在我班上的學生經常以創造作品或表演，作為一個單元、一次段考，甚至是一學期或一學年的總結活動。這些總結活動是連結我們所學的知識與學生的興趣、天賦才能或經驗的機會，也給了我們一個機會討論和發展出何謂優等表現的評量基準。學生們通常都對他們的作品感到自豪，很期待和各類觀眾分享他們的創作。在學生完成這些長期作業的過程中，有許多機會跟同學和我一起檢閱、討論並獲得回饋。

當作業繳交期限接近時，我有時會感到矛盾。一路以來，我們共同努力幫助每個學生培養心智習性（habits of mind）和學習工作習慣，不僅應該讓學生有能力創造出他們引以為傲的最終成果，也應該幫助他們成為更加自信、技能精熟的學習者。所以，當期限就在眼前，而一個學生問我是否可以給他額外的時間來完成作品，我感到左右為難。我的反射本能是要提醒學生，遵守時間表是通往成功的一項重要技能——而且，他們本來應該有充足的時間和支持協助可以在截止期限之前完成的。但我問自己一個更值得反思的問題：學生作業的品質是否會因為額外寬限一兩天的時間而提升，以及那樣的品質是否比我堅持不可踰越的時限更加重要？只是，這些學生也可能是一直在浪費時間的青少年，我不確定我是否要容許這樣的行為。

我的折衷方案是和學生討論我所經歷的內在矛盾。我問他們是否有人曾經揮霍許多時間在一件作品上，然後在意識到自己還有太多事情要做以至於無法在截止期限之前完成作品，突然陷入恐慌。這時幾乎所有人都笑了。幾個學生分享了他們的故事，我也分享了自己的幾個故事。我和他們討論兩類不同情況的學生，第一類學生是想要潤飾或擴充基本上已經完成且符合我們建立的品質指標的作品；而第二類學生是需要時間來彌補自己規劃上的缺失。他們理解也覺得應該給第一類學生額外的時間，不應該給第二類學生額外的時間。

對話繼續進行，有位學生建議我可以製作一份表格，讓學生在表格上申請延

長時間。這個表格要求提供兩項資訊：第一，學生要詳細陳述提出申請的原因，附上證據證明他的作品已經符合班上評量規準的高品質；第二，學生必須說明如何利用這段時間來擴充作品的深度、廣度或呈現方式。學生填完表格後，將它放入另一個學生自願為我們製作的「延期申請盒」裡面。我會閱讀每份申請表格，檢查證據和計畫，然後批准或拒絕申請，再將表格發還給申請者。

我們使用這樣的流程好幾年，也有良好的效果。除了讓學生能夠加把勁追求更大規模或更高品質的作品之外，它也讓我能夠私下一對一的邀請有特殊學習需求的學生使用這個表格。這些學生可以提交表格來分享他們的計畫，說明額外的時間和支持可以如何幫助他們閱讀、研究、寫作、組織想法、獲得額外的回饋等等。有寫作困難的學生跟我會談，討論他們的作品要求。我未曾發現有哪個學生濫用這個流程。這種彈性帶給班上更好的作品、較少的焦慮及更大的安全感──儘管我對他們的期望總是很高。

無彈性教室裡的彈性空間

施莉姆女士（Mrs. Schlim）是歷史老師，過去我經常觀察她教學，從她身上學到了很多。她教學的地方在一棟老舊的教學大樓裡，正方形的教室裡是一張張學生個人的課桌。班級的規模很大，教室的空間沒有什麼可為之處。在我去參訪他們班的第一天，那節課快要結束時，她要求學生在離開教室之前，把教室排成研討會形式。每個學生都將他們的課桌（以及當天湊巧無人使用的課桌）搬到新的位置，這種轉換發生得如此迅速又毫不費力，對我來說就像魔法一樣。下一節課的學生一進教室就知道該坐在哪裡，也大致了解他們需要做什麼樣的準備工作。這節課結束時，她要求學生把課桌排成學習分站形式。學生們再次有目標、安靜又迅速的行動。隨著一天的課程進行，學生們又搬動了兩次課桌，每一次我都有點鬱悶的搖頭問著自己：為什麼過去十五年來，我一直覺得一定要搬動所有需要移動的教室設備呢？

學年之初，施莉姆老師向學生預告她構思的幾個想法，希望能讓學生覺得課程生動活潑且與他們息息相關。針對她提出的每一個想法，她詢問學生的回應和建議，並邀請他們提供其他的可能性。隨著討論的進行，她問學生她和他們需要

做些什麼，才能在教室的空間裡實現這些想法。學生們很快就意識到，在課桌一排排朝前坐的教室空間裡，他們的許多構想是行不通的，因此他們必須想出不同的方式來安排課桌，而且所有人都必須支援搬動課桌，因為他們的學習工作需要不同的座位安排。

除了面朝前方的課桌排法之外，施莉姆老師還畫了四種座位表，並給每種座位表一個名稱。（這個名稱不一定反映學生在這種座位表所做學習工作的性質。例如，排成**研討會形式**，學生的確會舉行研討會，但也會進行其他在這種座位形式可以良好運作的活動。）在開學前幾週，她和學生會排練如何以「高效率又不製造混亂」的方式搬動課桌。他們很期待在歷史課上有多元的學習方法，也樂於以各種方式為這些機會做出貢獻。

我學到的一課：如果我真的想讓教室成為「我們的」而不是「我的」教室，我就必須設法取得學生的協助，讓學生成為我的夥伴，一起處理我們共同生活的許多面向。彈性需要師生的共同理解和共擔責任。

學會明智選擇夥伴

哈洛德小姐（Ms. Harrold）一直都是帶一年級學生合作學習，幫助他們做出深思熟慮的選擇，包括選擇工作夥伴。一天，在向學生解釋一項任務並確定他們理解了接下來的工作以後，她要求他們告訴她這項任務需要哪些技能和強項。他們回答這需要閱讀、理解他們閱讀的內容、寫作和運用他們的想像力。

「我同意，」她說，「現在，像我們在認真思考時那樣，輕敲你的頭，想一想那些技能當中有哪些是你的強項。」學生跟坐在附近地板上的一位同學分享完他們的結論以後，哈洛德老師說：「好，現在再輕敲你的頭想一想，這一次，想想你在進行任務時會希望有人幫忙的是哪些技能。」學生跟另一位同學簡短交換意見以後，她繼續說道：「第三次。再輕敲你的頭，想一想你認識的一位同學，他可能會是你的好夥伴，因為你們兩個的強項是在不同的領域。」

接下來，哈洛德老師看著學生在這一區走來走去，走向可能的合作夥伴。最後，她給了他們一個信號，在原地停下來，並請他們的夥伴談談他們的強項和他們需要什麼支持協助，以確保他們準備好幫助彼此真正把工作做好，這樣他們就

可以為自己的成就感到自豪。一些學生決定更換夥伴，某個小組最後有三名成員，哈洛德老師告訴他們，她覺得這樣的分組也可以。

當學生們在桌子或地板上找到位置，開始仔細檢視他們的任務和計畫他們的工作時，哈洛德老師在教室裡來回巡視，聆聽他們的對話。她也注意到賽斯（Seth）和傑森（Jason）選擇一起工作，這兩個小男孩充滿活力，不善於聽從指示，對於讀和寫也都還不是很有把握。她跪在這對夥伴旁邊，請他們告訴她這項工作需要什麼技能，聽到他們的回答準確無誤，她很滿意。接著她又請他們想想自己的強項和需要，在停頓了一會兒，讓他們思考片刻以後，她繼續說：「好，現在告訴我，你們覺得你們兩個是最佳搭檔嗎？」，傑森毫不遲疑的用力點點頭說：「當然是啊，哈洛德老師。賽斯很帥，我很有想像力，我們一定會成功的！」

我學到的一課：在老師訓練學生做出好選擇的過程中，大多時候多數學生都能做到，但總有一些學生可能需要更多的支持來進行深思熟慮的選擇。責罵任何年紀的學生做出糟糕的決定，只會適得其反。畢竟，我們自己也還是會做出糟糕的決定。有時候，更明智的說法是：「你知道嗎？我想我今天要請你嘗試不同的路徑，我們來看看結果會如何。」其他時候，如果利害關係不大的話，讓這些學生繼續走他們選擇的路線是明智的做法。有時候學生讓我們大感驚訝，而後我們就會以不同的眼光看待他們；有時候這種經驗會成為恰當的例子，可以促成老師和這些學生進行有啟發性的對話，有助於下一次的選擇。不過，我們始終都應該繼續教導學生如何更留意、更謹慎的做決定，這和持續不斷的教導閱讀、數學、音樂或足球技能一樣重要。支持學生發展自我導向（self-direction）和自主能動性可能是所有學習目標裡最重要的目標——尤其是對那些覺得不易適應教室生活和課堂要求的學生來說。

向高登學習

在高登進一步改變我的教學和生活之前，我已經學到不少關於彈性的好處。每天上課的開始，我會花幾分鐘聊一聊學生關心的事情；我運用小組合作來達成各種不同的目的；我有規律地讓學生自由選擇要閱讀什麼，以及如何展現自己所學的方式；我徵求學生的回饋，並根據他們的意見調整我的計畫。儘管如此，我

還是有很多要學。

高登教了我，可以給不同的學生使用不同的閱讀材料，而且還是可以讓所有學生探索和討論相同的「大概念」（big ideas）或概念。他教了我，有時候我們必須站在學生這一邊，而不是一直效忠看似神聖、不容置疑的評分系統。最重要的也許是，他教了我本章一開頭陳述的大概念真理：除非我們將教室設計成適合所有類型的學習者，不然它不可能適合任何特定類型的學習者。

雖然我很早（在遇見高登之前）就知道我教室裡的學生有非常驚人的差異，但大多數日子裡，我還是為所有學生規劃共同的課程、共同的活動和共同的家庭作業，在學生之間巡視走動以提供額外的協助或嘗試擴展他們的思維。我的差異化教學是被動的反應，而不是主動的回應。雖然，等學生發出信號表示他們不懂課堂上教的某樣東西，老師再做回應，這種方法也滿有用的，但顯然不足以幫助英語學習者掌握學術詞彙（academic vocabulary），或幫助嚴重學習障礙的學生梳理訊息密度高、難以理解的任務指示。被動反應式的差異化教學顯然不足以幫助高登規劃出一條更有希望成為閱讀者的路，因此我開始學習主動回應式的差異化教學。

經過幾個星期的掙扎努力，很難找到時間個別輔導高登同時又幫助班上其他35位以上的學生，我才發現自己設計教學計畫的方式根本沒有彈性。我在設計教學計畫時，好像需要為「普通」孩子制定一個計畫，為高登制定另一個計畫──以他目前的學科學習需求看來，他顯然不是「普通」孩子。班上有這麼多「普通」孩子，他們的學習似乎總是佔滿了我們在一起的所有時間，連要找到幾分鐘時間單獨輔導高登，都是一場艱難的奮戰。

有一天，我發現了我的問題。當時，「普通」孩子們正在回應一份寫作提示，我迅速給了高登一份我為他設計的作業。當然，我需要向他解釋這份作業，因為他無法閱讀指示的文字。儘管我輕聲對他講解，但與他同桌的另一個男孩偶然聽到了我說的話，並帶著幾乎像是道歉的語氣問道：「可以讓我做他的作業嗎？我覺得那可能對我有幫助。」

這個學生的閱讀程度比高登好很多，儘管尚未達到七年級的閱讀等級。我知道這一點，但我還沒有接受這個現實：我要求他做的許多作業實在是遠遠超過了他目前的程度，以至於那些作業對他來說沒有什麼意義。在那一刻，我明白了我

在彈性上面的最大挑戰是,每一天都有許多學生以非常不同的方式需要我的幫助。只要我能逃避這個現實,我就可以要求他們在相同的時段以大致相同的支持系統做相同的事,而且覺得這樣沒有問題。但是,在那一刻,在那一天,我開始努力思考我必須將個別學生的多元需求放在心上,做出主動回應式的教學計畫。那一刻,完全改變了我的教學。

在第 4 章,我們將會探討一個有助於思考彈性的教學計畫的比喻,我稱之為「**高速公路和出口匝道**」。這是一種思考教學計畫的方式,永遠要考慮到班上學生的共同需求和多元需求——兼顧「**全體學生**」和「**個別學生**」的需求。

無庸置疑的,教室裡的彈性對某些老師來說是挺自然的方法,對其他老師則不然。就像我們所教的年輕學子一樣,老師也是很多元的,但是,那些可能比較傾向於以嚴格規則領導班級的老師仍然可以學著運用彈性、欣賞彈性。當我們決定要做以下事情時,就有可能重視工作上的彈性:

- 把我們的焦點放在教學生,而不是教完內容進度;
- 增進對學生個人的了解,好讓我們清楚看到他們個人的獨特性;
- 更經常地觀察、思考和規劃「**個別學生**」的學習,而非只有或主要考慮「**全體學生**」;
- 教學方式可以讓學生越來越信服我們相信並支持他們能夠成功、越來越樂觀看待他們的學習前景、越來越投入他們的學習工作,因此也變得越來越值得信任。

結語

儘管我們都害怕差異化教學對身為教師的我們要求太多,但現實是,相較於放棄我們目前熟悉又舒適的構想、計畫和實施教學的方式,差異化教學本身並沒有那麼困難。畢竟,我們大部分的人在「一體適用所有人」是常態的教室裡,以學生的身分度過了十二或十三年的時光,我們在這當中形成的教室形象深植我們心中。接著,我們大部分的人就讀教育院校,在那裡我們受教育的方式就像先前被教導的方式一樣——偏向全班整體,而不是個別的人。在那段時間,我們大多

數在實習教室裡經歷了第一次具有重大意義的教學經驗，而我們的指導教師告誡我們一定要確保所有學生一起前進，這樣我們才能有效率的教完課程。然後，當我們進入自己的教室，開始建立身為稱職專業人士的身分，更資深的同事這樣告訴我們：「在這所學校，所有學生都讀同樣的小說，而且所有學生都做同樣的家庭作業。」他們告訴我們，用其他的方式是行不通的；有時還帶著一種沒有明說的言外之意：如果我們選擇「違反常態的教學」（Cochran-Smith, 1991, p. 279），我們可能會發現自己變成了教職員當中的邊緣人。

雖然我很慶幸生活在許多領域先進發展設備豐富了我們生活的時代，但我也發現自己有時候會希望現在的新手教師能有機會到久遠以前只有一間教室的學校（one-room schoolhouse）去實習，就像本章開頭提到的那所學校一樣。在這樣的學校，沒有一個總體計畫要求教師用同樣的方式教導所有來到學校的學生。

在過去的教室裡，有十七歲的學生和六歲的學生，而且有時候這個六歲學生的閱讀能力比大他十歲的同學更流暢。唯一一個務實合理的方法是找出學生在這個學科領域的學習起始點，並從那個起始點開始帶領學生向前進。老師找出在特定時間有相似需求的學生，然後組織安排時間、空間和教材，以便能夠輪流和循環的與不同學生一起學習，確保每個學生都得到需要的關注，以持續發展身為閱讀者或數學推理者的能力。學生經常互相幫助彼此的課業，而且，總是會有一些共同的時間是教師帶領所有學生一起探索共同的想法。

一個或半個世紀以前擔任「識字人口（literate population）培育工程師」的教師，對於我們現在強制使用同樣方式教導每一個人的行為必然會感到困惑。更何況，我們班級名冊反映出來的學生準備度、經驗、語言、文化、障礙狀況和經濟背景，多元差異的程度遠遠超過那些就讀只有一間教室的學校的學生。

只有一間教室的學校仍然存在世界上的許多地方，美國境內依然有幾所這樣的學校，教育著每個來到學校的學生做好準備迎接複雜的世界。這些地方的教師可能缺少現代聯合或合併學區學校裡會看到的花俏設備，但是，花時間在這些教室裡觀察教師如何將個別學生的需求放在心上，有目的、主動回應的規劃教學，會讓我們看見彈性的實際行動體現，而且在很大的程度上也能幫助我們想想如何改變我們頑固不化的典範（paradigm），創造出「新的」教育形象。

第 3 章

打造基礎

我可能會說，閱讀《致所有逝去的聲音》(*The Hate You Give*) 是這學年最棒的部分。理由是因為我終於在學校生涯中讀到一本我喜歡或能引起我共鳴的書，這本書讓我產生一種無法解釋的感覺，我就是想繼續讀下去……。

——摘錄自一位高中新生對英語課程的評價

> **本章的大概念**：打造教室基礎的過程，可能不會像你夢想與學生共創教室那般美好，但是，確保並維持穩固的基礎，能讓你自由的成為夢想建築師，創造出比你所想像更強大的夢想。

任教於中小學（K 到 12 年級）和大學最初幾年的期間，我以為差異化教學是鼓勵教師關注學生不同需求的一套教學方法，這個想法在我任教維吉尼亞大學的第三年有了改變，當時我每個月都和一位教師開會，她在距離將近一小時車程外的學區受聘為差異化教學教練，是我認識的人當中第一位擔任這個角色的人，所以我很渴望從她的經驗中學習；而她是她所在學區裡唯一被指派這個角色的人，因此她也渴望能和一位了解她希望達成什麼目標的人談一談。

我們最初的幾次會議差不多都以相同的方式開始，雖然我不確定她是否看到了這種規律性。她開頭會這樣說：「我不認為我正在做我應該做的事情。」當我問她為什麼，她在不同的時間點會回答：「因為現在和我一起共事的兩位老師看起來並不真的喜歡孩子，也不太信任孩子，除非我們能夠先處理這個問題至少到

某種程度，不然我不知道要如何幫助他們進行差異化教學。」或「因為我入班的幾間教室真的亂無章法，我覺得必須先幫助老師們處理這個問題，然後才能在差異化教學上有所作為。」或「因為許多班級的課程內容都無聊至極，嘗試教老師差異化處理這種一開始就非常糟糕的課程內容，好像不太明智。」在那些時刻，我都沒辦法反對她的邏輯。差異化教學是（或應該是）一種提升或擴展優質教學的影響範圍的方式。歸根結柢，教室裡順利進行的事物越多，差異化教學就可能越有力量──反之亦然。換言之，成功的差異化教學並不是獨立於優質教學之外的做法，它有賴於教學每個層面的優質運作，方能對每個學生產生最大的幫助。而反過來，優質的差異化教學又會擴大每個教室要素的力量。

我期待我們的對話，而且我覺得我從她那裡學到的，肯定比她從我這兒學到的還要多。不過，這也是教學中常有的情況：老師從學生那裡學到的，往往比學生從老師這兒學到的還要多。

投注心力在基礎的要素上

早在我能夠理智地思考買什麼房子之前，我就已經清楚知道我想要的房子了。那是我偶爾經過看到的一間位於山腰上的 A 字型小木屋，看起來溫馨、舒適、迷人，而且我似乎負擔得起裝潢的費用。我肯定不止一次說過它很可愛。

在幾年的時間裡，當我走在「我的房子」所在的路上時，我注意到它常常掛出「出售」的牌子，且明顯有很長一段時間。上層的陽台開始微微凹陷，受到正午陽光照射的那一側木頭退了色，跟房子其他側邊的木頭顏色不再相配。我思考著這樣的現實：從次要道路通往這間房子的那條未鋪柏油的道路，在冬天大部分的時候肯定是一場噩夢，而且可能根本沒辦法接收到電視訊號。房子旁邊的石頭花園和雕花的窗板，曾經一度對我來說很重要，但現在失去了魅力。我的夢想之屋的幻滅是一次學習成長的經驗──一個讓我長大的時刻。

我教學的第一年也是非常類似的經驗。不清楚教學的基礎結構和基本架構，對於什麼東西值得教、什麼是有意義的學習，欠缺重要的知識和理解，我將心力投注在雕花窗板、石頭花園和斜屋頂上。換言之，我追求可愛、有趣或巧妙的

東西。

　　當然，目標瞄準在讓學生被一堂課吸引並沒有什麼錯，事實上，錯誤發生在我們沒有將學生的參與投入度放在規劃教與學的優先思考重點，而缺乏實質內容的表面參與很快就會煙消雲散，然後教室變成了生日派對或馬戲團之旅。在任教的第二和第三年，我的生命中出現了幾位較為資深的老師，讓我終身受益，他們的教學始終如一地反映出實質的學習和極大的樂趣，他們教了我這兩者的價值與作用。透過舉例、對話、共同規劃教學和仔細提問，他們教了我許多經驗教訓，包括：

- 做決定時，要敏銳的覺察這些決定將會影響哪些年輕學子。
- 充分了解你教的每一位學生，了解到你知道如何好好回應這位學生。
- 不要貿然開始教學，除非你能夠精確分享說明，在師生一起走過這段教學之後，學生將會知道、理解和能夠做到什麼（也就是知識、理解和技能等學習目標），再開始教學。
- 如果你現在教的事物無法吸引學生投入心智和想像力來學習，那他們的學習是不會持久的（關於這點，我有位同事經常使用現在的一句電視廣告詞來作為提醒：良藥未必苦口）。

　　在傑出的師傅和投入的同事陪伴下，我從這些經驗教訓中慢慢學習教學。它們是永遠無法完全精熟掌握的經驗教訓，但是會成為持續成長的試金石。在我每個月和那位年輕的差異化教學教練開會以前，我已經花了將近二十年的時間，根據這些經驗教訓來計畫、教學和反思。換言之，它們對我而言已經稀鬆平常。儘管如此，我們的對話還是打亂了我的自滿自負。我頭一次有意識的領悟到，有力量的差異化教學並不是與優質教學分開的，它是優質教學的產物，它植基於對教室基礎要素的透澈了解，並且以指引這些基礎要素的原則作為指導原則。

　　更具體地說，學習環境、課程、評量、教學和班級管理構成了有影響力的教學（impactful teaching）的結構和基本架構。差異化是以學習者為中心來擴展每一個要素，以及這些要素之間的交互作用。嘗試實施差異化教學卻沒有持續關注這個真理，就是犯了我愛上小木屋時所犯的錯誤──以及我早期教學時所犯的錯

誤：以為有趣巧妙的活動和實質重要的學習是可以互換的。

所以，真實的硬道理（hard truth）就是：我們的教學方式若想為我們教導的各類多元差異的年輕學子開啟一條充滿希望的前進道路，我們就必須在堅實穩固的基礎上進行教學。也就是說，首要之務，我們必須設法（和學生一起合作）做到以下這些：

- 創造積極正向的學習環境；
- 精心設計課程，開啟和擴展學生的心智；
- 運用多種評量做法，為教與學提供可信賴的指南針；
- 教學方式能夠吸引學生投入精力，並幫助他們理解正在學習的內容；
- 以有效、高效和人性化的方式組織安排以上這些要素，亦即班級領導與管理。

要為每位學生做好這五件事情，需要做到看似相互矛盾的兩件事——堅定不移地實踐指引這五個基礎要素的原則，但同時也自問：「為了找到最適合這位學生或這些學生的方法，我能夠想到哪些方法來達成這個或那個目標？」如同大多數領域一樣，對這個領域的深度知識可以使實踐者變成藝術家。再次強調，基礎穩固讓我們得以有彈性。讓我們來簡要了解一下，根據研究發現和實務經驗，針對這五個基礎要素，我們應該致力於哪些目標。

學習環境

繼續沿用房子的比喻，學習環境包含了將房子變成家的大部分事物。學習環境包括情意和物理的兩種元素——包括居住者在房子裡有什麼感受，以及物理空間的運用如何影響這些人。學生的情意需求是首要的，教室物理環境的布置，應該有助於滿足這些情意需求並能促進學習。圖表 3.1 呈現的是所有年齡層的學生帶進教室的情意需求——這些需求在教室中必須被適當滿足，方能開啟有意義的學習之路。

⫸ **圖表 3.1　教室裡所有年齡層學生的情意需求**

在學習環境裡，學生需要什麼	名詞解釋
安全	學生需要覺得身心都安全，才能夠學習。當這些條件未被滿足時，大腦就會專注於保護它的主人，因此無法同時專注在學習上。
肯定	所有年齡層的年輕學子都需要清楚的證據證明自己受到重視和尊重——他們被別人看見，並且被視為有價值的人。
連結	學生需要感受到他們的老師想要了解他們，關心他們，並且投注心力協助他們的成功。同樣的，他們需要感受到同學是自己的隊友，所有人共同努力來支持彼此的成長和成功。
信任	能夠信任老師和同學是願意冒險犯錯、坦率表達並接納能擴展學習的多元觀點的基礎。
目的	學生能看到為何他們要學習這些內容和被要求做這些事情的原因。這通常代表他們看到了這些學習如何對真實日常生活中的人們產生幫助，如何可能或確實對他們的社區或學校發揮作用，以及如何跟他們的經驗產生連結關係。目的感是學生投入學習的核心。
貢獻	學生需要看到自己的作為對於教室生活和學習工作的各個面向造成正向的改變。他們需要觀察到自己的長處和想法對其他同學及整個團體有所助益。
挑戰	所有學生都需要感受到他們被要求做的事情是有點超出他們目前的發展位置，而且能找到需要的支持，幫助他們發現自己可以超越他們原本以為自己能完成的事情。

為了滿足這些需求，教師應該在學年之初早早就開始——甚或在開學第一天之前——在三個關鍵領域持續不懈地努力：

- 與每位學生建立連結關係；
- 讓學生彼此建立連結關係；
- 以成長型心態示範和工作。

與每位學生建立連結關係包括：快速記住每位學生的名字並且正確發音；創造與每位學生一對一談話的機會；仔細傾聽學生說些什麼；觀察他們的行動和行為，找出他們情緒感受的蛛絲馬跡。這意味：教師會與全班分享他或她自己的故事，為學生分享自己的故事開路；對每位學生展現出無條件的尊重和同理；了解班上學生的文化並將多種文化的觀點和經驗融入教與學之中。它也象徵了找出和發展學生的長處及興趣；教師對每位學生的支持在每一天都顯而易見。與每位學生建立連結關係意味著：教師盡一切可能，透過每位孩子的眼睛來看待教室和世界，永遠讓每位學生享有尊嚴、受到重視。

　　讓學生彼此建立連結關係包括：在開學第一天創造機會讓學生認識彼此；在整學年中創造機會讓學生進一步互相了解；經常性地創造能促進學生協同合作的作業任務；教導學生有效地合作；持續運用彈性的學生分組；徵詢和運用學生對於合作學習的想法以及如何讓合作學習順利進行的方法的回饋。

　　以成長型心態示範和工作可能不像聽起來那麼容易，但它對於差異化教學和大部分學生在任何情境的成功都至關重要。首先，它代表教師了解且真的相信每位學生來到學校時，他們的可能性只被看見了一小部分，而教師的主要使命就是盡可能幫助他們將潛藏的能力展現出來。它代表教師以樂觀的態度看待每位學生，與學生互動的方式能清晰傳達教師堅信：這位學生能夠（也將會）在整個學年中不斷進步。或許最重要的是，教師為每位學生的成長和成功擬定計畫，好讓這個學生在多數日子裡都能看到自己成長的證據。為成功擬定計畫意味著擬定對這個學生具有適切挑戰度和運用他的長處的學習任務，也意味著指導學生發展技能和心智習性，使他們越來越有能力引領自己邁向成功。

　　教室的物理環境包含像是創造適於協同合作和獨立工作的空間，接受學生站著或坐著學習、工作的空間。它可能代表：仔細放置各種用品和材料供學生方便拿取使用，並且請學生提出能讓教室對使用者更友善、更具功能的構想；創造一些安靜的空間，以及一些適合進行適度對話的空間；一些貼著學生作品或相關視覺圖像的空間，以及只有空白牆壁的空間，以幫助易分心的學生更容易集中注意力。總之，一個支持多種形式的學習並滿足不同學習者需求的物理環境，是教師決心讓教室適合各種學生學習、能支持動態變化的課程而發展出來的結果。它也

是以學生為中心、彈性和協同合作式教學的具體展現，而且是教室運作有效果、有效率、**有彈性**的證據。

學習環境的例子

桑托斯先生（Mr. Santos）與他的學生整個學年都在討論如何創造一個盡最大可能幫助每位學生學習的教室。在持續的討論中，有一個主題為全班是一個球隊，每位學生都是球隊的成員，必須將自己的長處發展到極致，改善弱點，每個人也要貢獻己力讓隊友變得更好。老師擔任球隊教練的角色，他運用幾種運動的影片作為例子，要求學生尋找球員之間團結一致的證據——幫助彼此「得分」。他提醒學生，教練的工作是幫助每位球員盡可能發展長處，並持續磨練還沒有充分開發的技能。「但你們是球員，我可以幫助你們為比賽做好準備，我可以在比賽暫停時在球場邊提供建議，但是當比賽陷入困境時，你們必須拿出身上最好的表現來面對那一刻，你們也必須觀察隊友，找出如何幫助他們打好這場球賽的方法。你們必須依靠彼此。」桑托斯老師說。

當學生進行具有挑戰性的學習任務時，他會在教室裡走動巡視，詢問學生一些有關任務的問題，但他會避免直接告訴學生或示範擺脫困境的方法。他可能會說：「想想我們最近做的事情，哪些是你們可以在這裡運用的。」或說：「記住，你可以請隊友提供他們的見解和建議。」當某個學生成功完成挑戰時，他不會說「做得好」或「恭喜」，而是經常對學生說：「你對自己所做的事情感覺如何？」或「我看到你和哈維爾在討論這個問題，你們是如何互相幫助的？」他的桌上有一個「讚美盒」，學生可以在便條紙上寫出哪個隊員如何讓寫便條的人、另一個學生、某個小組或全班的這一天變得更好，將便條紙丟入讚美盒裡。每當班上出現問題時，桑托斯老師會說：「教練需要隊員集合圍圈，一起找出解決問題的方法。」學生們知道要安靜走到教室書架所在的區域，緊密圍成一圈，如此他們就可以一起討論問題，找到一個往前進的方法。

課程

課程不是一份課程標準清單、一本教科書或教學進度指引，課程是一個深思

熟慮的計畫，有系統地讓學生投入學科領域裡最重要的想法，並且幫助每位學生將這些想法連結到他們生活的世界。課程應該餵養所有學生的心靈，幫助他們培養對「學習的力量」的品味。課程是晚餐，課程標準、教科書和教學進度指引可以是晚餐的食材，但當我們視兩者為等同，提供食材而不是晚餐時，結果可能是大多數學生會出現短期和長期營養不良的狀況。課程越強而有力，就越能為更多學生提供更好的滋養。圖表 3.2 列出了強而有力的動態課程之基本屬性及其簡要解釋。

❯❯❯ 圖表 3.2　動態課程的一些屬性

動態課程的屬性	屬性的意義
它反映出學科的本質。	課程的設計是要讓學生學習提出該學科領域專家會提出的問題，做專家在做的事情，創造的作品能展現專家創作的品質，以及運用像專家一樣的標準來評量自己工作或作品的效能。
它是以師生都清楚知道的知識、理解和技能目標（KUDs）為中心來建構的。	課程的每個部分都明確指出學生在學習此單元以後應該知道（Know）、理解（Understand）和能夠做到什麼（be able to Do）。KUDs 指出學生需要精熟、掌握哪些最核心的目標，並指引教師或師生去創建學習此單元的步驟和階段。
它的設計規劃是要吸引學生參與投入。	課程的設計是要引發學生的好奇心、連結學生的生活和經驗、鼓勵學生提問、激發思考，以及讓學生成為教室裡的主角。
它以理解（U）為核心焦點。	課程單元的理解（U）清楚表達出位於學科內容核心、非常重要且有用的大概念。課程的設計要讓這些理解在整個單元中都清楚呈現在學生面前。這些理解的書寫和呈現方式，應該幫助學生看到自己的生活和經驗與這些理解之間的連結關係。
它的設計規劃是要支持「往上教」。	課程的設計是以挑戰優秀學生為目的──反映和要求學生達到我們一般認為的卓越。而後，教學的方式要支持每位學生像我們經常期望優秀學生學習的方式來學習，也要支持每位學生去評量和應用核心的知識、理解和技能。往上教是一種為所有學生提供平等獲得優質學習機會的工具（更多往上教的資訊，請參閱第 17 和 18 章）。

課程的例子

幾年來，艾姆斯女士（Mrs. Aimes）一直使用學校購買的教科書商「套裝」課程來教導她的二年級學生關於動物棲息地的單元。「套裝」課程裡有供學生仔細觀察的視覺圖像、要完成的活動（通常為線上）和許多鎖定美國共同核心課程標準（Common Core standards）的寫作練習。這些教材還不錯，學生通常也不會不想學，但她覺得他們完成的工作變成像是「在清單上打勾」的單元。「我們研讀了沙漠棲息地，然後在清單上打勾，這樣我們就可以繼續上水生棲息地；然後又在清單上打勾，這樣我們就可以繼續上草原棲息地。我們完成了很多教材內容，但我不確定學生在其中找到了多少意義。」

有一年，她問她的二年級學生想要怎樣學習動物棲息地的單元。在相當多的討論之後，他們說他們想要設計一個動物園計畫，隨後就著手進行。這個計畫中，他們在不同的小隊工作，也完成自己獨立作業的部分。他們從研究自己的棲息地開始，並且從學到的知識歸納通則。然後他們觀察社區裡常見動物（例如：狗、松鼠、青蛙、牛、鳥、熊）的棲息地，看看牠們的棲息地與人類的棲息地有何相同和不同之處。最後，學生能夠提出他們認為適用於所有動物及其棲息地的「大概念」或原則（例如：為了生存，所有動物都必須住在能夠滿足牠們基本需求的棲息地，或必須適應無法滿足其基本需求的環境）。經過一些初步的研究之後，學生選出代表五大棲息地類型的動物家族，以小組的形式研究所選動物家族的棲息地和牠們的需求，並與其他小組分享資訊及結論。過程中，他們查看了土地利用地圖，以決定他們附近地區可以設置動物園的位置，同時留意確保他們選擇的地點足以滿足「他們的」動物的需求。這個單元提供了許多機會，讓學生運用他們不同的長處和興趣，對彼此的學習做出貢獻。這個計畫任務需要經常的移動和對話，這對許多二年級生是有好處的。孩子可以透過許多種方式來表達他們學到了什麼，並且為全班最後的成果做出貢獻。

最終，學生向地區規劃委員會提交了他們完整的動物園提案，附有等比例模型、各種棲息地的素描圖，包括可能被安置在棲息地中的動物，以及每種棲息地的動物聲音錄音檔組成的聲音地景（soundscape）。他們還提供了他們最準確的估

計，包括每種動物家族每天所需食物的種類和數量、每日需要的水量，以及如何讓棲息地反映出這些動物家族正常生活的自然環境的建議。寫作和科技是學習與分享學習的必備工具，而不是附加物或小配件。學生的學習不只聚焦在傳統套裝課程單元的所有關鍵知識內容、理解和技能——還有其他跨學科、社會和情緒的學習。學生對這個單元的自主擁有權和熱情遠遠超越了過去，而且在學年後續的時間裡，他們繼續思考棲息地的計畫，並且建立了不少連結關係。

形成性評量

在我身為學生——國小到高中、大學和研究所——的年代，評量意味著考試，考試意味著分數，分數意味著緊張焦慮，通常還有一種揮之不去的恐懼感、評斷和能力不足感。身為新手老師時，我在許多學生身上也看到這些相同的感受。那些被認為是「好學生」的人，明顯害怕失去這樣的地位；那些被認為是「差勁學生」的人，因為不斷被提醒他們仍在全班墊底的位置而感到受傷。至於那些看來絲毫不為考試和分數所動的學生，通常是已經放棄學校但因為沒有其他選擇只好繼續賴在學校的學生——或者，少數學生是早已認定學校排定的課表遠不及自己的節目表有趣，所以只付出極少或偶爾的注意力在課堂上。

我和我的學生勤勉努力並且經常成功地創造一個激勵向上、有趣、同儕合作、支持——以及富有挑戰性的班級環境。儘管我們盡力確保學生了解考試的學習目標是什麼、如何有效學習，甚至在考試時如何「做自己最好的朋友」，但每次到了考試的時候，我們還是會失守。當考試代表一個單元、章節或定期考查的終點，因此感覺特別重要且令人生畏時，有些學生身上背負的壓力就是會變得更沉重。

第一次遇到「形成性評量」概念的時候，對我來說是一個重要的轉折點。這是一種幫助學生學習如何學得更好、更有效的機制，其核心是輔導而不是評斷學生。回饋大量取代分數，教師和學生之間經常互動，討論這個學生的學習進展如何以及接下來的學習步驟，當用來評斷學生表現的總結性評量來臨時，就不會出現什麼意料之外的表現落差。學生已經找出自己需要協助的領域，也得到支持來處理這些需求，而且更清楚理解學科內容當中什麼是重要的、它有什麼意義，以

及為什麼它很重要。

　　這是第一次，我幾乎每一天都能明顯覺察到個別學生的學習軌跡，也因此了解如何在還沒「太遲」之前就幫助他們往前進。也許，更徹底改變的是，我的學生開始更清楚了解自己的學習路徑，也越來越能掌控自己的學習成就。當教師願意給形成性評量一個機會，它將會革新教與學。持續且熟練的運用形成性評量，對於有效的差異化教學而言，是不可妥協、絕對必須做的事。圖表 3.3 分享的是與形成性評量有關的一些詞彙和屬性。

形成性評量的例子

　　在班納吉小姐（Ms. Banerjee）數學班上的學生很習慣使用一系列的形成性評量策略。一名學生解釋說：「這讓我們保持警覺，在進行學習任務時，我們必須仔細聆聽和思考，因為在不同的日子裡，她會要求我們用不同的方式思考。」

　　有時候，老師會在白板上解一道題目，給學生二到三分鐘的時間來檢視這個問題。在思考時間結束時，她要求學生如果認為她的解法不正確，就舉起紅牌；如果認為正確，則舉起綠牌。學生都舉牌後，她拍了一張全班的照片。學生都知道，稍後她會檢視照片，決定後續幾天要如何以最好的方式幫助他們在解題上繼續成長。接下來，她有時候（但並非總是）會要求學生與他們的數學小組合作，分享他們的思考並提出問題。而後，他們回到原本的座位，寫下簡短的解釋，說明他們最初的想法是否正確，以及為什麼正確或不正確。她會快速看一下那張全班的照片，看看哪些學生舉的是「錯誤」顏色的牌，然後快速檢視那些學生的解釋，看看他們的思考是否更清楚了。

　　還有些時候，她會給學生一道計算題，要求他們更有效率地解題；或展示一張圖表或圖片，要求學生找出他們最近所學的與他們所看到的圖表內容之間的關聯性；或要求學生在索引卡上寫筆記給缺席好幾天的同學，提醒他這幾天班上同學一直在學的解題運算上最常犯的思考錯誤。學生通常可以選擇把解釋寫在紙上、使用 Flipgrid 平台呈現他們的推理過程、錄下口頭解釋，或建議用另一種方式來分享他們的思考。還在學習英語的學生也可以選擇先用他們偏好的語言書寫或錄音，然後再提供翻譯。班納吉老師說多樣化的評量方式可以使全班活躍地學

▶▶▶ 圖表 3.3　有效形成性評量的一些屬性

有效形成性評量的屬性	屬性說明
形成性評量緊密結合課程單元的 KUDs（知識、理解和技能目標）。	KUDs 為一個課程單元建立學習標的，具體指出核心的學習目標。形成性評量與總結性評量都應該緊密結合這些 KUDs，使得預擬的書面單元目標，在學生學習此單元的過程中，始終是學習重點。
形成性評量幫助學生聚焦在理解上。	課程的設計應該幫助學生理解他們正在學習的內容；因此，評量應該密切關注學生的理解，不是只關注知識和技能。
學前評量（pre-assessment）有助於教師了解學生學習學科內容的不同起始點。	學前評量可以提供有用的快照，快速了解學生是否具備學習此單元必須有的基礎條件，以及有多精熟此單元要求學生學習的知識、理解和技能。它們也可用於深入了解可能與此單元相關的學生興趣。
持續進行的評量幫助教師和學生追蹤和處理學習的需求及成長。	在整個單元進行過程中，仔細且持續的評量學生的學習工作表現，可以建立教師和學生對優點長處、學習需求和迷思誤解的覺察，以支持學生前進。
教師基本上都是針對學生的形成性作業提供回饋，而不是分數。	大多數的學生作業都是練習，而對練習打分數常會引起干擾學習的情緒反應。研究顯示，如果回饋是以正向語氣說出、肯定學生做得好的地方、給予具體的改善建議，並表達出對學生有能力達到高水準的信心，那麼回饋會比分數（或分數加回饋）更有助於學習（Guskey, 2019）。
幾乎所有的學生學習工作都可以做形成性評量。	形成性評量未必要停下教學再做評量，仔細觀察學生在工作中的表現，也是一種了解他們的發展和幫助學生培養自我成長之自主能動性的有力方式。
形成性評量可以差異化處理。	形成性評量裡唯一不該差異化處理的元素是評量所聚焦的 KUDs。其他元素如表達方式、回應時間、表達學習所用的語言和複雜程度，可以且很多時候應該差異化處理，以確保每位學生能夠盡其所能、充分展現他的學習。
形成性評量對教師和學生都有助益。	促進學習的評量（assessment *for* learning）幫助教師知道如何更有效地計畫和教學；評量即學習（assessment *as* learning）幫助學生學習如何更有效地學習。特定的形成性評量可以達到其中一個目的，也可以兩個目的都達到。
形成性評量是快照，不是詳細的繪圖。	形成性評量是學生進展的快速檢核，目的不是要做全面詳盡的測量，也不應該需要教師或學生花大量的時間來處理。

習，但她最喜歡的評量方式是在學生工作時走動巡視，帶著夾有學習目標檢核表的夾板，聆聽學生談話，觀察他們工作的進展，或向他們提出問題，將學生的優點長處以及她所謂的「坑洞」記錄在檢核表上。她說這種方法不僅能讓她看到在單獨的評量上不太可能問到的事情，而且還讓她有機會個別接觸每一個學生，這是其他評量方式不太可能做到的。

教學

教學是有目的地規劃和指引學習的過程。雖然其目標是學生的學習，但它同時涉及教與學。如果課程是教師應該教**什麼**和學生應該學**什麼**的計畫，那麼教學就是教師要**如何**教和學生要**如何**學的計畫。教室裡發生的大部分事情可能都涵蓋在教學的大傘之下，而其他教室要素（學習環境、課程、評量和班級領導／經營）存在的目的，全都是為了促進學生的學習。

差異化教學的基本目標是確保班上每位學生最大的成長。因此，差異化教學要求教師在教導和指引學習時，將個別學生置於思考和計畫的中心，而非只以整個班級來思考和規劃。基於這個理由，差異化教學指引教師要好好認識學生到能夠：

- 了解他們的長處和需求；
- 將他們的建議和選擇納入教學計畫；
- 以適合各種學習者需求的不同複雜程度來設計教學；
- 尋找與學生興趣相關的學習素材，以及母語是其他語言的學生容易理解的學習素材；
- 高度重視課程目標要密切結合學生相關的經驗、興趣和文化；
- 提供多種方式讓學生探索、理解和表達學習；
- 提供不同方式讓學生處理、完成作業任務。

此外，差異化教學強調幫助學生培養心智習性和學習工作習慣的重要性，這些習慣可以在各種追求中帶來生產力和成功，找到並培養他們自己的聲音和觀點，有效地與他人合作以及獨立工作。圖表 3.4 呈現的是一些有效差異化教室的教學屬性。我們在第 4 章和第 5 章還會探討一些思考差異化教學的其他方法。

圖表 3.4　差異化教室裡教學的關鍵屬性

教學的關鍵屬性	屬性說明
學生位於教學決定的中心。	教師與全體學生和個別學生合作，一起規劃、執行計畫、反思教學，並依據教師的觀察和學生的意見來調整未來的教學。
教學與單元的 KUDs 緊密結合。	當課程建立了清楚明確的 KUDs，評量密切關注學生 KUDs 的發展，教學聚焦在學生 KUDs 的學習，這時教與學是最有效的。
教學重視對學習內容的理解。	因為理解是發生在學習者的「內在」，而非外在強加在學生身上，所以有效差異化教室的教學經常將學生定位為「實作者」（doer），而非大多將學生視為「接收者」（receiver）。學生運用核心的知識和技能來做事（分析、比較、應用、遷移、延伸擴展等等），建構核心的理解。
形成性評量形塑教學計畫，以滿足各種學習者需求。	持續的形成性評量成為日常指引教學計畫的方針。
教學經常回應學生的準備度、興趣和學習方法。	準備度、興趣和學習方法是學生差異的三大類型，影響著學生的學習。回應式教學會設法了解和處理這些需求，盡可能有效、高效地促進學習。
教學策略反映出學生的學習需求、學科內容的本質和人類如何學習的原則。	教學策略和工具（包括科技的使用）應該作為最有可能促進學生學習的策略工具，而不是只被視為新奇的玩意兒才使用。
學習任務的設計要尊重所有的學生。	當學生的學習任務有差異時，每個人的任務都應該被學生視為同樣有趣且同等重要。它尊重並提升學生的能力。
彈性的學生分組是教室裡持續出現的特徵。	學生應該經常在同質性和異質性的小組裡一起工作、學習，考量學生的準備度、興趣和學習方法來分組——同時也有學生自選、教師選擇和隨機分配的分組方式。
教師「往上教」。	教師首先計畫「優秀學生」的挑戰，然後搭建鷹架或支持協助各種類型的學生投入和成功完成複雜的學習任務——要求學生運用重要的知識和技能來建構理解、推理、解決問題、自我反思和遷移應用所學知識到不熟悉的情境中。往上教的目的是要使所有學生都能公平地接受學校所能提供最扎實健全的課程和教學，並能成功學習該課程。

教學的例子

在沃克先生（Mr. Walker）的高中歷史課堂上，他將教學時間分成教師短講、學生探究和班級討論三個部分。在教師短講裡，他提供背景資訊以及關於重要事件和這些事件中關鍵角色的相關資訊。他強調重要的學術詞彙，隨著單元進行，逐步將這些詞彙添加到大型文字牆上；他也提出值得學生思考的重要問題，以理解歷史事件的意義。然後學生在不同的小組裡探討一系列相關的問題，使他們能夠超越文本進行思考，並提出他們自己的問題。班級討論則聚焦在學生的問題或學生對探討問題的思考。

目前進行的是第二次世界大戰單元，學生開始針對「獨裁政權如何在『自由』社會演進發展？」這個問題形成見解。現在，學生正在「調查小隊」（investigation team）裡調查研究納粹主義。沃克老師常常提出關鍵問題來引導學生探究，指出對他們理解所讀資料非常重要的詞彙，也常製作組織圖表，為學生的研究提供結構和方向。整個單元進行過程中，調查小隊維持固定成員，由教師選擇四到五個具有不同興趣和專長的學生組成。除了調查小隊之外，學生還會在「綜合小組」（synthesis squad）裡跟大約五名成員合作，這些小組每週大約共同討論兩次，以小組形式回應老師的提示問題。提示問題要求學生判斷、決定他們目前所學內容當中最重要的是什麼。小組回應提示問題有計時限制，所有學生都要口頭貢獻一個想法，讓記錄者將組員的想法整理、潤飾成論說文形式的段落，提出一個回應以及對此回應的辯護理由，包括證據。在單元的第一週，沃克老師隨機分配學生到綜合小組，但之後會根據他閱讀綜合小組的回應，每個星期更換大約三分之一的小組成員。他的目標是確保每個小組都有對內容具不同理解程度的學生，而且至少有一名學生是能幹的寫手。

沃克老師還會定期在教室裡依主題、問題或資源設立學習分站（learning stations）。這個單元目前有的資源包括 podcast、書面和錄音的第一手資料、國家大屠殺紀念博物館（National Holocaust Museum）和奧斯威辛集中營（Auschwitz）的虛擬導覽、不同可讀性（readability）的文本、美國和德國報紙對於關鍵事件的報導影印（德國報導已翻譯成英文）。他也會和小組學生會談，有時是應小組學

生的要求，有時是他自己要求想深入了解學生對手上拿到的資料的理解，並且在學生準備最終的成果報告時提供指導和回饋。

在這單元的前期，沃克老師給了學生「納粹主義」的定義，並且提出挑戰，希望他們之後能根據他們所學的，以某種方式擴展或修改這個定義。他也提供學生幾個重要術語（專制獨裁、國家主義、獨裁主義者、軍國主義、政治宣傳、仇外心理、反猶太主義、種族歧視和尋找代罪羔羊），是他們在調查研究中應該能夠解釋和應用的詞彙。

早期的一次班級討論主題集中在希特勒如何利用時事來讓大眾注意、信服他的想法，以及他運用哪些工具逐步向德國公民傳達他的訊息。在下課前幾分鐘，沃克老師「快速檢核」學生的想法，他提出這個問題：「獨裁政權如何在自由社會演進發展？」要求每個學生基於他們目前所學到的知識，用兩個句子寫下答案。這種形成性的檢核幫助他規劃後續的教師短講和討論，組構綜合小組，建議相關資源，規劃小組教學。

每位學生要發表四份簡短的第一人稱敘事——從希特勒、擁護納粹主義的一位公民、出於恐懼或無助感而接受當時國家發生之事的一位公民，以及反抗者的觀點來敘事，作為總結性評量。這四種觀點單獨呈現和整合起來，應該要能回答「獨裁政權如何在自由社會演進發展？」這個問題。學生可以用錄音方式呈現這四種觀點、使用 Flipgrid 創作四種觀點的影片、藉由附有解說的分鏡故事板分享這四種觀點，或撰寫這四種第一人稱敘述的「劇本」。學生們依照共同的評量規準（rubric）進行工作，評量規準聚焦在作品的目標、研究的品質、學生的心智習性和學習工作習慣，以及優質報告的一般要素。這些評量規準適用於任何呈現方式。沃克老師提供寫作架構給剛開始學習英語的學生，以及因為其他原因而覺得寫作很可怕的學生。他也會根據特定學習困難學生的長處和需求，量身打造這個任務，確保所有學生都能以適合他們的方式來應用這個單元的核心概念。

班級領導與管理

老師總是在教室前面對著學生說話，而學生的工作大多是獨立完成練習，這可能是學生在教室裡司空見慣的經驗。對學生來說，如果他們常常更換座位，有

時還要重新擺設課桌椅、依據目前的需要拿取和歸還資源物品、請教同學尋求學習任務上的協助，比其他許多學生提早完成任務，或自己完成作業就繳交，而不是和其他人同時繳交作業，他們可能不太清楚這些應該怎麼進行。同樣重要的，習慣教室裡的事務大多是由教師指揮或一體適用所有人的學生，可能無法了解多元分組、從多項資源裡做選擇、使用不同的空間安排這類事情的目的和意義。

在差異化教室裡，「班級管理」的目標是在彈性和穩定性或可預測性之間建立一種平衡，讓學生能以各種方式學習、進行不同的任務、使用各種材料、和不同小組合作，使得每位學生都盡可能深入、有效率地學習。幫助學生了解和促進彼此對差異化的了解，教導他們如何在差異化教室裡高效學習和如何幫助其他人高效學習，這些需要採取雙管齊下的方法來處理我們一般所謂的「班級管理」。

大多數的年輕人都不喜歡「被管理」。說實話，老師也不喜歡！差異化教學建議老師**領導學生**，並和學生**一起管理教室常規**。圖表 3.5 簡要說明所謂老師領導學生、老師和學生一起管理教室常規的意涵。

領導是要激勵、鼓舞他人，管理則是有效地處理常規。重要的是先領導，然後和你所領導的人一起努力建立、實踐和改進為了成功實現共同願景所需要的常規。領導和管理差異化教室的主要思考是和學生們談一談當下的感受：當你在教室裡、在團隊中或參與一項校外活動，其他人似乎對正在進行的事情覺得相當輕鬆自在，但你卻覺得迷惘失落；或是當你覺得這個活動真的很無聊，因為它對你一點挑戰性也沒有；抑或是其他人似乎認為很有趣、值得投入時間，偏偏你就是看不到它的意義或重點。在本章的下一小節，你會看到這個方法的例子。

問問學生希望班級是什麼樣子、你需要做什麼來讓這個想法實現，以及**他們**願意做什麼來實現這個想法。隨著時間的推移，請他們幫助你創造一個例行性常規或流程，讓特定的策略或流程能夠有效運作，或與他們分享你對常規的想法，請他們提出改進的建議。當學生開始執行常規時，複習或練習一下常規的內容；在執行常規一段時間以後，聽聽學生彙整、報告執行的情況。不定時地提醒學生——或請他們提醒你——班級的目標是什麼，談一談他們覺得哪些地方運作得很好，以及什麼時候需要做一些調整讓班上變得更好。在你增加新常規時，持續這個過程貫徹整個學年。當學生口頭上表示對常規和流程感到滿意，以及你們有

>>> **圖表 3.5　領導學生和管理常規以建立彈性又有序的教室**

領導學生包括	管理常規包括
• 認識學生、重視學生，並與每位學生建立連結關係。 • 擁有美好的願景——設計一個適合每位學生學習的教室。 • 有能力分享這個願景，徵求學生對於如何實現願景的想法，並爭取學生和老師、其他同學一起努力實現願景。 • 與學生一起創造團隊，以實現願景。 • 定期評估教師工作和團隊工作的效能，視需要進行調整。 • 隨著時間，不斷重申個人和團隊對願景的承諾。 • 與個人和團隊一起慶祝。	• 規劃課程時間表。 • 準備材料。 • 決定空間安排和實際布置。 • 計畫如何進行以下的事情： 　» 順暢開始和結束一節課／一課。 　» 發放和收回材料。 　» 在教室裡適當移動。 　» 當老師正與某個人或某小組工作時，尋求他人協助。 　» 完成的作業作品放在哪裡。 　» 如何有效幫助同學。 　» 如果提前完成工作要做什麼。 　» 當小組或獨立工作結束時，回到全班一起學習的狀態。 　» 把東西放回原位，以供隔天或下一節課使用。 　» 有效處理活動的過渡和轉換。 　» 依據作業任務的性質來調整對話。 • 實踐常規。 • 排除問題。

效的努力合作之後，就可以逐漸降低這個過程的頻率。如果老師獨自承擔一個彈性的學習環境中潛藏的所有責任，那他可能會精疲力竭。一旦這位老師有一個學生團隊幫忙承擔起許多責任，和老師一起「擁有」這個教室，其結果可能會讓老師滿意、讓學生成功。

領導／管理的例子

在學年開始的前幾天，我常常透過讓學生參與一個活動來介紹差異化教室的想法，讓學生能夠實際看見「滿足每位學生的需求和針對每位學生的興趣而設計的教室」的構想，而不是一間教室裡的學生總是做相同的事、用相同的方式、在相同的時段、有相同的支持。在不同的年份，我會使用不同的例子來保持我的新鮮感。我最喜歡的例子是從到學校的失物招領處走一趟開始，在那裡我可以找到

最大和最小的夾克或毛衣。

當學生進入教室時，我會詢問那些特別高和特別矮的學生，有沒有興趣在開始上課時為一個活動擔任夾克或毛衣的模特兒。我向他們保證，拒絕也沒有關係，但總有一些學生很樂意參與。

我告訴全班，有兩位志願者將為我們快速的做時尚模特兒的示範。首先，我會請小個子的學生穿上較大的衣服，學生咯咯笑了起來，然後我會請那位學生告訴我們穿著那件毛衣或夾克的感覺。他們的說法是可以預期的：「我找不到我的雙手」、「它把我吞下去了」、「我想這可能不是我的尺寸」。

我會用同樣方式，請較高個子的學生穿上小夾克，同樣得到可預期的結果。此時，我會問每位學生：在今天接下來的時間裡都穿著這件夾克，他們感覺如何。當學生開始看到可能要付出的一些代價時，他們的回答總會變得有一點嚴肅——例如：「我覺得我沒辦法吃午餐」、「這太緊了，我不知道我是否能在課堂上做事」。最後我會問他們，在這學年剩下的時間裡，每天都穿同一件夾克會怎麼樣？這時，他們回應裡的輕鬆感必定會消失不見，他們發現繼續穿著錯誤尺寸的衣服會阻礙他們成長，以負面的方式改變人們對他們的看法，甚至會改變他們對自己的看法。他們清楚看到，一天的一個錯誤穿著搭配也許很好笑或有點困擾，但是長久累積下來，可能會造成真正嚴重的後果。這個夾克活動大約花了十分鐘。

接下來，我向全班提出一個問題，以開啟更寬廣的討論：「我為什麼要和你們一起進行這項活動？這和我們班有什麼關係？」許多學生聯想到並分享了他們過去曾經迷失在某個學科的故事，看不到自己所學的對他們的生活有什麼重要，或是一直被「教導」他們已經知道的東西。由此，我們談論我們可以做些什麼來創造一個鮮少出現這種情況的教室；如果班上每個人都為了創造和維持這樣的教室做出貢獻的話，那會是什麼樣子；我們怎麼知道我們的計畫是否有效，以及如果無效的話，我們需要做些什麼。

在接下來的幾週，我們練習並試用針對幾個教室關鍵元素而訂定的常規，評估它們的有效性，並調整了需要調整的常規元素。後來在學年的前四分之一，我們討論了「公平」在班上的意義是什麼，以及如果學生覺得某件事情對他們不公平，他們可以做些什麼。在定期考查結束的前幾週，我們討論了什麼樣的評分系

統能夠精確地反映我們為班上學生設定的目標。早在十月底之前，學生們已經能夠順利執行我們那一年幾乎會用到的所有常規，而且能夠對參訪來賓（和代課老師）解釋這些常規如何運作，說明為什麼我們要在班上做這些事情，並且可以向任何願意傾聽的人解釋差異化（雖然當時我們並沒有稱它為差異化），解釋得跟我一樣好。這個班級是我們的，不是我的，我們像一個團隊般緊緊相連。

結語

我可以自信地說，沒有哪位老師每天都能完美地運用這些教室要素。我很確定，即使是傑出教師，也很少有一天是每個要素都在計畫中而且發揮到顛峰狀態。我們的目標不在於完美，而是清楚了解我們在處理每個要素時，想要達成的目標是什麼，並且堅持努力更徹底地實踐這樣的理解。

持續思考我們在班上運用某個要素的方式會如何影響所有其他的要素（無論是好或壞的影響），這會特別有用。舉例來說，一個邀請學生參與的教室環境，讓每位學生覺得友好、支持和安全的學習環境，在教學中會提高學生成功的可能性，即使學習工作有時候似乎和學生的生活沒有連結，或者有時候挑戰度過高或過低。因為學生感受到一種安全感、信任感和團隊精神，他們可能更願意繼續投入學習，至少可以維持一段時間，因為他們覺得受到支持和賞識。反過來，如果評量幾乎總是讓學生覺得自己受到評判，而且感覺是很嚴苛的評判，這樣的現實將會削弱學習環境和教學對那位學生可能發揮的效果。

持續學習更多關於優質教與學的知能，這會讓你的工作保持新鮮感和挑戰性，也能幫助多種不同類型的學生成功學習。

第 4 章

深入解析差異化教學

人生中的機會與教育機會之間有強烈的關聯,很少人會反駁這個論點。但是,我們經常誤解教育機會均等(equal access to education)的概念,以為它代表所有的學生都應該接受完全相同的課程、資源和教學,造成的結果是一體適用所有人的教育制度。差異化教學體認到學生各不相同,因此優質教育機會均等必然代表著:針對某個課程目標,每個學生都應該獲得資源、教學和支持,以幫助他們達成這個目標。

—— 引自 John Stroup 的論文,當時是維吉尼亞大學的學生

本章的大概念:了解一個模式的相關詞彙和「大概念」,是為了成功應用這個模式在鋪路。

當我開始教學工作,在當時仍稱為國中的一所學校教青少年時,我還是相當新進的老師,經驗不足到有好長一段時間都沒有察覺我班上學生的組成是個挑戰,是我尚未準備好要面對的挑戰。儘管我已經很仔細的規劃了,但多數時候當時的教學看起來,大部分的學生是躁動不安的。當我繼續研究學生的學習狀況,我首先清楚看到的是,學生們升上這個學年時,在閱讀、寫作、字詞彙、拼寫和聽力等技能的精熟程度上有頗大的差異。後來花了有點長的時間,我對學生差異型態的了解才逐漸清楚到足以發現自己當時教學的方式註定失敗。

有許多年(包含任教的第一年),我的七年級學生大概有半數的閱讀程度不到小學三年級,大約一半已經有高中程度。在這兩個極端之間,班上也有(頂

多）一小部分的學生是「中間程度」。可想而知，難怪有那麼多學生總是躁動不安。我採取「教中間程度的學生」的方式來開始這個學年，那是我身為學生所經驗到的教學，我以為那就是我應該做的教學方式。打從一開始，我每天的教學都沒有觸及很多學生。等我看清學生們帶著不同的起始點進入課程之後，我傾向於在某些日子教導那些程度高的學生，讓那些認知功能運作像高中生（甚至可能像大學生）的十二歲學生投入學習。在那些日子裡，尚未理解閱讀和寫作是什麼的學生很迷惘，可以預見的是，這些學生發現要「跟上課程」很困難，所以找了其他方式來打發他們的時間。而另一些日子，我會運用我覺得能夠有效幫助落後學生的方式，教導那些我和同事認為嚴重欠缺七年級應具備的技能的學生，結果，早已精熟那些技能的學生看起來就像低垂的旗子一樣無精打采。回想起來，所有學生都挺尊重我，也挺有耐心，假如當時的我不是教室裡的老師而是學生的話，我可能沒那麼好的性子。無論如何，很顯然的，教兩極學生的方式和教中間學生的方式一樣徒勞無功。

早期，我和同事經常問的問題是：「那我們接下來可以嘗試什麼？」過了一段時間後，這個問題變得更細緻、更聚焦：「我們要如何組織安排我們的時間和資源，好讓所有學生能夠有機會一起學習重要的東西，同時個別學生也有時間和支持可以依其需求和興趣來學習？」

這個問題的答案，透過嘗試、犯錯及深具滋養作用的對話——和一群對學生懷抱共同願景的同事進行的對話，逐步穩定的發展出來。本章將綜述以下幾個面向：引導我們教學工作的一些信念與原則；我們認為能有效幫助全班學生和小組個別學生的組織安排方式；證實有助於教學設計的一些詞彙；以及促使教師注意學生的不同需求和共同需求的一些策略。

指導信念與原則

我和同事開始走向我們現在所謂的差異化教學的旅程之時，只帶著兩、三個指導方針或原則來指引我們的思考。隨著我們逐漸了解何謂為每一個學生創造、設計一個運作良好的教室，這份原則清單也逐漸增加。以下十二個原則是我們這

些年來的收穫，也成為我們教學工作的指引，因為我們一直覺得，在設計和實施教學計畫時，這些原則值得我們持續關注。它們成為「骨架」，我們圍繞著這些骨架長出「肌肉」、「器官」和「系統」，使得差異化教學成為我們教室裡的生命泉源。

1. 學生是教學計畫、教師注意力和教學的中心〔支持每一位學生（Be there for each student）〕。
2. 教室裡做最多工作的人（亦即，那些最常站在舞台中央的人），就是學習最多的人（那**不**應該是老師）。
3. 當班級成員學會像一個團隊那樣運作，相互支持彼此成功學習時，這個班級是最強大的。
4. 每個學生都需要貢獻和體驗我們所能提供最具有動力、不斷變化發展的課程與教學，也要深思、認真地展現他們的學習。
5. 有些學生經過鑑定有學習困難，他們需要適當的、更複雜的課程修改（modifications）和支持協助。
6. 有些學生**並未**被鑑定為學習困難，但在教室生活和學習工作的某些或許多方面還是有不少困難，這些學生也需要課程調整（adaptations）和必須的支持，以協助他們盡可能高效的往上發展，向前邁進。
7. 差異化教室的關鍵目標是每一個學生每一天都能自主跨出學習發展的下一步。
8. 每個學生都需要老師全然的關注和支持，才能在學業、社會和情緒學習上獲得充分的發展。
9. 面對適度的學習挑戰時，每個學生都會需要同儕和老師的支持協助來迎接挑戰。
10. 差異化教室的標準規範就是沒有給學生的「標準」工作，學生們在教室和家裡常常都是做不同的事情，以跨出自己的下一步、發現和培養自己的優點和興趣、發展自己的聲音。
11. 成長是最重要的，要好好慶祝。學生有了可見的成長進步，便會感覺有

美好的一天。

12. 每個班級的各個方面都應該尊重每位學生，展現對每個學生的能力的正向期待和看法，重視每個學生。當我們讓學生具有能力並鼓勵他們成為我們全面合作的夥伴，一起促進自己、同學和全班成功學習時，這就是尊重學生的表現。

在你計畫教學，以及反思一天或一節課對個別學生和全班學生而言有何進步之時，請花點時間回顧檢視這些原則，這麼做將會大大提升學生的動機和成就——以及教師的滿意度與成長。隨著這些原則逐漸潛移默化成為你的思考，它們也會成為你在教室裡說話和做事的穩定指南針。更進一步，了解差異化教學的重要詞彙能使我們更有系統、更清晰地思考我們所做的工作，以確保教室裡發生的事情能夠回應各式各樣學生的需求。

優化教師思考的詞彙

語言在生活中和教室的許多層面都至關重要。舉例來說，我們都知道當學生欠缺某個學科或主題的基本學術詞彙的時候，這個學生就不太可能弄懂、理解、保留或能夠應用關鍵的學科內容和技能。對於老師來說，發展關於差異化教學的精確詞彙和相關原則，與增進在自己教室裡有效運用差異化教學之間，可能存在著非常強烈的關聯。

有兩組名詞可以讓教師對於差異化教學的計畫及實施能更精確地搭配個別學生、小組學生和全班學生的需求。第一組名詞指的是**常見的學生差異面向**，這些學生差異面向是「為什麼我們需要差異化教學？」這個問題的答案。第二組名詞指的是**教師可以差異化教學的層面**，這組名詞是「我們要差異化什麼？」這個問題的答案。了解這兩組名詞以及其間交互關係的老師，可以有效地運用它們作為積極主動設計教學的指引，讓教學更有可能好好服務自己所教的所有類型的學生。

常見的學生特質差異

　　準備度（readiness）、興趣（interest）和學習風格／偏好（learning profiles/preferences），這三方面的學生差異，幾乎在所有教室裡都明顯可見。這三種差異面向指引教師去思考**為什麼**他們要差異化教學。這些差異無時無刻都存在任何教室裡，不過，它們常常都是無名的存在，因為教師沒有機會了解這些差異並將它們轉化為教學實務。在這種狀況下，差異化教學可能是比較隨機的——比較沒有目的和焦點，但如果這些詞彙清楚存在老師的思考裡，就會變得不一樣。換言之，運用這三方面的差異當作差異化教學設計架構的一部分，提高了教師積極主動設計差異化教學的可能性，而非以一體適用所有學生的設計來進行教學，只在教師看到問題產生以後，再來做差異化教學。圖表 4.1 定義、解釋和說明這三種常見的學生差異面向，幫助我們回答這個問題：「為什麼教學應該差異化？」

　　持續運用形成性評量和一般的注意觀察來仔細觀察學生的教師，會發現許多有關學生進入課程的起始點、他們的興趣（包含那些連結學生文化背景和個人長處的興趣），以及在各種不同的情境中讓學生產生明顯學習的學習模式。當然，詢問學生覺得目前的學習狀況如何、偶爾運用興趣調查表、設計課程和教學時尋求學生的意見，也是很重要的。

　　至於哪些教學策略最能處理和滿足學生的準備度、興趣和學習風格，這並沒有單一正確的答案。好消息是有很多有用的教學策略，可以視學生的需求以及當前的學科內容和學習目標之本質來選用。

教師可以差異化教學的層面

　　除了前述三種影響學生學習的差異面向——準備度、興趣和學習風格，教師還可以差異化處理五個教學層面——內容、過程、成果、情意和學習環境。這五個層面也隨時存在所有教室裡，也同樣是無名的存在，因為老師沒有機會了解它們並學習運用它們來做教學計畫。同樣的，由於缺乏這些詞彙，差異化教學可能是比較隨機的——比較沒有目的和焦點，但如果這些詞彙清楚存在老師的思考裡的話，就會變得不一樣。

>>> 圖表 4.1　影響學習的學生差異面向——為什麼教學應該差異化

差異的面向	它的意思是	它的意思不是	為什麼它很重要
準備度	準備度指的是學生進入目前的課次或單元的學習起始點。它是流動變化的——亦即，視目前學習的主題或技能是什麼，它在連續光譜上所處的位置就會不同。準備度可能會受到學生的學業、社會與情緒因素，以及語言、文化和認知發展的影響。	它**不是**能力、智商或天生才能的同義詞。它**不是**固定的。 準備度的差異化教學要求教師根據學生在特定技能或學科內容的表現來規劃他下一步的學習，並避免認為學生是「低成就學生」、「聰明小孩」或「很普通」。這種取向有助於培養成長型心態。	心理學和神經科學的研究皆清楚指出，當我們要求學生學習的事物，距離他目前的發展位置太高遠或提出的挑戰度太低時，他的學習成就會受到不良影響。考慮準備度的目的是要給每個學生適度的挑戰加上支持協助，讓學生能夠達成挑戰。
興趣	興趣，在這個情境指的是學生個人的興趣——學生覺得非常著迷、有成就感和引人投入的事物。	雖然對老師而言，創造引人投入、有趣的課堂很重要，但那種「有趣」跟濃厚的個人興趣（感覺像是自我的延伸）是不同的。	讓學生能夠發展自己的興趣，並且把課堂內容和他們的興趣相連結，有助於提升學習的動機和關聯性，也常會提升創造力。
學習風格或學習方法	學習方法指的是學生會採用對自己而言最有效能、最有效率的方式來完成某項作業要求。學習方法是流動變化的——亦即，它會隨著時間、情境脈絡和環境條件而改變。	學習方法**不是**固定的。教師不應該試圖決定學生的「學習風格」，而是應該提供學習的選項，並引導學生去了解哪些方法在哪些時候會有益於自己的學習。	學習方法受到文化、性別、個人偏好和特定作業的影響。提供學生如何吸收學習內容、理解其意義和展現學習成果的選項，有助於促進學習的效率和效能。

了解這些和教師可以差異化**什麼**有關的名詞，並且看清它們在回應式教學裡的可能性，讓教師更有可能經常性的考慮在一節課或一個單元的某些時間點，可以用什麼方式來調整或塑造每個層面。換言之，運用這些名詞作為差異化教學設計架構的一部分，同樣也會提高教師積極主動設計差異化教學的可能性，而非只是在教學中看到問題產生以後，再來做差異化教學。圖表 4.2 定義和解釋教師可以差異化處理的五個教學層面。

>>> 圖表 4.2　教師可以差異化處理的教學層面——或教師要差異化什麼？

差異化教學層面	這些層面的意涵	這些層面在教室裡的面貌
內容（content）	內容是我們要求學生學習**什麼**——或教師教的東西。它也可以指學生是如何「吸收」資訊——或教師如何讓資訊變得易於接觸。相較於差異化處理學習內容本身，更常見的是差異化處理學生如何吸收或接觸內容的方式。	學生經常在聆聽老師的演講或解說內容時吸收內容。教科書、錄音版教科書、補充讀物、影片、podcast（播客）、圖畫／照片、圖表、操作模型、戶外教學、展覽、新聞來源和第一手經驗是吸收內容的其他（而且往往是更好的）方式。
過程（process）	因為學習是發生在學生的**內在**，而非外在強加在學生身上，所以學習裡有一個關鍵元素是認知處理的時間。認知處理是學生在理解他們正在學的東西時所做的事情——漸漸「擁有」它——理解它的意義，或是老師為了那些目的而要求學生做的事情。	我們要求學生做的事情，應該大部分是聚焦在理解，而非僅是記憶式的學習。家庭作業、課堂上的練習、動手做的活動、小組或全班討論，以及創造概念圖等等，是學生用以理解他們所學內容的幾個方式。
成果（product）	成果是學生產出的東西，用以展現他對於這幾課或一個單元知道、了解和能夠做到什麼——或是老師為了這個目的而要求學生做的事情。每天做的練習並不是成果，成果在本質上通常是總結性的。	「正確答案」的考試、申論題型的測驗或一篇完成的寫作作品，都可以是成果；針對複雜問題提出解決方案、學生創製的影片，社區計畫、檔案評量報告、多元形式的藝術作品等等，也都是成果。後半的例子，我們通常稱之為實作表現評量。
學習環境——情意（affective）	學習環境指的是物理和情意的環境。情意面向，包含學生對教室內的教學活動經驗以及教室外的其他影響因素所產生的情緒或感受。	因為大腦裡回應情緒和回應認知的區域是各別獨立又相互依賴的，所以當負面情緒主導學生的時候，學習是無法發生的。教師會觀察暗示學生情緒的線索，並以支持個人和全班的認知與學習的方式來回應。
學習環境——物理（physical）	學習環境的物理面向，包含像是教室課桌椅的安排擺設、燈光、聲音、牆壁和布告欄等等。	教室的物理環境設計應該要盡可能的支持和滿足多種類型的學生學習需求，並且能夠促進彈性的教與學。

學生差異面向和差異化教學層面的相互關聯性

如果學生差異面向有助於教師了解學生差異的方式顯著影響他們的學習，並因此了解**為什麼**差異化教學很重要，而且，前述五個教學層面也指出了教師可以差異化處理教學的**什麼**來協助所有類型的學生成功學習，那麼這兩組名詞之間的相互關聯性就提供了「我們可以**如何**差異化教學？」這個問題的部分解答。

對應學生不同的差異面向，每個教學層面都可以差異化。亦即，教師可以根據學生的準備度、興趣和學習風格來差異化內容；根據學生的準備度、興趣和學習風格來差異化過程；根據學生的準備度、興趣和學習風格來差異化成果；依此類推。圖表 4.3 提供一些例子，說明根據學生的準備度、興趣和學習風格進行差異化教學時，差異化內容、過程和成果會是什麼樣子。

正如你在圖表 4.3 看到的，舉例來說，一旦老師決定要根據學生的興趣來差異化過程，下一個問題是：「為了達成這個目的，我（們）可以運用什麼策略或工具？」表格的第三欄，針對學生差異面向和教學層面屬性之間的每個「搭配」，提供了一些有用的策略示例。如先前提到的，針對這些面向，並沒有所謂「最好」的策略，一般來說，能夠引發、促進以學生為中心、教師彈性處理、學生的學習選擇及聲音的教學策略或工具，就能夠引發、促進差異化教學。在有關內容、過程、成果、情意和學習環境的決定上，確保學生有權發聲和選擇，這對於學生和教師發展都是很重要的。最後一點，好策略是能夠幫助一個學生或一群學生達成有價值的學習目標的策略。

根據學生的準備度、興趣和學習風格來差異化情意及學習環境，通常需要教師細緻的回應和彈性運用教室空間，而非僅是運用特定的教學策略。通常，必須同時兼有教師對學生情緒或情意需求的敏感度以及提供學生安全空間的教室設計，方能有效協助化解差異化教學可能遇上的艱難時刻。舉例來說：

- 老師發現一位學生開始表現出焦慮的症狀，一如往常他覺得自己可能無法準時完成一項作業時會有的表現。老師也許會在這位學生身邊彎下腰，輕聲詢問是否有什麼事情讓他感到焦慮，並且，在聽完他的回應以

圖表 4.3　教師如何系統化進行差異化教學

根據學生準備度、興趣和學習風格，差異化處理內容、過程和成果的一些例子

	內容	過程	成果
準備度	• 不同閱讀程度的素材 • 閱讀／學習夥伴 • 小組教學 • 錄音的文本 • 與學生背景文化相關的議題、主題和素材 • 協助學生在閱讀／聽講過程中做筆記的組織圖表 • 搭配文本或取代文本的Podcast（播客） • 點讀筆 • 圖像小說	• 差異化家庭作業 • 根據學生的學習起點在不同的學習中心或分站工作學習 • 分層式作業 • 學習契約，學習菜單 • 引導學生逐步理解的組織圖表 • 以學生的母語寫初稿，然後翻譯 • 小組和個別教學 • 輔助不同閱讀程度的 App	• 不同複雜程度的優質學生作品示範 • 分等級的評量準則，搭配學生個別化的目標 • 不同複雜程度的研究／背景資料 • 在繳交截止日之前，提供幾個提前交件以獲得回饋的日期選項 • 提供幾個繳交截止日的選項 • 提供個人獨立工作的協助鷹架
興趣	• 教師運用與學生興趣／經驗相關的例子來解說學科內容 • 運用當前流行的媒體來增加與學生之間的關聯 • 閱讀對課程主題有貢獻的不同文化人物的資料 • 依據主題或文類，由學生自選小說 • 學生自選與主題相關的探索研究	• 在學習選項上，學生可以發聲 • 興趣中心 • 自主設計學習日 • 專家小組 • 適合所有學生的充實學習選項 • 拼圖式合作學習 • 在學習中整合藝術、音樂和科技 • 文學圈或數學圈，學生自選角色任務	• 獨立研究／探究／分軌研究（orbitals） • 學生所設計內含單元 KUDs 的作品 • 學生自選賞評成果的觀眾 • 「天才時光」（Genius Hour）或學生自選調查研究和成果的其他彈性選項 • 師徒制的指導 • 實習
學習風格	• 教師／學生運用多媒體來吸收學科內容 • 閱讀時強調整體到部分和部分到整體 • 閱讀時可以選擇聽音樂 • 閱讀時可以選擇站著或坐在地板上讀	• 可以選擇獨自作業、和一位夥伴工作 • 自選表達的模式 • RAFT 的選項* • 可以選擇在安靜區域學習 • 可以選擇站著或坐在彈性座凳上學習 • 競賽／合作的選項	• 自選表達的模式 • 學生設計的表達模式 • 自選研究媒體或表達學習的媒體 • 截止日期的多元選項 • 做計畫時，可使用不同的安排組織方法（大綱、故事板等等） • 社區為本的學習應用

* 譯註：RAFT 作業要求學生選取一個特定的「角色」（role）、特定的一群「觀眾」（audience）、一種「格式」（format）和一個相關「主題」（topic），引發學生對於學習單元裡某個核心概念想法的高層次思考。透過變化 RAFT 的組成元素，老師可以處理學生在準備度、興趣和學習風格上的差異。

後提醒他，有時候比起匆忙交出沒能做到最好的作業，對自己的作業感到滿意才是更重要的。接著，他們討論出一個對他而言比較好的繳交作業的目標時間。

- 一個孩子在學校要上課之前進入教室，並且把一位同學從他們共用的一張桌子邊推開。老師對這兩位學生說：「你們都知道，在這個班上我們要努力嘗試友善對待彼此。」然後她對被推開的學生說：「你願意給我幾分鐘的時間跟布雷德談談今天早上是什麼讓他心情很差嗎？」在和布雷德談話時，她發現他昨晚熬夜很晚才睡，也還沒吃早餐。在給他一點吃的東西後，老師問他是否願意坐在教室的安靜區吃東西，花幾分鐘讓自己準備好上今天的課；並且問他，等他準備好以後就去跟同學道歉，他覺得這樣做會不會好過一點。

- 安傑羅真的很喜歡在班上分享他的想法，這些想法幾乎都很值得聽，但是如果每次他舉手就發言的話，其他同學就很少有機會可以回應；如果他沒常常被點名說話，有時候他就會脫口說出答案或看起來很不高興。他的老師偶爾會使用的策略是要求安傑羅找出或記錄同學在討論當中的某一種回應或這些回應有什麼規律性，然後寫一張便條告訴老師他的觀察和發現。今天，老師要求他記下同學的一些回應，哪些回應似乎顯示同學已經理解他們正在學習的內容，而哪些可能暗示同學的理解還不是很正確，請他提出幾個建議。他的建議對她很有用，在這個例子裡，安傑羅提供了第二雙眼睛和耳朵。而他也覺得自己不必老想著要過度分享自己的想法就能投入整個討論，他的筆記也有助於老師規劃下一節課。

總而言之，就像本章開頭引用 John Stroup 所寫的話，差異化教學是教師體認到：要開啟機會給教室裡的每一個學生都能獲得有意義的學習，通常需要為不同的學生提供不同的資源、支持、不同程度的鼓勵和不同的學習路徑。教師要例行化、仔細的考慮如何根據學生的準備度、需求、興趣和學習風格來調整教學層面──大多數課堂教學時間裡都包含的五個層面，如此方能提供值得信任的架構來計畫和實施回應式教學。本章下一節將運用一個比喻來探討一種有用的思考方式，思考如何架構課程與教學，好讓所有學生的學習受益，以及如何架構課堂教

學的時間，好預先安排機會讓全班學生一起學習，同時也預留時間聚焦處理個別和小組學生的需求。

用來思考差異化教學與時間安排的比喻

我們對教室的印象，通常就像是一條筆直的輸送帶。學生在大約相同的時間進入教室，全體一起以差不多的方式度過一天。教師向全班學生說明新資訊或新技能，對著全班示範，班上每個人在同樣長的時間裡試一試，然後每個人一起用同樣的方式練習這項新技能或知識，接著各自獨立練習。當學生離開輸送帶，他們回家去做更多的練習——再一次，每個人都做同樣的練習。隔天他們回到輸送帶，一起檢視家庭作業，一起看著老師教學或學生示範，然後繼續這樣的循環。

這種「單一化」的教室節奏，是老師們很難搞清楚自己可以如何差異化教學的關鍵原因之一。高登的閱讀需要大力協助；哈維爾需要大量的字詞彙支持，也需要很多時間跟同學對話，才能學會如何掌控新語言；因為多種原因，比安卡、杭特和麗茲在教學幾分鐘之後，就會出現專注力的問題；山姆、阿瑪里、威廉和羅莎覺得課堂的步調慢到令人發瘋——這清單還可以繼續條列下去。老師不禁要問：「什麼時候才會有時間可以為這些學生的各種需求做些有意義的事？」「除此之外，我還得在考試之前教完所有這些教材進度。」

這位老師的困境指出了在許多教室裡慣常存在且相互關聯的驅動教學的兩項因素：第一，「教完課程進度」感覺是沒有商量餘地的，因為考試的壓力和習慣。第二，我們一起照著進度前進，因為⋯⋯嗯，因為這是完成工作最省時的做法⋯⋯也因為，嗯，不然這一整天的課還能怎麼上？針對這兩項主宰教學計畫的驅動因素，以下簡要回應。

關於教完進度，著名的哈佛大學心理學家 Howard Gardner 曾經寫道：「教完進度是理解之大敵。」（引自 Brandt, 1993, p. 5）身為神經科學專家，他非常明白當教完進度是教室的常態時，很可能教室裡唯一一個記住教過什麼內容、適當理解所有這些內容如何整合在一起、能夠在全新情境運用教過內容的人，就是老師——而且有時候，這甚至也是值得懷疑的。

賽車似的趕著教完進度，導致數量驚人的學生一瘸一拐地落在後面的廢氣中

（Sousa & Tomlinson, 2018）。想想那些有認知或情緒障礙的學生、才剛開始學習教室主流語言的學生，有學習障礙、自閉症類群障礙或創傷症候群的學生；再想想那些身上背負著種族歧視、貧窮、飢餓、無家可歸、受虐家庭之重擔的學生，以及發展遲緩的學生，獨樹一幟、跟隨不同鼓聲前進的學生，滿是憤怒或叛逆的學生。這些只是學生們每天帶來學校、當他們試著投入學習就會浮現的挑戰清單的開頭而已。當教完進度主導著教學計畫，這些類別裡的大多數學生就不太可能學習、學會如何學習或學著愛上學習。在這份清單上，再加上學業資優的學生、極具創意的學生、透過動手做或看到自己的學習對他人有幫助才學得最好的學生，在超過 25 年的考試領導教學、教完進度導向的課堂教學之後，高利害關係的測驗分數在大部分情況下幾乎沒有提升，在某些情況甚至還下降（Tomlinson, 2021），這樣的結果就不足為奇了。以教完進度當作驅動教學的因素，幾乎與我們所知道的人類如何學習都背道而馳。若說教完進度根本沒有任何作用，其實一點也不為過！如果我們教得少很多、教得好很多，學生們必定能更輕鬆容易地投入學習，也會學得更有效。差異化教學贊成並且呼籲教師讓輸送帶和教完進度退場，替代以更有發展效益的方式來思考教學和時間的運用。

相較於繼續在一學年裡賽車似的教完一大堆難以在短時間理解的教材進度，差異化教學（以及心理學和神經科學的研究）指引我們去決定在這些學科內容裡什麼是真正核心必要的，然後聚焦在核心的知識、理解和技能，教學時強調學生理解並建構這些核心知識、理解和技能的意義，好讓他們能夠將所學遷移應用到有意義、有用的情境（如 Erickson et al., 2017; National Research Council, 2000; Sousa & Tomlinson, 2018; Tomlinson, 2021; Tomlinson & Sousa, 2020; Wiggins & McTighe, 2005）。不要再將心力放在常被描述為「一英里寬，一英寸深」（意指寬度有餘，深度不足）的課程上，教師可以把重點從**教完**（covering）課程內容轉移到幫助學生**發掘**（uncover）課程的意義（Brandt, 1993; National Research Council, 2000; Wiggins & McTighe, 2005）。

至於時間的運用，如果我們丟棄「輸送帶」的意象，改用「高速公路」和「出口匝道」來規劃教學時間，我們的教學就能夠更有效地回應教室裡的年輕學子，也會更有效率。這種運用時間的方式傳達出一位老師全心全力投入於滿足班

上所有學生共同的學習需求以及個別學生的特殊需求。

高速公路主線上有什麼

在一間教室裡，有許多東西是每個人需要共享的，這樣的共享時間發生在高速公路上。高速公路接受與每個學生有關的核心、基礎學習目標〔除了，有個別化教育計畫（IEP）學生的例外特殊情況〕，高速公路提供機會給所有學生去聆聽各種同學的想法、學習欣賞同學多元的優點、一起做決定、共同承擔班級有效運作的責任、一起歡笑、建立連結關係和情感聯繫，讓全班變成「我們」。

為了建立學生與學生之間的連結關係所做的班級分組，應該包含班上所有的成員；為了奠定學習必要的知識基礎而進行的探索新資訊和新想法，應該屬於所有學生。所有學生都應該學習並參與學科「大概念」（big ideas）或概念建構區塊（conceptual building blocks）的探究。經過長時間的學習和工作之後的摘要歸納，往往也對班上的所有學生都有幫助。

出口匝道上可以建置什麼

有些學生的需求，在特定的時候，是屬於個別學生或全班當中的一小群學生獨有的需求，處理這些需求最有效的時機通常（但並不總是）是在「出口匝道」。系統、有效的處理這些需求，表示一位老師致力於看見**個別學生**，而非只看**全體學生**，同時也致力於計畫、教學和反思每個學生的學習成長。聚焦在照顧各種學生個人和小組需求的時間，需要有離開高速公路的「出口匝道」，讓不同學生進行不同的學習工作一段時間之後，再重新進入高速公路，全班再度聚在一起向前進。

許多的差異化教學發生在出口匝道的時間（但並非全部）。在帶領「高速公路時間」的時候（例如，透過運用視覺圖像或示範、連結學科內容和學生的生活、檢核學生的理解、提供時間給學生快速跟一位同學談一談、提出不同複雜度的問題、運用文字牆等等），老師可以而且絕對應該關注不同學生的需求。然而，若要密切、持續的關注個別學生的需求──包含（但不限於）本書第二部分

強調的那些類型的學生,則需要「出口匝道」的時間。共同在高速公路的時間長度,以及在出口匝道的持續時間,是會有變化的,視課程順序安排的特性以及「個別學生」和「全體學生」的需求而變化。這樣的變化是差異化教室彈性的另一種展現。圖表 4.4 顯示在教學週期中,高速公路時間通常很有用的一些時機,以及出口匝道時間很重要的一些時機。

>>> 圖表 4.4　課堂教學的高速公路時間和出口匝道時間示例

高速公路:學生需要全班一起的時間
一節課或一天開始的點名或開場活動。
為班級的程序、活動做規劃。
介紹新想法、主題、技能、探索活動、成果。
探索、理解和應用學科領域的「大概念」。
迷你課、短講、影片、特邀演講者。
有關大概念、議題或問題的討論。
為成果或實作表現評量做規劃。
摘要歸納一節課、一個班、一天、一個單元。
分享想法、資源、成果。
慶祝成功。

出口匝道:聚焦在個別學生需求的時間
小組教學。
小組協作。
個別練習。
學生—老師的對話、計畫、評量。
獨立探究、興趣為本的學習、「天才時光」等。
自己跨出下一步,進行更有深度和廣度的研究。
分享想法、資源、成果。

資料來源:Tomlinson (2021). *So each may soar: Principles and practices of learner-centered classrooms*. ASCD. 經授權同意使用。

課程計畫格式化

要撰寫教學活動和時間分配架構的計畫時，不妨使用一個簡單的兩欄式課程計畫表。在某些學校，這個格式適合提交給校長、學年主任、處室主任或其他關心班級事務的人。在其他學校，可能有一個規定的課程計畫格式，與這裡所建議的兩欄式格式不同。如果你的學校屬於後者，可以考慮把兩欄式計畫貼在規定格式後面。對於你的日常教學，這個兩欄式計畫版本可能比制式規定的課程計畫更詳實有用——也許對於行政人員和領導者來說也是如此。

這個簡單的兩欄式計畫可以讓你主動規劃並清楚確認那些能讓所有學生參與學習的教室元素，以及那些能聚焦協助每個學生發展核心技能、知識和理解的元素，都包含在課程計畫裡面，使得每個學生都有最大的機會去培養和發展持續成長前進所必須具備的能力素養。本質上，這個格式說的是一個課程單元如何展開的故事：首先，我們要全班一起做這一步；然後我們再全班一起做這件事；然後我們分成比較小的組合分配，來處理這些較為特定的學生需求；然後我們又回來一起進行下一步，以此類推。

換言之，這個兩欄式計畫表示你已經規劃了一個單元的流程，包含整個班級和關鍵的差異化教學元素如何一步接一步的進行，許多校方規定的課程計畫格式都有一小部分詢問教師要如何差異化各節課的教學，但沒有提供空間或指引來讓這部分的內容變得有意義、能夠協助教師豐富思考或有助於課程實施。這個兩欄式計畫彌補了上述的缺失。圖表 4.5 呈現的是七年級文學兩欄式課程計畫的其中一頁，這個單元處理的是虛構故事的相關元素如何交互作用以創造出作品的主題（theme）。

⫸⫸⫸ 圖表 4.5　兩欄式課程計畫示例

引自七年級英語科短篇故事單元的一部分，本單元設計目的是協助學生理解短篇故事的元素交互作用以產生主題的方式，並展現他們的理解。

高速公路（全班）	出口匝道（聚焦的差異化教學）
討論我們生活中的元素以及它們如何交互作用。	
介紹本單元。運用配對練習來複習文學的元素，一些學生有元素名稱的卡片，一些學生有定義卡片，一些學生有學生們共同讀過的故事示例卡。 討論我們在日常生活裡會分析的事物以及我們如何進行分析——創造出一組分析的步驟。	
學生四人或三人一組，分析一個故事，找出故事的元素，並分析這些元素是如何交互作用的。用來指引分組工作的小組人數、故事選擇和組織圖表，將根據前測的結果來調整。整節課裡教師會參與不同的小組討論。	
全班複習主題（theme）的意思，提出卡通人物生命的主題，然後是超級英雄，然後是名人，分析他們是如何想到這些主題的。	
	練習找出短篇「故事」的主題——以各種不同模式、複雜度和支持協助來呈現故事。運用不同的組織圖表來支持個別學生和不同小組的需求，提供協助和延伸學習。 「找出並支持你的結論——找出並說明這些元素如何創造出一個主題。」
	學生個人或小組一起創作一個故事，讓故事元素交互作用，指向一個主題——透過不同的指令、組織圖表、支持協助、表達模式來進行差異化教學。教師觀察工作中的小組／個人是否理解重要概念，也會有兩段各十分鐘的強化時間來協助剛學英文的學生和有閱讀困難的學生。

資料來源：Tomlinson（2021）. *So each may soar: Principles and practices of learner-centered classrooms.* ASCD. 經授權同意使用。

結語

　　運用有學理根據且系統的方式規劃差異化教學，是有效滿足各類學生學習需求的關鍵。練習觀察學生和檢視學生的工作情形，以深入了解他們不同的準備程度、興趣和學習方法。從內容、過程和成果的層面來思考課程與教學。想想你自己對學生的情意需求可能如何回應，以及如何最有效的利用你和學生共享的教室物理空間。

　　然後試試制定一天或兩天的課程計畫，在當中決定你能夠最善用哪些教學層面來協助處於不同準備度起始點、擁有不同興趣的學生，並透過提供（或請學生建議）不同的學習選項來支持學生學習。想想你的學生，他們透過什麼方式來表達情意需求？當你有效地回應時，情況會是如何？你還有其他哪些備用的應對措施？你可以重新配置教室空間或素材來滿足不同學習者的需求嗎？當然，目標不是在一天或一節課裡就完成所有這些事，而是運用它們當作擴展你的思考和選擇教學層面的指南，因為在處理一種或更多的學生學習差異類型時，它們是很有意義的選項。

　　在調整課程以使學生受益的過程中，請認真思考如何避免將重點放在教完課程進度，改而將學習聚焦在最重要的事情上。然後尋找幫助學生學習核心知識、技能和理解的方法，在他們學習的內容當中發掘意義及關聯性。當你將自己和學生從教完課程的競賽中解放出來之後，開始問你自己一個課程和單元計畫的哪些元素是所有學生需要一起體驗經歷的（高速公路時間），以及什麼時候讓學生練習這個單元裡他們需要精熟、改進或擴展的面向（出口匝道時間），對學生來說是最有益的。試著設計一個兩欄式的課程計畫——而且，在你運用計畫以後，根據你觀察學生學習工作時的發現，思考下一次你會想要如何重新撰寫這個課程計畫。

　　同樣的，目標不是立即或快速的精熟所有這些方法，而是學習、成長、向前邁出自己的下一步、反思——並且再試一次。這種方法會讓你獲益良多。

第 5 章

為回應所有學生的教學奠定基礎

自我覺察（self-awareness）是優秀領導者的一個特質。成為優秀的領導者必須要成為優秀的觀察者，而成為優秀的觀察者不僅是自我覺察而已。觀察自己是基本必要的，但觀察別人會提供另一個吸收、理解的角度。將觀察自己和別人結合起來，方能創造更豐富、可用的洞見……成為優秀的觀察者使我們能夠後退一步，仔細觀察自己和別人。只是隨意看看，什麼也不會產生；當我們仔細評判並找出模式、風格和效果之時，觀察才能產生洞見。觀察之所以重要的核心就在這裡——找出模式、風格和效果。

——Jon Mertz

> **本章的大概念**：從學生所在的位置開始並推動他們前進的教與學，涉及的不只是差異化的活動而已。

本章承續前幾章的內容，提供兩項工具來規劃奠基式差異化教學——也就是，以學習者為中心的教師期望能夠每天在教室裡提供的差異化教學。奠基式差異化教學打好根基，以落實更全面的融合教學（inclusive teaching）——亦即，比許多同齡生有更複雜的學習需求之特殊學生所需要的差異化教學。奠基式差異化教學也包含了「每個人的教室」的一個重要指標——當教學始於「學校絕大多數的學生應該都有公平的機會可以獲得學校所能提供給學生最豐富、最引人投入的課程和教學，再加上支持學生在課程與教學取得成功的積極協助」這個前提，這

樣的教學最有可能幫助大多數學生。

　　首先，本章提出十四個「整體大方向」的基準或指導原則，提供教師在規劃或反思如何教導現今教室裡多元差異的學生時可以思考。這些基準並不是配方或公式，而是試金石或啟發法（heuristics），可以指引我們做出明智的決定。在介紹和討論這些指導原則之後，本章接著更詳細也更精粹的摘要說明一些原則和做法，能讓每個教室元素（學習環境、課程、形成性評量、教學和領導學生／管理教室常規）更有效地運作，以支持學生的多元需求。這些整體性的指導原則（見圖表 5.1）和更加具體的教師行動摘要（見第 84 頁的圖表 5.3）都指出所有不同類型學生的**共同**需求。

　　本書第二部分聚焦在需求比較「特殊、專門」的學生，他們身上帶有會阻礙他們學習的複雜挑戰。在融合式教室裡要處理和滿足這些需求，需要差異化教學堅實穩固的基礎，在這樣的基礎上，教師才能夠進一步為這些學生量身訂做、調整教與學，支持這些需要額外的、不同的或更密集的鷹架協助的學生，讓他們在學業、情意和情緒上得以成長。在「每個人的教室」裡，學習和支持學習的功用是為了幫助每位學生「深度學習」——也就是，為理解而學，為意義而學，為了應用和遷移到教室以外的世界而學。在這種教學取向中，學生持續學習他們需要精熟的基本技能和素養，但通常是在與學生有關聯、吸引學生投入、學科為本的工作情境裡，要求他們去思考、解決問題、協同合作、發展身為學習者的自主能動性。

　　本章隨後呈現的十四項指導原則，**應該**是所有學生——幾乎別無選擇只能信任我們會好好教他們的學生——「應得的權利」（entitlement）。圖表 5.1 列出了這些基準，方便快速參閱。當你思考這些指導原則清單時，請花一點時間留意哪些在你的計畫和教學裡已經是中樞原則，哪些是你傾向於忽略的原則，以及哪些是你早就想要養成的原則。如果你認為還有別的項目可以列為回應式教學的指標，歡迎隨時加進這份清單裡。在圖表 5.1 之後是對這十四項基準的簡要討論。

>>> **圖表 5.1　規劃差異化教學的基準**

1. 記得，學生的需求很少是同質的，即使在同「類型」的學生當中亦然。
2. 對每位學生的學習結果都抱持高度期望，並且「往上教」以支持學生達到高度的學習結果。
3. 教學時要將學生的長處和興趣放在第一位。
4. 立志每天研究每位學生。
5. 規劃一間以尊重為共同規範的教室。
6. 從開學第一天或更早之前就創造融合的文化。
7. 盡早且經常和學生一起討論共創適合每個人的班級。
8. 計畫和教學要確保每位學生經常在所學的內容當中看見自己。
9. 建立「邁出自己的下一步」的行為準則。
10. 記得，學生需要學如何學習，而不只是學教材內容。
11. 確保每位學生隨時都能獲得成功所需要的工具、資源和科技。
12. 確保每位學生在學習內容和學習方式當中看見自己。
13. 運用「高速公路和出口匝道」來確保全班一起學習的時間以及學生聚焦於自己需求和長處的時間。
14. 留意基礎！（參見第 5 章和圖表 5.3）

對每位學生都抱持高度期望，並且「往上教」以支持學生達到高度的學習結果

　　許多老師對於學校裡有學習困難的學生可能多多少少都會設法「往下教」。我們意識到這些學生身上負荷的壓力，而且我們想要幫助他們感到成功——能夠維持動機繼續學習——因此我們就降低了成功的設定標準。或許，也可能是我們並不真的認為某些學生有能力做到複雜的學習工作。雖然這些學生可能確實面臨著巨大的學習障礙，但他們並非完全不了解周圍的世界，他們從我們臉上的表情和聲音語氣中看出我們對他們持保留的態度。舉例來說，他們絕對能夠覺察到，當我們和小組晤談時，我們通常都是找來作業表現不佳的學生。當班上有能力分組或不同學科之間有能力跑班時，他們完全了解自己是屬於「低期望組」，也會看到同科目其他組的學生正在做比較有吸引力的學習任務——他們可能同意那些學習任務超出他們的能力範圍，因為他們也早有定論，認為自己不是「讀書的料」。

　　有位年幼的學生曾經說了一段話，其中蘊含著深刻的真理。先前某位老師認

為她「能力有限」，漸漸的她也透過那樣的視角在看待自己──直到她遇見對她懷抱不同看法的老師。「我的新老師教我的時候，就好像我很聰明一樣，」她說，「所以我很聰明。」神經科學和心理學的研究都證實，只有在個體必須盡力伸展到超出他目前的舒適區之外，並且從同儕或大人那裡獲得支持以做到這樣的伸展之時，學習才會發生。因此，我們必須要求每位學生每一天都比他們相信自己能夠做到的再向前伸展一點點，而且，每一天我們都必須支持他們做到這樣的伸展。

「往上教」是差異化教學的一個核心做法，它的意思是相信每位學生都有潛藏的能力，每位學生都能夠推理、解決問題和理解大概念。因此，「往上教」的老師規劃教學時，首先想的是要適度挑戰資優的學生，然後問這個問題：「現在我可以做些什麼來支持、協助其他大多數的學生，不只是擁有這些豐富的學習經驗，更要讓他們能夠成功學習？」往上教展現給學生看的是，那些他們先前認為超出自己能力範圍的學習任務，事實上，是他們可以做得到的。

那可能代表要鼓勵某些學生：用畫圖代替書寫答案；指定閱讀文本用聽的而不是用讀的；先用自己的母語回答問題，接著再翻譯答案；一步一步的提供指令說明來進行學習任務，而不是一次給全部的指令；在提交最後的作業成果之前，可以先繳交初稿，讓老師提供回饋意見；運用步驟式檢核表來幫助學生完成學習任務，而不是假定學生已經能夠自己決定步驟，不需要任何協助；將學科內容連結到學生的經驗；諸如此類的，有許多方法可以提供鷹架，協助學生成功。

往上教的目標在於確保每一位學生都在思考、學習學科領域的核心大概念或原理原則，運用知識和技能來實踐這些大概念，扮演思考者的角色，理解想法的意義，並且「領悟」這些學科內容在他們的生活中為什麼以及如何重要。大概念是普世通用的，是相互連結的，大概念會讓學科內容產生意義。知識和技能應該是被用來建構大概念的──而且是每個人都應該運用知識和技能來理解大概念。「往上教」對個別學生和全班學生說的是：「在這個班上，每個人都可以做重要的事情，而且我們會團隊合作，一起來實現這個目標。」

在有效差異化的教室裡，會在學生的學習旅途中，持續提供時間（通常是透過出口匝道）給學生去練習對付他們目前覺得困難、還無法掌握的知識和技能，

但是這種困難不應該成為阻礙，使他們失去時間和機會來做有意義的學習。

從學生的長處和興趣開始教學

人們非常容易從缺陷的視角看學生——聚焦在他們有什麼地方「壞掉」或「錯誤」。那些一直在跟自己生命裡一種或多種潛在學習障礙奮鬥的學生，幾乎總能敏銳地覺察到這些障礙，而且常常覺得這些障礙致使他們有些殘缺。因此，當我們立志要跟這些學生建立連結關係，力圖有效地教導他們時，很重要的是要將這種缺陷式思考停在路邊，專注聚焦在了解學生的長處或強項——那些能使他們感覺自己完整無缺的事情。

有位數學老師覺察到她的一位學生「痛恨」數學，而且幾年來的數學科表現都非常不理想。她非但沒有認為這位學生對於數學的態度或技能有缺陷，反而選擇聚焦在這個女孩對詩的熱愛，偶爾請她寫一首關於數學問題、班上正在做的算式或一般數字的詩。這些詩時而靈巧，時而富有洞察力，有時甚至清楚地說明了他們在課堂上學習的內容如何和為什麼很有用。老師會分享她讀詩時的喜悅，也常徵詢她的同意，在課堂上運用這些詩。運用這種「長處／優點為本」的教學方法，她發現這位學生首先開始親近她，接著開始更投入上課，最後也告訴老師，在她開始寫數學詩以後，數學對她來說更有意義了。

另一位歷史老師教導一群閱讀流暢度很差、一直難以理解複雜文本的學生。他盡可能經常利用網站資源，提供不同難易度、複雜度的閱讀材料，好讓這些學生都能夠閱讀合乎他們程度的相同教材，也能參與課堂討論。他傾向於將這些學生視為「弱讀者」（weak readers）——的確，學生們一有機會就拒絕閱讀，當他們被迫一定要閱讀時，就算讀過也幾乎不懂所讀的內容。某天在課堂討論完種族歧視的議題之後，其中一位「弱讀者」請問老師能否給他一本《生而被標籤：美國種族歧視思想的歷史溯源》（*Stamped from the Beginning*，馬可孛羅出版），這是關於美國種族歧視歷史的國家圖書獎得獎書籍。老師正要向這位學生解釋，這本書對他來說可能太難了、他不會喜歡讀的，此時他突然意識到自己不該這樣說，取而代之的是必須支持學生想要嘗試的渴望。事實上，這本書對這位學生是很有

挑戰度的，但是他全然投入在他讀的每一頁，不但讀完這本書，還經常在課堂討論和作業裡引用書的內容。這次經驗改變了這位老師對於抗拒閱讀的學生的看法，後來他說：「我的工作，就是要找出對學生而言真正重要的是什麼，並從這裡開始建構我的教學。」

娜迪亞・洛培茲（Nadia Lopez；引自 Namahoe, 2020）為曾被關進監獄的青少年創設了探究企業家精神的課程。「這關係到生存和經濟學，」她解釋道：「孩子們理解這個概念，這就是他們過的生活。」他們創造企業產品，與社區裡成功的企業家見面，了解他們的企業如何運作，找到良師來指導他們的第一個創業構想，並且看見自己正在建造以往自認為不可能存在的未來。她為一所城市高中的學生發展了一個自然和歷史的研究計畫，透過颶風卡崔娜（Hurricane Katrina）的視角來檢視人人生而平等的想法，而它改變了學生的生活和學習軌道。她帶學生進行實地考察，去拜訪那些曾經困苦掙扎但仍然持續向前、獻身各領域成為佼佼者的成功人士。在一個案例裡，25 名參加實地考察的學生當中，有 24 名後來進入兩年制和四年制的大學，而那位沒上大學的學生則成為一名職業足球選手。「成功無關乎魔法，」洛培茲解釋，「我唯一擁有的魔法就是相信，有一種魔法的力量來自於單純的相信。」

查爾斯是我教過的一名國中生，他幾乎因恐懼（包括害怕在學校失敗，但不僅於此）而形同癱瘓，他不和任何人眼神接觸，拒絕在課堂上發言或書寫，也不表示他是否了解課堂上發生的事情。有一天，我看到幾位坐在他附近的學生，正目瞪口呆地看著他用雙手在桌底下做的事。當下我小心翼翼不打擾他們，慢慢在教室裡移動，以便找到一個角度讓我能看清楚同學們究竟全神貫注在看什麼。我不確定查爾斯是否清楚意識到他正在做什麼，對他來說，我想這有點像是咬指甲或折手指——為了釋放緊張壓力、讓自己感到自在而做的事。他正在編織我所見過最複雜的雅各天梯（Jacob's Ladder，類似梯子形狀的翻花繩）。我問學生想不想要他教他們如何編出雅各天梯，他很快就有了一長串的待教名單。他開始和同學有眼神接觸，也開始說話，這樣他才能擔任他們的老師；他開始書寫，這樣他才能分享圖示和指令說明。這是一件小事，也是一件大事。

當你陷入缺陷式思考時，提醒自己馬上停止這種錯誤的思維，快將思考焦點

轉換為找出那些能使學生感覺自己完整無缺的長處，並從這裡開始建構教學。

立志每天研究每位學生

這個目標實在太令人望而生畏，尤其是對中學階段的教師來說。學生太多、上課時間過短、「趕完課程」的時間太少，需要批改的作業永遠超載，我們會說：「這實在太不切實際了，怎麼可能期望我們了解每一位學生！」

期望教師又深又廣地了解每位學生**的確是**不切實際，但是，如果認為可以在不清楚學生的文化、不追蹤學生的學習軌跡，或不試圖了解他們的興趣、長處和夢想的情況下，就能把學生教好，也是不切實際的。若是我們不了解學生面臨的學習困難挑戰以及這些困難挑戰的本質，同樣是不可能把他教好的。

而且，除非我們持續了解學生，否則學生很可能會斷定我們並不是真的在乎、真的想要了解他。我們失去了學生對我們的信任，或者，也許從來就沒有得到學生的信任。

一位國中老師最近寫信給我：「我看不到有任何方法可以了解這麼多學生，或更進一步的，為他們實施差異化教學。不過，我可以看到我的學生渴求成功，所以我就嘗試了一下。我學到的是，以學生為中心的教室給了我時間可以在學生工作學習時四處巡視和觀察，並且與個別學生和小組學生坐在一起，聆聽他們的想法。形成性評量每天為我提供一扇窗，看見他們如何理解或不理解我們正在探究的內容。而且事實上，我漸漸了解到，學生在課堂上所做的每件事都是一種形成性評量。我在一個星期裡對學生的了解比過去一年對他們的了解還要多。這件事對我們所有人造成多麼大的改變啊！」

就如本章開頭的引言提醒我們的，成為一位優秀的觀察者可以讓我們更完全地了解自己和他人。只是隨意「看看」，什麼也不會產生，當我們仔細評判並找出模式、風格和效果時，系統性、「聚焦的觀察」才能產生洞見。這種觀察很重要，因為它幫助我們辨識出有關特定學生和跨學生之間的模式、風格和效果。正是辨識這些模式、學習傾向和持續展現的效果，讓我們能夠理解如何教導全班學生以及如何接觸個別學生——如何依據學生共同和獨特的需求進行教學。

成為一位堅持不懈研究學生的學生吧！這會帶給學生巨大的好處，也會帶給老師同等的回報。

規劃一間以尊重為共同規範的教室

我相信，所有人都有被尊重的需求。被人看不起的感覺會產生侵蝕的影響力，這種影響力在受虐兒童的生活中清楚可見，他們很可能會一輩子都困在「自己很丟臉、不如人」的固著信念裡。兒童的第一個世界是家庭，家庭環境中缺乏尊重會造成心理創傷。兒童和青少年的第二個世界通常是他們的同儕團體，同儕世界裡缺乏尊重同樣也是有害的。

幼教前輩維薇安·裴利（Vivian Paley）的教室規則：「不可以說你不能玩」（You can't say you can't play），是深具洞察力的規則。她看到幼兒排擠同儕，不讓別人參與他們的遊戲，她也了解到這樣的排擠是一個過程的開始，她覺得這會使孩子逐漸變得冷酷無情，一直持續到成年。裴利（Paley, 1993）在撰寫《孩子國的新約：不可以說「你不能玩」》時，訪談了受排擠和排擠人的孩子。受排擠的孩子形容自己的生活很孤單、被拒絕和自我懷疑；排擠人的孩子同意裴利老師的規則是公平的，但也覺得很難想像自己接受這個規則，排擠和霸凌是他們的樂趣之一。雙方的觀點都令人難過。

裴利認為成人有責任要介入處理，這樣，我們經常覺得兒童遊戲中必然出現的殘酷行為和排擠元素，就不會變成成人生活中必然出現的元素。當教室裡融合存在著一些已經苦苦掙扎於身體差異、情緒困難、貧窮、文化和語言差異、種族不平等、性別認同、無家可歸、欠缺家庭支持或帶著許多其他重擔來到學校的學生，而拒絕和排擠是被允許的，即使很隱微、不易察覺，這些學生的學習行為就會變得加倍困難。我的一位同事曾經反映，在人生旅途的某些時候，生活會給我們每個人一盒得背在背上的石頭，「但是，」她繼續說，「老師應該幫助年輕人**移除**自己及彼此盒子裡的石頭。我們不應該准許任何增加石頭的事情發生。」

示範何謂尊重，慎選你的用字遣詞、說話語氣、眼神交流、耐心、仔細聆聽、肯定成長進步、教導尊重的技巧和確保學習任務尊重每位學生。尊重代表信

任，信任會讓學生願意挑戰相當的學習風險。

從開學第一天或更早之前就創造融合的文化

與尊重密切相關的是融合的文化。融合（inclusion）的意思不單是指具有不同背景、需求、經驗或學習傾向的學生共處在相同的空間裡。融合的目標是要讓所有這些學生依據他們自己的條件，以適合他們的方式，一起好好學習。這需要尊重各種不同人性的表現，尊重與我們不同的觀點，尊重每個有助於增進我們了解周遭世界的聲音。融合並不是讓經過鑑定的特殊學生加入「我們其他人」的教室裡，而是讓我們所有人一起加入這個為我們所有人──也為我們每一個人──設計的教室，成為一個學習團體。

創造融合的文化意味著教師會捍衛每位學生的團體歸屬和獲得成功的權利，教師隨時願意接納和支持每個年輕學子現在的樣子，同時也想像和支持學生未來可能成為什麼樣的人。這意味著我們要和學生談談這個事實：我們共同擁有**身為人類的相似之處**──需要被接納和被重視、需要成長、需要與他人一起歡笑、需要對我們共享的世界有所貢獻等等。了解我們共有的人性特質是社會得以運作的關鍵。

融合也意味著要和學生談談我們的不同之處──語言、體型、天賦、經驗、看待世界的方式。這些**差異使我們成為獨一無二的個體**。我們攝取的食物量、喜歡吃的食物、需要的睡眠時間各不相同；我們能夠安靜坐好的程度和持續時間各不相同，跑步速度也不同。有時候，閱讀、數學或藝術對某些人而言很困難，但對其他人來說卻是簡單的──而且，如果課堂具有挑戰性（它理應如此，因為人類的共同需求就是需要盡展所長，去接受一個我們挺確信自己無法達成的任務，然後當我們真的完成時會覺得自己如獲新生），就不會有「一體適用所有人的挑戰」的假設。

融合要求我們與學生一起制定正向互動的規範，並努力確保在我們共享空間、時間和學習時，這些規範是放在我們思考與行動的首要位置。融合也要求我們依據個人的需求、目前學習工作的性質、每個人從事該工作所具有的天賦才能

和興趣，運用有目的、彈性的學生分組，以及彈性利用時間、空間和資源。

如果融合看起來似乎很困難（它的確是很困難），只要看看我們生活的世界就可以知道。我們總是認為我們的工作是指導年輕學子在歷史、音樂、科學、文學等學科上成為更好的學生——這也的確是我們的工作。但同樣重要的，甚至可以說更重要的是，我們也必須投資大量心力在指導學生成為更好的世界公民。

盡早且經常和學生一起討論共創適合每個人的班級

從小小年紀開始，孩子就可以分享他們嘗試做某件自己還沒準備好要做的事情的經驗故事，以及在當時情況下的感受。他們也能分享當自己被要求做弟弟妹妹才要做的事情時，因為這樣的要求而感到沮喪或憤怒的經驗。他們清楚了解這個想法：我們每個人準備好做某些事情（像學會走路或說話）的時間點都不一樣，我們換牙的時間表也不盡相同。而且他們親身經歷過許多「一體適用所有人」的作業任務、日程表、表達學習方式等等。他們也會談到自己擁有的興趣似乎跟教室教學活動都沒有交集，也會提到如何將這些興趣與我們課堂上的學習相互結合的可能性。

有位小學老師在學年的開始，請學生用紙剪出代表自己的人形。他準備好必要的材料以後，請學生依照圖例說明上列出的顏色，在剪紙的身體部分畫上自己最喜歡的學科的顏色（例如：綠色是數學、黃色是音樂、橘色是閱讀），在頭髮部分畫上他們最不喜歡的學科的顏色（例如：紫色是拼字、粉紅色是自然科學等）。衣服的顏色代表對他們來說很重要的才能或興趣（例如：灰色代表運動、紅色代表音樂、白色代表建造東西、棕褐色代表幫助他人）。如果他們想要強調的才能或興趣不在圖例的清單上，他們可以選擇另一種顏色，並在衣服上加一個符號或標誌讓別人知道那個才能或興趣是什麼。老師也要求他們，如果真的很喜歡和班上其他人合作，就在衣服上畫一些橫條紋；如果特別喜歡獨自作業，就畫圓點花紋在上面；如果這兩種學習方式都喜歡的話，就自己選擇不同的設計樣式。最後，如果學生喜歡學習新東西的話，他請他們為人形剪紙做一頂帽子，並且設計這頂帽子來表現自己的個人特質。

學生完成的隔天，老師將這些剪紙張貼在布告欄上，並在每個人形剪紙下方放了一個號碼。他請每位學生在這天當中花一些時間看看布告欄，並在一張索引卡寫下所有跟自己的人形剪紙完全相同的人形剪紙下方的號碼。毫不意外的，沒有一個學生找到與自己創作的人形剪紙完全匹配的人形剪紙。這是為期一整年的師生對話的開始，圍繞著學生經驗的對話可能引出像這樣的問題：「如果你們當中沒有兩個人是一樣的，那我應該怎麼教學呢？」「我計畫教導你們這些喜愛科學的學生的方式，應該像教導那些最不喜歡科學的學生一樣嗎？」「我是否該確定只把最受歡迎的興趣連結到我們在課堂上做的事？」「你們認為我們能夠創造一間適合這裡的每個人好好學習的教室嗎？」「這個班級看起來會是什麼樣子？」「它跟之前你們上過的其他班級有什麼不同？」「我的角色是什麼？」「你們的角色是什麼？」「為什麼創造這樣的班級很重要？」「做這些努力值得嗎？」「我們要怎麼知道它運作得如何？對誰有效？」

老師和學生遲早會需要談一談某些事情該如何處理，像是：如果你覺得正在做的事情卡住了，但老師正忙於和某個小組討論而無法幫你，這時你要如何取得協助；如何確保你和同學討論的音量不會大到讓其他獨自做事的學生難以專注在作業上；當同學們使用不同的東西在做作業時，如何順暢地拿取及放回材料和用品；已經完成的作業要放在哪裡，以及老師已經看過並給了回饋的作業要去哪裡找。

老師和學生也會需要談一談班級常規——例如，當好幾組學生在進行不同的實驗或使用不同的實驗材料時，要如何有效地完成科學實驗；老師用什麼方式讓學生知道他們在特定日子需要做什麼事，包括坐在教室的哪裡、成功的目標是什麼等等；什麼時候教室裡會進行一項以上的任務；什麼時候可以在教室裡走動，而且要怎麼做才不會干擾別人；工作時段結束時要如何清理乾淨，讓教室和學生都準備好進行接下來的事情。

對於比較幼小的學生，明智的做法是在學生第一次使用常規之前先練習；對於年紀較大的學生，複習一下常規通常就足夠了。在這兩種情況下，重要的是在使用常規之後進行簡短的回顧檢討，討論哪些常規有效、哪些無效，以及下次學生使用常規時可以做哪些微調或修改，好讓它更有效率和效能。

在執行大家一致同意的常規和程序幾個星期之後，我發現和學生討論在班上何謂「公平」很重要，我們已經挺有默契地同意「公平」並不是指每個人都做相同的事情。對我們所有人來說，覺得我們工作的地方是公平的，這一點很重要。所以，在**這樣**的班級裡，這個語詞代表什麼意思呢？在學年之初，學生提出這個常見的定義：「如果你同樣喜歡我們每一個人，這個班就是公平的」。到了學年稍晚之時，最常見的回應是：「如果每個人都能得到他們邁向成功所需要的支持，這個班就是公平的。」這兩種定義都傳達出重要、深刻的見解。

　　最後，我和學生們討論在每次定期成績考查結束時，我們如何以最恰當的方式來報告他們的學習狀態。在學期四分之一結束之際，他們了解到以成長或進步作為學習指標的重要性，而且我們討論了他們和我能夠以什麼方式來描述他們的成長，可以當作成績報告的一部分。

　　當學生在想像、規劃、實施和改進班級目標與結構上扮演核心角色時，他們會了解「從學生目前學習課程的不同起始點開始，追蹤他們的進展，並針對他們的長處、需求和興趣來規劃教學」的想法是有道理的。老師擔憂學生會抗議或反對同班同學有時候做不同的任務、每個人完成工作的時間表可能不一樣、使用彈性分組等等的問題，真的很少出現。在一個有效差異化和有效融合的教室裡，不只有「特殊學生」有時候會做不同於常態的任務。事實上，「每個人的教室」的常態是所有學生都在做可以幫助他們每個人往前進的任務，它的常態就是沒有「標準常態」的任務。而且學生們也開始相信，如果他們真的對班級運作方式有問題，可以安心的提出質疑。

　　花時間在師生共同創建班級，回收的效益極大，包含班級常規運作順暢、學生對班上事務運作方式感到自在，以及學生正向行為顯著增長。此外，這個過程也有助於打造出師生之間和生生之間強力緊密的連結關係。

建立「邁出自己的下一步」的行為準則

　　在教師主要是為「全體學生」而非「個別學生」做教學規劃的班上，作業任務通常要求或命令所有學生在一天的學習中採取相同的「下一步」。對於許多有

注意力問題、閱讀困難、行為問題、語言受限、持續性焦慮或其他重大學習障礙的學生而言，可能很難達到這種期望。而這樣的現實會讓學生感到挫折、憤怒或沮喪，導致一連串的失敗，通常還會出現行為問題。自覺有責任要帶領所有學生全體一起前進的老師也可能感到挫敗。學習為「個別學生」以及「全體學生」做教學規劃——換言之，學習如何差異化教學以創造每個人的教室——可以減少所有人的這些挫折。

在差異化教室裡，教師通常也有責任要引導和協助學生從他們不斷演變的近側發展區（Zones of Proximal Development; Vygotsky, 1986）往前進，並且以多種方式提供支持，使學生能夠成功做到有點太難的任務。學生的角色和責任就是在每天的學習進程中邁出自己的下一步。無論班上是演繹式、歸納式還是併用兩者的教學方式，這些責任是相輔相成的。

在差異化教學的「每個人的教室」裡，教師會和學生一起建立這樣的行為準則：最重要的是學生個人的成長。試圖達成別人的目標或採取別人的下一步，對我們毫無益處。你從哪裡開始學習的順序不太重要，重要的是你持續朝著擴展你的能力的方向前進，站在原地不動是不可接受的。這適用於每位學生，包括那些看起來已經做得「夠好」和表現頂尖的學生。我們大多數人都會抗拒我們覺得自己無法完成的事情，有了適當的支持，大多數人都**有能力**完成我們抗拒的事情。

這反映了 John Hattie（2012）的思考：在有效教導每位學生發展的教室裡，每一天的目標是加一學習（＋1 learning）——每位學生都比前一天往前進一小段。加一學習的想法不是精確的測量，而是描述學生邁向重要目標有意義的進展。

記住，學生需要學習如何學習，而不只是學習學科內容

雖然有些學生來到學校時已經是經驗豐富、成熟的學習者，但大多數學生並非如此。

那些苦苦掙扎於學校課業學習的學生，通常（當然並非一定）都帶著學習能力的落差進到教室，這些落差無疑是造成學生經歷學習困難的主要原因。

我們認為建築承包商理所當然必須能夠閱讀藍圖、了解和遵守建築法規、有效甚至創意地運用各種工具和材料，並且指導建築師團隊的工作，以建造出與藍圖相符的結構。相較之下，我們忽視學習涉及的技能和態度的複雜性，而且當學生還沒有能力成為自己學習的建築師時，我們就給學生打低分。

當教師清楚知道學生需要發展哪些技能和心智習性才能成為有效率又自動自發的學習者，而且教師花費許多心思在教導這些技能和心智習性，監控每位學生如何應用這些技能，並經常提供指導來支持學生在這些領域的成長時，對於學生的成功會是有力的貢獻。成功所需的技能和心智習性的關鍵成分，即是富有成效的協同合作所需具備的技能和心智習性，如果小組裡的學生不了解如何用心地協助小組成功，那麼小組的工作往往會達不到要求。

也請記得，許多學業優異而且常常得到「好分數」的學生，可能從來都不需要挺身面對學業上的挑戰，因而不知道如何應對，在面對尚未學會解鎖的挑戰時，容易感到恐懼甚至憤怒。如果我們沒有教他們學習自主能動性，那麼學生離開學校以後，那些我們覺得重要、學生應該從我們課堂上帶走的學科內容，充其量也可能只是停滯的惰性知識而已。

確保每位學生在學習內容和學習方式當中看見自己

心理學和神經科學的研究都強調學習內容的關聯性對於學習的重要性。當學生在學習內容當中看見自己時，內容就是有關聯的。對一些學生來說，這可能代表看到來自他們文化的人或跟他們一樣面臨類似挑戰的人，以某種方式和學習內容產生關聯；對其他學生來說，可能意味著以他們的母語來閱讀或聆聽正在學習的內容。有些學生則是在能夠將學習內容與自己的生活、家庭或社區連結起來時，發現它和自己有關聯。有機會將他們的興趣或才能連結到學習內容，也是關聯性的來源之一。

來自地區或學校主流文化的學生可能大多時候在大部分的學習內容裡都會看到和自己相似的人們，但對於來自非主流文化族群的學生來說，情況通常並非如此，除非學校和教師有目的地朝向這個目標發展。圖表 5.2 列出了幾種類型的學

生，以及他們可能會（或可能不會）在學習內容當中看到像自己這樣的人被提及或正向描述的領域。圖表裡提供的提示問題，並沒有單一正確的回答。請記得，同一類型裡的學生不會都以相同的方式經驗學校生活。不過，以通則的方式來思考這些問題還是深具啟發性，因為它們與你作為教育者的工作有關。

內容關聯性在幾個層面上與學習成功有關。當學生覺得某個學科內容領域似乎與他有關聯時，這是表示這個學生覺得他能夠建構該內容的意義——能連結、能了解——的一個指標。如前所述，**理解**內容是有意義的學習絕對必要的元素。此外，當學生看到他的家庭、社區、志向抱負和學習內容之間有連結關係，比起沒有這些連結，他更有可能認同該學科內容領域。更進一步來說，和一個學科內容領域的連結關係，是學生會對該學科領域持續感興趣和投入心力的必要條件。

當學生能夠將個人興趣連結到某個學科內容領域時，他可能會對自己成功學習該學科領域的能力更有信心；即使這位學生常常覺得學習內容超乎自己的能力範圍，他也可能會更投入並堅持學會它。舉個例子，研究人員（Walkington et al., 2014）將數學學生分為兩組來研究連結學習內容和學生個人興趣的影響，他們要求一半的學生透過檢核表（在一份興趣領域清單上排出他們感興趣的順序）向研究人員分享他們的興趣。這些實驗組的學生分配到與體育、音樂、藝術、遊戲等等有關的線性方程式數學問題，如此一來，所有學生都分配到與實驗組學生相同的待解問題，只是實驗組學生的問題含藏了學生的興趣領域。第二組（控制組）學生解決的問題則是未依學生興趣而修訂的問題。相較於控制組的學生，分配到以興趣為本問題的學生更輕易、更準確地解決了數學問題，而從含藏興趣的問題中受益最多的學生是先前在數學學習上有最多困難的學生。看起來，當狂熱樂迷學生讀到一道有關販售搖滾音樂會門票的問題時，他會覺得很振奮：「我知道有關音樂會的事情，所以我可以解決這個問題！」

雖然有一次以自己興趣為本的數學解題經驗，或有一次機會閱讀像自己一樣的自閉症人士對科學有重大貢獻的文本，可能不會改變這兩個學生的世界，但這是偉大的第一步。這是一種嘉許和肯定：這些內容、這個學科、學習、改變世界，可能就在你伸手可及的能力範圍之內。

我們要明智地覺察什麼方法能夠讓班上所有類型的學生時常看到我們所教的

圖表 5.2　各種特殊類型學生在學校經驗中看到「像自己一樣」的人的機會

左欄的學生看到「像他們一樣」的人在第一列的領域裡被提及或正向描述的頻率是多少？請用下面的數字代碼回答。

數字代碼：1─經常；2─偶爾；3─很少；4─從來沒有／幾乎沒有

特殊類型	在學校學到的科學家	在學校學習的歷史	學業成功的學生	在學校學習的藝術和音樂	在學校閱讀的文學	教導他們的老師	到學校的演講者	在文本、影片、校外教學等看到的家庭和社區圖像	成功人物／社會貢獻者的圖像
肢體障礙									
特定學習障礙									
多元性別 LGBTQ									
無家可歸									
貧窮									
非裔美國人									
注意力缺陷／過動									
拉丁裔美國人									
創傷									
自閉症									
資賦優異									

內容──我們要求他們學習的內容──是如何預留空間給他們和他們的經驗。同樣的，當學生在**如何**學習上擁有發言權和選擇權時，學習就會變得更有關聯性、更吸引人，也更自然。文化背景會形塑一個人的學習方法，性別也會影響一個人的學習方法，許多其他因素也會影響學生在特定主題和特定日子如何最有效學習的方式（例如，學生在生理上或情緒上的感受如何；學生對老師、同儕和內容的適應程度如何；以及學生對課堂語言和學術詞彙的熟練程度）。同樣的，許多因素會影響學生在特定時間和特定情境下如何表達學習的最佳方式。相較於沒有任何選擇，給予學生這兩方面的選擇並鼓勵他們提出其他的選項，能夠讓學生學得更有效率、更有效能。

確保每位學生隨時都能獲得成功所需要的資源

對我們許多人來說，透過科技，知識變得越來越容易取得，所以很容易忘記仍然有一大群人不像我們以為的那樣隨時有取用管道。我曾經看過優秀的老師規定作業必須用 Word 打字處理才可接受，而班上有幾位學生沒有管道可使用電腦或印表機。當學校發現必須從實體課堂轉為線上教學時，他們看到有大量的學生在家裡沒有網路可以使用，而且就算他們能夠上網，也常常缺乏學校遠距學習賴以使用的科技資源。

而且，學生可能缺乏完成作業所需資源的，並非只有科技此一領域。在我任教多年的國中裡，有一位藝術老師成為我心目中的英雄，她讓學生知道可以到她的教室拿取他們做其他科目計畫報告所需要的材料，而且如果對學生有幫助的話，他們也可以在下午放學後的時間去她的教室做事。指派作業的老師們沒有意識到這些作業超出了學生力所能及的範圍，僅僅因為他們無法取得老師認為學生家裡理所當然會有的麥克筆、海報紙板和其他用品，而這位藝術老師讓學生有可能順利完成這些作業。

當有些學生只需輕輕按下一顆按鍵就能取得資訊，而有些學生甚至連找到圖書館的管道都缺乏時，這個競爭環境就不公平了。當有些學生的父母在孩子需要協助時隨傳隨到，有些學生卻住在車子裡或無家可歸者的收容所，或是只有一位

打兩份工的單親父母,還要照顧年幼的弟妹,我們因為缺乏覺察(不是出於惡意)所做的假定,讓後一類的學生走向失敗。

當我們要求學生閱讀複雜的文本來完成作業任務,卻沒有考慮到有些學生根本還沒成為能力熟練的閱讀者(這並非學生本身的過錯),或沒有意識到我們要求他們用他們還不會說的語言來閱讀時,我們正在要求他們做不可能的任務。接著,當我們因為他們**沒有**做到他們**沒有能力**做到的事情而嚴苛地給他們打分數時,我們大大增加了這些學生在學校經常體驗到的焦慮不安和絕望無助感。

精心設計作業,好讓學生有多種方式完成作業,讓你成為學生能夠好好地、成功地做完作業所需要的支持助力。邀請學生提出他們自己的想法,說說他們打算運用何種最好的方式來展現自己這段時間所學而知道、了解、能夠做到什麼。這是我們對每個學生的認識以及想要接觸和了解每個學生的決心,對於他們的成功至關重要的眾多例子之一。

運用「高速公路和出口匝道」來規劃教學單元和單節課

當你開始擬定具體的計畫來教導「全體學生」和「個別學生」時,請重溫第4章「高速公路」和「出口匝道」的比喻。為了使課堂對各種學生都有助益,你必須提供規律且可預期的時間和全班一起學習,以及規律且可預期的時間聚焦在個別學生和小組學生的長處、需求和興趣。

這種學生聚在一起又分開、聚在一起又分開的課堂時間模式,是確保教師積極主動規劃差異化教學的基礎,而不是當你能在瑣碎時間找到一分鐘的時候才實施差異化教學。這是明確的證據,顯示這個班級既關心個人又關心全體,這是一間「每個人的教室」。具體實施這種時間模式,對學生發出了一個明顯可見的信號:這個班級就是要支持每位成員成功學習。

留意基礎!

請記得,有效的差異化教學是有效教學的一個特質,而不是附加物。定期花一些時間反思你是如何思考和運用第3章所介紹的優質教學基礎要素。

- 你的課堂有多大程度能持續吸引班上每位學生？你覺得自己和每位學生的連結有多緊密？你有什麼證據可以證實他們覺得和你有連結關係？他們像一個學習者團隊共同努力以支持彼此成功嗎？他們做得有多好？

- 你有知識、理解和技能目標（KUDs）嗎？KUD 這個縮寫指的是學生因為一段時間的學習之後，最重要必須知道（Know）、理解（Understand）和能夠做到（be able to Do）——一種技能——的目標。經常問自己這些問題：你和學生在整個單元當中都清楚知道 KUDs 嗎？相對於大量練習、記憶、重複知識和技能，你是否經常強調要理解所教的內容？你的課程設計是否能讓學生投入專注力、想像力和好奇心？你的課程設計是要往上教嗎？在課程決定、學習方法和班級日常運作上，你是否確保你的學生擁有發言權，可以貢獻意見？

- 你的評量方式是否仔細、緊密地結合單元／課程的 KUDs？你是否持續運用形成性評量來幫助你在近期內更精準地教導每位學生？你是否運用形成性評量的資訊來幫助學生學習如何學得更有效率和效能？你強調回饋重於分數嗎？學生是否看見你非常重視他們在這段時間的成長？你是否將形成性評量視為一個持續進行的過程，而不是一連串的手段工具？

- 你的教與學是否緊密結合課程／單元的 KUDs？學生是主動的學習參與者，還是教學接受者？你是否鼓勵並促進學生的協同合作，使之成為學習的關鍵鑰匙？學生是否有機會將他們的興趣連結到學習內容和學習目標？你是否持續一貫地規劃在教學上善用彈性分組和尊重學生的任務？你規劃的教學是否支持往上教？你是否經常規律地針對學生多元的準備度、興趣、長處優勢和學習風格來做教學準備？你預先規劃及課堂當下的教學決定是否都展現出為了滿足學生學習需求而保有的彈性？你是否給予學生豐富的機會，不僅讓他們分享關於教學的想法，同時也回饋意見讓你知道種種教學方法對他們是否有用？

- 在學年剛開始和整個學年當中，你是否**帶領**學生和你一起創造願景，致力於建立對每個人都有幫助的教室？你是否與學生建立夥伴關係，使他們能夠和你共同成為教室的主人，並且看到他們的努力有助於同學的成

功？學生是否與你一起創建、執行、評估、調整學習和管理常規？這個班級能夠持續展現出穩定和彈性的平衡到什麼程度？

圖表 5.3 提供了第二個計畫與反思的工具。就像圖表 5.1 較為整體性的基準，圖表 5.3 強調一些能夠導向強效、基礎的差異化教學的教師行動。表格中檢視了五個關鍵要素底下的行動，這些快速但說明清楚的指引，可用來規劃和反思差異化教學的影響力。在後續的章節裡，你會看到對應圖表 5.3 的許多行動，因為後面章節呈現的是各種特殊學習領域專家的指導，顯示這些行動在支持特殊需求學生學習成長上的重要性。

>>> **圖表 5.3　為所有學生的學習建立穩固基礎，教師可就五個要素採取的行動**

為學生的成長建立穩固基礎
• 檢視你覺知與賞識所教學生的多樣性到什麼程度。 • 反思你有多相信每位學生在適當的支持下都有能力獲得重大成長和成功。 • 想想你是否準備好要強調個人的成長，而非競爭或單一的成功定義。
創造友好邀請型的學習環境
目標：創造一個讓人感到安全、肯定、支持、溝通交流、尊重、正向和充滿希望的學習環境。

- 在開學第一天——以及接下來的每一天，讓每位學生知道你很高興見到他們，並渴望和他們一起工作學習。
- 以同理心和尊重來領導及教學。
- 透過行動和言語向全班和個人傳達你重視學生文化、經驗和觀點的多樣性。
- 創造一種融合的文化——在我們的教室裡，我們就是我們，這就是我們的立場，這是我們一起工作學習的方式。
- 讓學生能自然地接納、擁抱他們的文化和語言。
- 騰出時間給全班一起分享好消息，創造回憶、歡樂和笑聲。
- 持續展現成長型心態的取向。
- 教導學生成長型心態的重要性，運用班上和世界上的例子來說明成長型心態和固定型心態，請學生也分享一些例子。
- 將犯錯視為學習的機會。指出你自己的錯誤，有時也自我解嘲自己犯的錯誤。
- 每天找一小段時間與一位學生簡短的交談一下。
- 經常詢問學生班上和學校的事務進展得如何，以及你們可以如何讓事情變得更好（即使這些事情進展得挺好的）。

- 要有耐心，並且肯定學生的成長進步。
- 認真對待每位學生和他的擔憂，確保每位學生覺得自己被看見和受到重視。
- 盡可能經常與學生的父母或照顧者／家庭聯繫，強調正向且能鼓勵人的訊息。
- **確保學生和其他同學建立連結關係：**
  » 身教示範你賞識和信任每位學生。
  » 幫助學生了解為什麼學習和同學有效合作是重要的事。
  » 因應不同目的採用不同的學生分組，以確保他們能定期規律地和許多同學一起探索想法、解決問題及合作學習。
  » 安排擺設教室的家具桌椅，利於引發學生的合作與分享。
  » 教導學生如何成功地進行小組合作，並在他們分組工作時，密切注意他們協同合作的技能。
  » 表揚成功的合作，包括幫助彼此學習，這是班上值得驕傲、自豪的事情。

創造支持和激勵成功的課程

目標：公平地提供優質的學習經驗，以培養學生理解周遭世界的能力，讓他們具備知能為這個世界做出正向積極的貢獻，並且激發額外的學習。

- **確保有清楚的學習目的／目標／KUDs：**
  » 運用「逆向設計」，清楚指出學生在一個單元／一次探究／一課的學習之後，應該知道什麼、理解什麼，以及能夠做到什麼。
  » 確定教學是朝向核心的知識、理解和技能目標，而非認為學生能夠或應該精熟大量的學科內容。
  » 確定 KUDs 是以學生易懂、友善的語言陳述說明。
  » 在開始課程單元或探究之前，說明你將會使用標準答案題型和實作表現為本的總結性評量，作為評量學生 KUDs 的成長與精熟度的標準，以確保課程、評量和教學之間的一致性。
- **支持學生投入參與和建構理解：**
  » 確定學生知道每個學習部分的 KUDs。
  » 將理解放在所有學生學習的核心。
  » 設計能夠要求所有學生運用核心知識和核心技能來處理（擴展、表明立場、應用、建立連結）核心理解的學習經驗。
  » 將理解（或概念和原則）連結到學生的經驗、興趣和文化。
  » 將理解連結到學生的長處和興趣。
  » 盡可能圍繞著重要概念來教學，比如公平、自主能動性、形態模式、環境、改變和責任等等可以擴展到學生經驗和社會關注議題的概念。
- **往上教：**
  » 發展緊密結合單元／探究 KUDs 的學習經驗，強調學生的理解，並確保學生看見這樣緊密結合的一致性。

- » 一開始先創造對資優學生有挑戰度的學習經驗，然後為那些還無法獨立完成這些學習經驗的學生搭建鷹架，使得每位學生都有方法可以學習重要的想法、分析思考、應用他們所學的知識，並且連結到自己的生活。
- » 在課程設計時，規劃時間讓學生磨練自己需要的技能和以興趣為本的應用（出口匝道時間），同時也有時間和小組及全班一起建構理解和應用 KUDs（高速公路時間）。
- » 實踐「社會地位歸因」（attribution of status）——注意不被其他同學看好會有成功表現的學生，當他對任務或討論有重要貢獻時，評述、表揚他的貢獻（Cohen & Lotan, 2014）。

運用評量來推進你的教學和每位學生的學習

目標：擴展教師處理學生多元學習需求的能力和信心，以及提升學生身為成功學習者的獨立自主性／能動性。

- 例行化地使用學前評量來了解每位學生在即將進行的單元或探究的學習起點，以及檢核必要的先備知識和技能的狀態。
- 確保形成性評量（診斷性評量和持續性評量）能緊密結合課程明定的 KUDs。
- 運用焦點觀察、學生作品、個別學生對話，以及教師設計的評量方式，深入了解每位學生在目前學習道路上的進展（為學習而評量）。
- 檢視學前評量的資料，找出班上學生之間相同學習需求的模式。
- 運用你觀察到的模式來規劃教學，預做準備（包括時間、材料和支持）讓學生可以個別學習、小組合作、和老師一對一學習，以體驗到自己持續朝向學習目標（KUDs）成長。
- 提供多種不同的方式讓學生去展現他們知道、了解和能夠做到什麼——並且鼓勵他們提出其他方式來表現他們的知能。
- 提供清楚、聚焦、能付諸行動的形成性評量回饋，以幫助學生了解他們做得很好的是什麼、在哪裡做得不足，以及他們可以採取什麼步驟來推進他們的學習。
- 教導學生——個別和小組——可能促進他們成功學習的心智習性和學習工作習慣，也幫助他們分析他們對自己的成功做了哪些貢獻。
- 提供學生時間和支持來反思他們的學習與目標和回饋之間的關係，並為前進的下一步制定計畫。
- 差異化處理形成性評量的實施方式，使學生能夠清楚判斷與決定他們知道、了解和能夠做到什麼〔除了學習目標／KUDs 之外，更動調整評量的任何屬性都是可以接受的。對於有個別化教育計畫（IEP）的學生，甚至連學習目標也是可以更改的〕。

回應學生的準備度、興趣和學習方法來進行教學

目標：盡可能充分支持每位學生的學習動機和學習成功。

- 教學緊密結合 KUDs。
- 往上教。
- 只要可行，就鼓勵和支持學生在學習過程中發聲和選擇。
- 當學生做不同的學習任務時，創造尊重學生的任務（作業任務要同樣有趣、同樣重要，並且要求所有學生成為思考者和問題解決者）。
- 運用彈性分組，使所有學生都能夠和所有同學一起學習。（避免「固定的」或「穩定的」分組，可以改變小組成員、小組規模和教室裡的座位安排，也可用學生自己選擇、教師選擇和隨機的分組方式。）
- 在你規劃學生分組時，注意學生的學業、社會和情緒需求。
- 和學生一起努力，持續發展有效協同合作的技能。
- 設計教室的物理環境，以支持合作學習和個別學習。
- 針對學生的學習準備度需求，調整學習的資源／素材、任務複雜度、完成任務的時間長短、協助的鷹架、成人和同儕支持，並且給予學生時間去發展往前進所需要的知識和技能。
- 將學習目標設定在略高於學生目前表現之處，加上提供支持系統讓學生能夠「跨越落差」——這對於學生發展成長型心態是必要的元素。
- 將課程的主題、概念和技能連結到個別學生或小組學生的重要文化面向及個人興趣領域。
- 鼓勵和支持學生發聲來形塑課程和建議教學方法。
- 確保學生在他們學習的內容當中看見多元類型的文化和重要貢獻人物。
- 鼓勵學生將目前所學內容連結到他們的興趣、經驗、社區和志向抱負。
- 盡可能鼓勵跨學科學習。
- 幫助學生找到並發展他們的優勢長處和天賦才能。
- 鼓勵學生使用對他們有效率、有效能的方式來完成特定的作業任務，並且在使用的方法沒有成效時，知道如何找到其他方法來成功完成他們的作業任務。
- 在教室裡，關注並回應個別學生的社會情緒支持需求以及學業支持需求。

領導學生並與他們一起建立和管理教室常規

目標：發展出平衡可預期性和彈性的教室常規，以確保有機會同時處理全班和個別學習需求。

- **領導學生**
  » 讓學生參與對話，討論如何創造出一間旨在幫助每位學生盡可能有最多成長的教室，而非以為所有學生所有時候都需要相同的學習工作和支持。
  » 利用學生的經驗（或手足和朋友的經驗）來連結這些想法和他們的經驗。
  » 確定這些對話能夠同時檢視這樣的教室的好處和挑戰。

» 讓學生知道在創造一間重視個人長處、興趣和需求以及全班整體學生需求的教室時，夥伴關係是很重要的，並且讓學生決定他們是否願意扮演各種不同的角色，幫助這個班順利運作。
» 當你在開學初期——以及在整個學年當中——採取差異化教學步驟，請全班和個別學生反思這個班級對他們有多少幫助、教室常規運作得多有效率和效能。要求學生提供如何強化差異化教學元素的建議，並實際運用這些建議。（即使這些元素看起來似乎運作得挺好的，但永遠都有可以用有益方式進一步改善的空間。）

- **管理教室常規**
  » 和學生合作一起發展或改進這些日常一般流程：
    ○ 開始一節課
    ○ 結束一節課
    ○ 在教室裡走動而不干擾到其他學生
    ○ 重新安排擺放教室的桌椅
    ○ 拿取學習素材和用品
    ○ 歸還學習素材和用品
    ○ 注意和調節對話的音量
    ○ 當老師在忙時如何尋求協助
    ○ 如何幫助彼此而不是替某位同學做完工作
    ○ 在哪裡繳交已經完成的作業
    ○ 如何確定你的作業品質良好
    ○ 提前完成作業時，你可以做什麼
  » 和學生合作一起發展他們將會經常在課堂上使用的特殊學習活動常規：
    ○ 學習中心／興趣中心
    ○ 學習分站
    ○ 科技中心或科技分站
    ○ 文學圈（數學圈、歷史圈等等）
    ○ 合作學習小組／問題解決小隊
    ○ 畫廊漫步（gallery walks）
    ○ 探究小組
    ○ 科學實驗室
    ○ 哲學椅
    ○ 魚缸式討論和其他班級討論形式
    ○ 辯論、協作解決爭議
    ○ 諸如此類的學習活動
  » 在運用教室常規之前先練習和演練。
  » 在學年很早期的時候就開始運用教室常規，但要以逐步增加的方式進行，先讓學生自在地學會一個教室常規，再增加另一個常規。
  » 在運用每一個新教室常規之後，要經常彙報檢討，然後在整個學年當中，定期強化和改進這些常規的方法及程序。

結語

　　接下來，本書後續部分提供的是如何有效教導那些經常覺得自己和學校格格不入的學生的建議。事實上，經常覺得自己和教室裡正在進行的活動不適配的學生類型之多，可能就像教室裡的學生數量一樣多。例如，後面有一章提出如何教導被鑑定為特定學習障礙（specific learning disorder, SLD）學生的策略，你可能會發現你班上有些未被鑑定為 SLD 的學生，但他們的行為運作方式看起來很像特定學習障礙的學生。在這種情況下，嘗試運用一些推薦給 SLD 學生且對未經鑑定的學生可能也有用的教學策略，當然是合理的。你也可能會教到一個未經鑑定在行為控制方面需要額外協助的學生，但是，運用那些有效教導各種行為控制困難的學生的教學策略，至少對目前的他是有助益的。

　　真實的情況往往比這更加細微、複雜。有 SLD 的男孩的學習方式可能截然不同於有 SLD 的女孩（也可能不會）。每天在大大小小的不公不義當中掙扎奮鬥的非裔美國男學生，或許（也或許不會）相信學校能夠幫助他克服學習障礙，而且可能會（也可能不會）認為他的學習問題就是這個世界不公平的另一個指標。

　　一個有 SLD 且合併有嚴重的物理空間和文本定序困難的學生，比起有 SLD 而且才剛開始學英語的學生，在閱讀方面需要的支持是有些不同的。兩個處於不同光譜類群的自閉症類群障礙症（autism spectrum）學生，在教室裡看起來可能相異大於相同，但他們可能都有閱讀困難、社交困難，而且也會表現出一些情緒上的困擾問題。

　　由於學生和他們的學習需求是多面向的，所以要解開如何最有效教導每個學生的謎題，感覺像是在計畫解開好幾十個魔術方塊，甚至當你正在思考計畫的時刻，這些魔術方塊的各個面向也在不斷變動。運用後面幾章的內容來**架構**你的思考——幫助你**開始**做教學計畫，或者當你認為有用的方法結果卻完全無用而卡住時，可以用來幫助你擺脫困境。閱讀有關學生需求類型或來源的幾個章節——文化、語言、貧困、情緒問題、創傷、種族、性別認同——當然，這份清單很長，但是學習對我們而言，就像對我們的學生一樣重要。而且，你可能會驚訝地發現，深入洞悉、了解一種學習需求，往往也會幫助你更有效地教導有另一種學習

需求的學生。

持續當一個盡責的學生，向你的學生學習，當你有目的地觀察一位學生一段時間，你會發現自己越來越有能力引導且幫助那位學生成功學習。和那位學生討論他覺得困難的事情並且尋求建議，如此你才能成為他更好的學習夥伴。和學校裡已有機會深入研究不同類型的學生需求的專家談一談。請家長或照顧者成為你的合作夥伴，分享他們和其他老師已經發現能夠有效支持孩子成功學習的方法，同時藉由在家裡和孩子一起學習，來擴展你的影響範圍。深入洞悉一種學習需求，通常也能幫助你處理其他的學習需求。

在檢視後面幾章的各種需求類型時，也請記得，「每個人的教室」融入差異化教學，是為了尊重各種類型的年輕學子的學習需求，包括（但不僅限於）後續各章裡描述的學習需求類型的學生，而且，在這些教室裡具體實踐往上教的老師，是滿足這些學習需求的關鍵元素。這幾章裡面的教學指引方針，來自於非常了解如何有效教導有複雜學習需求的學生的資深教育工作者，請注意他們有多頻繁地強調高度期望、為理解而學、與學生有關聯的課程和教學，是學生成長和成功的關鍵要素。

向你致敬，因為你關心與在乎學生需要你的許多種方式，因為你投入時間和精力成為你教導的每位學生的最佳盟友。你正朝著好的方向前進。請繼續前進！每一步，對於依賴你的學生來說，都會讓你成為更好的老師。

PART 2

探討不同類型的學生

第 6 章

從基礎往上，
支持有特定學習困難的學生

每個孩子都應該有一個支持、捍衛他的人——一個永不放棄他們的成年人，他了解連結關係的力量，並且堅持要他們盡全力成為最好的自己。

——Rita Pierson

本章的大概念：我們應該為每一個孩子做到最好、最專業的教學——而且有時候，我們必須盡力超越目前最好的專業知識來幫助某一個孩子學習，在這樣的時候，我們和孩子都會成長。

在我任教於大學的前幾年，一位在大學時期修讀人類學的同事曾向我解釋，人類學家有兩種：細分學者（splitter）和粗分學者（lumper））。細分學者關注的焦點幾乎完全放在一種獨特的文化，盡他們所能去學習、了解該文化的所有面向。另一方面，粗分學者關注的是在許多文化之間找尋相同處和相異處。這樣一來，細分學者成為專才，粗分學者成為通才。在醫學領域也有平行類似的狀況，有些醫生學習成為一般科醫生，而有些醫生則成為某個或某些領域的專家。當然，在優質的醫療實踐上，這兩種方式都十分重要，而且也互相依賴。

大多數的老師基本上都是「粗分學者」，是通才——這裡指的不是他們的學科領域專業知識，而是像諮商輔導、特殊教育和英語學習（English-language learning, ELL；專門提供給母語不是英語的學生的輔助型英語教學）等領域的專業知識。就像一般通才型的執業者，這些老師需要有扎實的知識，知道如何了解和回應各種學生的需求，也需要知道何時應該向其他領域的專家請益，請他們提供額外的洞見和指導。這本書的目的是要幫助 K 到 12 年級的老師成為更有自信和更有能力的通才。就像醫院裡的一般科醫生一樣，必然會有某些時候，為了幫助某個學生學得更好，教室裡的老師一定要諮詢專家，整合運用通才對這個學生的廣泛了解以及專家對這個學生特定面向的深入了解。有些時候，至少會有一段時間，一般和專科教室裡的老師可能無法提供某個學生茁壯成長所需要的支持程度，因此這個學生就需要在一個結構化、足以協助他持續成長的學習環境中得到支持。沒有哪個老師能夠萬能地協助所有發展階段上的所有年輕學子。

因此，身為通才的老師會追求兩種層次的知識和技能：（1）所有學生實質上需要什麼，才能在教室裡成長茁壯，以及如何領導班級來滿足這些需求；（2）當某個學生有特殊需求（至少在某段時期），他需要與同學不一樣的教學方式才能成長茁壯的話，要如何因應他的需求來擴展或調整教室基本的支持、流程和做法。換言之，根據我們這個領域目前最好的有效教學知識來實施多種教學做法，包括有效應用差異化教學的基礎原則和策略方法，所有的學生（包含那些有特殊學習困難的學生）都會因此而受益。

回想圖表 5.3，表中提供了**一般**或基本的做法，支持健康的學習，**一般**而言，也會造就健康的學習者。這些做法對諸多年輕學子的成功學習有很大的幫助，沒有這些做法的話，很多學生的學習表現可能會不如他們能夠和應該表現的那麼好。

向前看

本書後續各章提供了有關某些特殊學習需求的指引，這些是比較少見到學生帶入教室裡的特殊需求（但並非不常見）。這些需求要求教師從已經就位的優質基礎做法持續往上建構，或者必須改變基礎做法。老師越精通於建立和發展優質做法的**基準線**（baseline），就會有越高比例的學生能夠在老師的領導下健全的學

習和成長。

第 4 章明確指出，差異化教學並不是優質教學以外的東西，也不是額外附加在優質教學上的，而是從我們當前最好的研究證據和教室經驗發展出來的優質教學做法的延伸。以下是簡要回顧：

- 教室裡的學習環境是「孵化器」，學習過程的所有一切都從中吸取氧氣。
- 課程是心靈的滋養品。
- 形成性評量是顯示學生有學業差異化需求的一個資訊來源。
- 差異化教學是處理個人和團體需求的路線圖。
- 領導班級學生和管理教室常規能讓教師好好組織安排教與學，以平衡全班和個別學生的需求。

當這些要素的其中一個跟其他要素不同步，或其中一個要素「能量過低」時，所有要素都會因此受到不良影響，而且更重要的一點是，學生也會受到不良影響。因此，每一位學生，包含本書後續各章所關注的那些特殊學生，都需要：

- 友好邀請型的學習環境；
- 感覺有關聯又有意義，能點燃他們的思考力、想像力和學習動機的課程；
- 形成性評量以幫助老師了解他們的學習進展，同時也幫助學生逐漸發展出學習者的自主能動性；
- 關注學生的準備度需求、興趣和學習方法的教學；
- 平衡可預期性和彈性的教室常規與流程，好讓每個學生都能成為全班群體的一部分，同時又擁有持續的機會和支持，能在學業、社會和情緒方面邁出自己的下一步。

圖表 6.1 提供視覺圖像的比喻，用來說明這五個要素的角色，每個要素如何使教室有效發揮作用以促進每個學生學習。這個圖像強化了這五個要素相互配合、共同發揮作用的想法。

⋙ **圖表 6.1　五個教室要素相互依賴的圖像比喻**

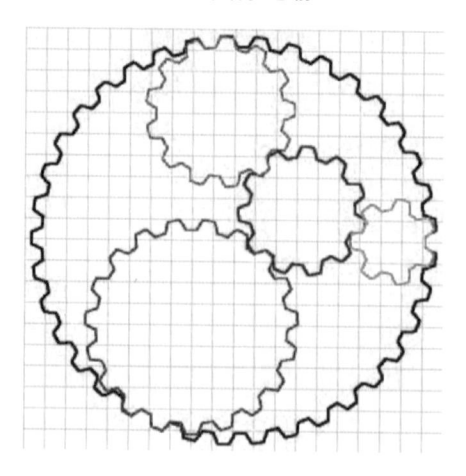

　　在觀看和思考圖表 6.1 後，你可能會好奇這五個要素裡，哪個要素是跟圖形內部四個齒輪當中最大的齒輪連在一起，而哪個要素是跟最小的齒輪連在一起？這個問題的答案似乎暗示著哪個要素最關鍵、最需要老師關注，以及哪個要素最不重要。這有點像試圖要決定：維護房子的屋頂還是冷暖氣系統，哪個最重要？這兩者對於你的居家安全和居住的舒適度都扮演著關鍵性的角色，一般而言，你對其中一項設施穩固性的關注不應該降低你對另一樣設施穩固性的關注。

　　然而在某個特殊時刻，你可能會發現這兩個要素都需要額外的維修養護，也同時發現你沒有足夠的資源可以一次修理或更換兩者。假設說你決定在房子上面更換一個新的屋頂，並且格外注意確保冷暖氣系統的負荷量降到最低，好讓它可以再撐久一點。等到新屋頂裝修好了，冷暖氣系統現在就會成為你優先思考的重點──即便你同時也在維護廚房器具、天氣變熱就卡住的前門，以及庭園裡的草坪和花木。換言之，一旦屋頂換新了，冷暖氣系統現在就是最大的齒輪──但是你仍然會關注其他方面的房屋維護。

　　圖表 6.1 的圖像應該傳達了類似的訊息，所有五個教室要素對於學生學習的維護都是必要的，所有五個齒輪每天都需要一起轉動。然而，當你在嘗試全新且具挑戰性的課程時，課程很可能是你優先思考的重點。不過，儘管新課程占據了你頗多的大腦思考空間，但這並不代表可以任由其他四個齒輪滑落或崩塌。事實

上，只要你了解在學生的學習上，一個要素是如何影響其他每個要素，你自然會以整合的方式來思考它們。不過，圖中那個外圍的大圓圈很可能永遠都代表著教師對學生的領導和教室常規的管理，之所以會這樣是因為教師與每位學生和整個班級的正向連結關係，加上有效地實施彈性靈活的教學常規，方能使其他四個齒輪好好運作，以處理和滿足個人及群體的學習需求。本書後續章節的焦點放在教師如何根據本書到目前為止所鋪陳且精煉呈現在圖表 6.1 的差異化教學原則和做法，持續往上發展或加以調整修改，以處理和滿足某些學生的某些獨特需求，這些特殊類型的學生，至少在某段時間裡，看起來是需要額外的關注和支持。

結語

在撰寫本書第二部分時，我最大的挑戰是如何平衡地說明教師要如何實際有效地教導剛開始學英語的學生、特定學習障礙、經歷創傷等等的學生，而不會讓自己看起來像是在說：「對所有剛開始學英語的學生都要這樣教」，或「對所有目前有閱讀困難的學生都要那樣做」，或「所有經歷過創傷的學生本質上都是一樣的。」

這樣的挑戰很類似於我們每天在教室裡都要面對的戰鬥，如果我們經常計畫差異化教學的話。我們要很努力地避免受到諸如「七年級學生」、「法語初級程度」或「學習困難學生」等標籤的誘導，持續不斷問自己：「在我們一起學習的**這個**時間點，**這個**學生和**全體**學生有什麼共同之處？在這個時刻，他們的需求有哪些**不同**之處？回應他們的共同之處和不同之處，合理的下一步行動是什麼？」換言之，我們觀察和找出學生需求的模式，據以做出計畫，而不是依靠各種標籤來指引我們的計畫。

在後續各章裡，我還是用了類型或標籤，因為在嘗試了幾種其他方法之後，標籤似乎是最實際的方法，可以確保認真用心、想對學生的人生造成正向改變的老師能夠辨識和處理這些面臨巨大學習障礙學生的學習需求。然而，我使用這些類型是為了指出不同的學習需求群體，而不是給學生貼標籤。我相信，認真閱讀本書的教師能夠以救助（redemptive）而非傷害（destructive）的心態來使用這些

類型標籤。

接下來的章節提供了一些提醒,要我們聚焦在理解和回應一位學生的具體需求和優勢長處上,而不是籠統歸納為某種類型的學生或視標籤為沒有能力學習和成長的一種指標。

當你閱讀時,請記住,各章標題所指涉的類型並不是嚴謹精確的,也不可能如此。請避免按照類型狹隘分類學生或產生刻板印象。如果你是完整閱讀所有後續各章,而不是在有特定需求時才一次查閱其中某一章的話,你會發現它們之間有頗多重疊或「相互滲染」之處。例如,在談及 LGBTQ(多元性別學生)需求那一章提到的一些學生,可能會因為你研讀創傷經驗那一章而受益。在探討英語學習者需求那一章提到的某些學生,如果你查閱特定學習障礙學生那一章,或注意力缺陷障礙學生那一章,或教導資賦優異學生那一章,可能也會發現對這些學生有幫助的內容。這些類型之間的區隔,頂多是屏風或也許是低矮的尖樁圍欄──絕對不是牆。每個學生都是一個個體,沒有哪個學生是某類需求或某群學生的代表,大多數學生都有多面向的優勢長處以及多面向的需求。在你往下閱讀時,請牢記這一點。

同時也請記得,你可能教導頗多**尚未**被鑑定為屬於任何類型的學生,但他們仍然苦苦掙扎於精熟閱讀技能,或與同儕溝通,或焦慮和抑鬱,或種族不平等,或與性別認同有關的緊張關係──或某些學習壓力合併症。而且,經鑑定為某種特殊障礙的學生,實際上也可能在其他未經鑑定有需求的領域中出現學習困難。此外,任何類型的學生在他們的長處、興趣和學習方法上都有很大的差異,而這些因素通常是通往成功的路徑──或至少能開啟通往成功之門。

因此,當你在找尋如何教導某種類型的學生的指引時,請記住,你也可能透過跨越類型來幫助學生。面對某個學生,你首先要設法找到這兩個問題的答案:「在**這個**時間點我在**這個**學生身上看到了哪些跡象或指標,代表他的學習之路顛簸難行?」以及「我可以做些什麼,和這個學生成為夥伴,讓前方的道路變得平順?」然後,在你規劃教學時,也要跨越類型找到共同的需求。例如,兩名自閉症學生、一名學習障礙學生和三名剛開始學習英語的學生,全都可能因為運用視覺提示而促進自然學科的閱讀、寫作或字詞彙發展。規劃差異化教學的一個關鍵

面向涉及了解個別學生的需求，同時也要找出跨學生之間的共同需求的模式，方能使你的教學計畫和學生的學習工作有效率又有效能。

在閱讀本書第二部分時，你將注意到我偶爾會使用「普通班教室」（general education classroom）這個語詞，用以指涉所有年級和所有學科領域的教室，但未包括被指定為自足式的特教班教室。普通班教室和普通班教師（general education teacher）這兩個語詞，在重要的教育法律和政策文件裡都是這樣使用的。

第 7 章

教導英語學習者*

你知道外國口音是什麼嗎？它是勇氣的一種象徵。

——Amy Chua（蔡美兒）

引言

　　在美國的教室裡，大約有 10% 的學生正在學英語的聽說讀寫，同時也努力在學習學科內容。這個比例正在增加，而且可能會繼續上升。

- 這些年輕學子當中，有些人在進入你的教室之前已經學英語好幾年了，有些人則是在你班上才第一次說出英文單字、片語和句子。
- 有些學生從飽受戰爭蹂躪的國家來到美國，而且在他們的祖國可能從未上過學。
- 有些學生的父母是醫生、律師、工程師、教授或科學家，他們移民美國的原因各有不同，而他們的孩子在出生的祖國享有豐富的學習機會。
- 有些學生只學了幾天、幾週或幾個月的英語——有些則學了幾年。有些是年幼的孩子，而有些是青少年。

---

* 譯註：有些移民學生的母語並非英語，為了融入社會和學習環境，必須學英語，這些學生是本章所謂的「英語學習者」。在臺灣，也有剛移民或海外回臺的學生需要學國語。閱讀本章時，讀者可將「英語學習者」替換為「國語學習者」來思考這些學生的教與學。

第 7 章｜教導英語學習者　101

- 有些正在學英語的學生可能有經過鑑定或未經鑑定的特殊學習困難。
- 有些學生的思考能力十分優異，就算他們才剛入門學英語。
- 有些學生可能曾經歷創傷。
- 有些學生可能是被霸凌、嘲笑甚至暴力對待的對象。
- 有些學生在新環境中可能會很合群、有自信。
- 有些學生可能會深切的自我懷疑。
- 他們的長處和夢想會有明顯的不同，而且就像大多數的年輕人一樣，他們在一個學年裡面會有不少改變。

這群學生絕對**不是**同質性的，我們也不應該認為這群學生的學習能力有限，或為我們帶來許多麻煩。他們帶來豐富的經驗、更加寬廣的文化視野（他們的許多老師反而沒有這種機會可以發展出這麼廣的文化視野）以及勇氣——拜託，他們正在學習如何說至少兩種語言，好在這個世界上走出自己的路，這還不算有勇氣嗎？就每個學生而言，他們在你教室裡的經歷將會擴大或限制他們前方的機會，以及他們參與這些機會以建立自己和父母所希望的生活之能力。當他們學習如何成功、自信地生活在兩個世界的過程中，他們需要你的尊重、信任、關注和夥伴關係。他們需要你往上教。

以下的指引有助你了解、規劃和回應這些英語學習者（English Learners, ELs）的不同需求，協助他們同時學習學科內容和一種新文化。目標當然不是將這些策略全部用上，而是將它們視為資源庫（repertoire），從中考慮和選用對某個學生在某個時間、某種情境下可能有幫助的策略。同時也請務必瀏覽為英語學習者的教師及其家人提供資源和指引的網站，例如：Colorín Colorado、FluentU、Literacy Center Education Network、NIH Kids' Page、Reading Is Fundamental、Starfall 和 Using English.com。其中有些資源是針對特定的年齡群，有些則是為各年級學生提供協助。

教導英語學習者的一些原則與做法

確保你具備有效教導英語學習者的知能

- 認真仔細地想一想，如果你突然生活在一個國家，幾乎沒有人說你的語言、了解你的習俗、不熟悉你最喜歡的食物——在這裡，你不知道如何從 A 點到 B 點，甚至看不懂路標——你會有什麼感覺（或曾經有過什麼感覺）。你看不懂電視節目的內容，也無法閱讀學校發給你的課本。除了你的親人，你誰也不認識。你會需要什麼？什麼會對你有幫助？
- 評估你將班上學生多樣性視為資產（asset）而非問題（problem）的程度。
- 反思你的心態，讓自己堅信：你教室裡的英語學習者在適當的支持之下，有能力大步成長和成功學習——你不會將早期語言發展與能力低落畫上等號。
- 了解雙語能力是一種資產，不是一個問題或障礙。
- 開始學習和了解你的英語學習者所代表的文化，包括語言、宗教、他們居住過的地方和節慶活動。
- 知道同時要嘗試學習複雜的學科內容和表達該學科內容所使用的語言是非常困難的事。了解學生要發展出第二語言的精熟流暢度，需要四到十年的時間，而且取決於學生的年齡、過去的學校經驗，以及學校內外成人的支持。要有長期努力的準備。
- 留意有些（或許多）英語學習者會迷失在全然陌生之地，至少在某段時間。他們不只不了解這裡的語言、文化、飲食、地理或交通動線，而且有很多孩子來自不安全的國度，會把那些壓力和恐懼帶到教室裡。許多學生來自經濟弱勢家庭，遺憾的是，有不少孩子會成為同儕嘲笑、霸凌甚至暴力對待的對象。他們每個人都帶著極大的希望和無限的可能性來到教室，請陪在他們身邊，仔細聆聽他們的心聲，支持他們，在教室、學校和社區裡成為守護、捍衛他們的人。

為英語學習者創造一個安全、友好邀請型的學習環境

- 與全班學生合作，創造融合的教室文化：安全是絕不妥協的要件，多元差異是寶藏，同理心是建立彼此關係的方式，多元觀點會豐富滋養團體裡的每個成員。（我們就是我們；我們就是這樣一起學習。）
- 以「無條件正向關懷」（unconditional positive regard）來看待你的英語學習者。這個專門用語出自著名的心理學家 Carl Rogers，指的是這樣的信念：這個年輕人是重要、有價值的人，值得你關心，就像這位學生一樣——無須任何證明或成就，他應當得到你無條件的尊重（Gobir, 2021）。
- 確保你的臉部表情、肢體語言、聲調語氣和用字遣詞都能反映出接納、關懷和尊重。
- 盡你所能去了解你所教的每位英語學習者，除了了解他們的文化背景之外，還要了解他們先前的學校經驗、英語精熟程度、興趣、他們引以為傲的事情，以及他們喜歡的學習方式。在學年開始之前就開始這個過程，並在整個學年裡持續進行。
- 確認你知道如何正確發音唸出學生的名字，以表示你對學生及其語言的尊重。
- 在這位英語學習者開始適應全新世界的艱難工作時，指派一位「夥伴」或「搭檔」來陪伴他、提供各種協助支援。
- 每天找一點時間來分享故事，做一些有趣或意想不到的事情，一起歡笑，留下共同的記憶。
- 學習這個學生母語的一些詞彙和片語，並且盡可能使用它們。偶爾偶爾，請這個學生教你和班上同學一些他母語的詞彙和片語。
- 製造機會讓學生分享如何用他們的母語來說教室裡的物品、數字、日常物品名稱、學科內容裡的重要詞彙等等。張貼教室基本設備物品的英文詞彙，同時附上這些學生講的其他語言的詞彙。鼓勵母語說英語的學生學習其他語言的詞彙和片語。

- 從你第一次見到學生開始，建立起與他們的信任關係。他們需要知道你關心他們、重視他們本真的自我、對他們抱有高度的期望，也會在學習過程中給予他們支持，並成為守護、捍衛他們的人。同時，不要辜負這份信任！
- 每天關心學生的狀況，簡短的對話交流。
- 將教室裡的物品貼上帶有圖示的名稱標籤，幫助英語學習者學習常用且立即有用的字詞彙。
- 請學生分享有關他們文化的資訊，以幫助所有學生了解跨文化之間的相同和不同之處。
- 鼓勵學生在班上使用他們的母語作為學習工具。這不僅能促進學習，也能幫助學生在學習新文化的同時，還保有對家鄉文化的自豪感。
- 了解許多英語學習者需要機會和支持來學習基礎技能和溝通技巧，以適應學校和社區的新生活，也需要建立起一個或多個學科領域的基礎知識和技能。同時處理和滿足這兩種需求是很重要的。
- 確保所有學生在你提供的學習資源裡看到他們自己，包括來自各種文化的出版品、數位和視覺圖像教材；你在教室裡使用的藝術和音樂作品；你教授科目裡討論到的作家、科學家、創作者和領導者，以及你張貼在教室裡的學生作品。
- 與全班學生一起尋找能夠和正在學英語的學生有效溝通的方法。運用手勢動作、物品、有圖像示意的學科重要字詞彙圖解表，以及其他工具，確保英語學習者能夠參與教室裡的對話。
- 讓學生覺得犯錯是安全的──當你在學習英語時，可以放心冒險嘗試說話。確保學生看到你犯的錯誤，清楚說明犯錯是我們學習新事物的方式。
- 要有耐心。肯定學生一小步一小步的成長，並且幫助英語學習者也肯定自己。
- 與學生的家庭建立正向的連結關係，並且盡可能多花時間待在他們的社區裡。

- 支持協助那些同樣也在嘗試學習新語言、在新文化裡找到自己角色定位的父母或照顧者。使用像 TalkingPoints 的翻譯 APP 來幫助溝通學生的學習目標和進步成長，以及學生家長在家裡如何幫助學生進步的方法。
- 在行程許可時（例如午餐時間、剛抵達學校時、下午等校車來的時候），邀請學生額外花點時間與你一起待在教室裡。利用這段時間來了解學生，提供學習協助或幫助學生找到與他們興趣有關的資源。
- 負起協助英語學習者成功學習的責任，而不是指望專家來「解決他們的問題」。
- 諮詢專家並和他們協同教學，利用此方式來增強你教導正在學英語的學生的信心和能力。
- 在你的學校和社區，成為支持、擁護英語學習者的人。

創造支持和激勵成功的課程

- 創造具有「鏡子」、「窗戶」和「大門」的課程。「鏡子」幫助學生更全面的思考和了解自己及他們的文化；「窗戶」幫助學生學習他們親身經歷以外的其他文化和地方——幫助他們更全面的了解更廣闊的世界；「大門」給了他們連結、了解和貢獻社區的機會。
- 將理解（或概念和原則）連結到學生的文化、長處、經驗和興趣（例如，從目前的學科內容裡討論想法、概念和議題，轉移到整個社會情境脈絡來討論它們——如公平、自主能動性、模式、環境、改變、勇氣、責任等等，跨越不同的時代、文化和專業領域）。
- 在課程中內建機會，讓學生去學習在美國和世界各地的不同族群，為了實現公平和正義所做的長期奮鬥。確保學生有機會去擴展對於發生在他們祖國和美國的奮鬥史的理解。幫助學生學習有關倡議的技能，這些技能非常重要，能讓他們以積極正向的方式做出貢獻，以改善自己的生活、家人的生活和居住的社區。
- 花心思明確找出學生在任何單元的學習之後必須知道、理解和能夠做到的核心目標。確保英語學習者知道且理解他們所做工作的學習目標，以

及該工作與這些學習目標之間的關係。定期檢視他們對學習目標的理解，以及他們邁向這些學習目標的進展。

- 創造機會讓學生去學習在教室裡溝通所需要的字詞彙和溝通技巧，以及在特定學科領域成功學習所需要的知識、理解和技能，讓語言發展融入學科內容精熟度的發展之中。
- 將學科內容的**理解**置於英語學習者學習的核心，就像對其他學生一樣。平衡學生對於基本學習和有意義學習的需求。
- 開發學習經驗，讓學生能夠在班級所學的學科情境和校園社區的生活情境當中，練習和應用基本字詞彙與技能。
- 在你的課程裡，規劃教學時間，讓學生有時間練習自己需要精進的技能和興趣為本的應用（出口匝道時間），同時也有時間兩兩配對、小組合作和全班一起學習，理解和應用 KUDs（高速公路時間）。英語學習者（就像其他許多學生一樣）不可能在「趕進度」的教學模式中成長茁壯，因為這種模式幾乎很少有時間關注學生個人的長處、需求和興趣，也沒有時間讓學生建構學科內容的意義。

運用評量來改善教與學

- 確保形成性評量和總結性評量都緊密結合設定的 KUDs。
- 經常對英語學習者進行形成性評量（透過觀察、對話以及對評量任務的書面／畫圖／口語的回應），以了解每個學生在基礎語文技能和學科領域學習的發展情況。
- 避免大量依賴紙筆測驗，這種評量方式通常會讓英語學習者難以分享他們所知道、理解和能夠做到的全部或大部分事物。同時也可運用畫畫、句子起始語（sentence-starters）、角色扮演、作品、表演、圖片或照片、學生朗讀（或錄音）給老師聽，以及師生間的對話等策略來評量英語學習者。
- 考慮要求學生留存一整年的學習歷程檔案，以幫助你們兩人追蹤學習進展和需要繼續努力的地方。

- 盡可能經常使用實作表現評量來總結評量英語學習者所知道、理解和能夠做到的事情。相較於正確答案／單一答案的評量方式或需要長文寫作的評量選項，實作表現評量提供英語學習者更多的選項來展現他的學習成果。
- 試著用 15 秒的影片當作英語初學者展現自己語言溝通能力不斷成長的方式。學生可以合併使用附圖像的生字和句子來分享他的想法（Ferlazzo & Sypnieski, 2018）。
- 對於英語初學者，考慮鼓勵他們使用母語說、寫或標示評量的回應，然後翻譯成英語，或是和同伴或教師合作將回應翻譯成英語。也可考慮讓學生有額外的時間完成評量題目。
- 確保評量能讓英語學習者展現和應用他的理解以及知識與技能。
- 和英語學習者合作，一起創造有助於他們在知識、理解和技能方面取得進展的課堂作業／活動。
- 和英語學習者合作，一起制定個人在基礎目標和學科領域相關目標上的成功標準。
- 對班上所有學生強調學生個人的成長，而不是學生之間的競爭。
- 確定學生都了解為全班建立的成功標準以及個人的成功標準，也要確定他們了解如何根據這些基準來檢視自己的學習。
- 給予學生聚焦的回饋，指出他們哪些事情做得很好（他們正達成或接近哪些目標），哪些方面尚未展現精熟度，以及在這些方面他們可以採取哪些步驟來繼續發展。重要的是，英語學習者及其教師對他們的成功有清晰的認識，而不是只關注尚未精熟的部分。
- 避免想要在一項作業中批示所有錯誤的衝動。針對學生在某段時間裡最重要的成長面向給予回應，提供能幫助學生知道接下來要採取什麼步驟的明確回饋。
- 教導學生給予彼此有用、可靠的回饋。
- 協助英語學習者分析回饋，以了解他們的學習習慣是如何支持或能夠支持他們成功（例如，確定他們知道這一課、這幾課或這個單元／探究的

學習目標；當他們不確定自己是否了解或知道怎麼做學習任務時，要提出問題；監控他們學習工作的準確性；使用評量規準表來指引他們工作、有效學習……）。以這種方式運用形成性評量，是幫助學生形成後設認知（自我覺察到自己的思考，並能調整學習工作的方式，促使自己更加成功）的核心。

- 當學生在進行長期的計畫或表現任務時，請在過程中安排檢核日期，給予學生有關其工作方向和品質的回饋，以幫助他們有效的前進，避免不必要且令人沮喪的失誤。
- 兼用正式評量和非正式評量來了解學生的興趣，並運用這些了解來連結重要的學科內容和學生的興趣。
- 經常以正式和非正式的方式詢問學生，班級對他們有何幫助，以及你們可以怎樣一起努力讓這個班變得更加適合每個人（即使班級目前運作得挺好的）。
- 請記住，評量是一個過程，而不是一種工具或某個時刻。評量過程提供教師所需要的資訊流（information stream），以了解和回應學生的發展。我們從反思學生的學習情形所獲得的每一個洞見，都讓我們得以更有效的教學，也讓我們能夠獲得下一個洞見。

提供回應學生需求的教學

- 利用你從形成性評量學到的，設計作業任務讓學生應用適合他們發展程度、基礎的語文技能和學科技能，藉此告訴學生他們成長所需學會的目標知識和理解。
- 往上教，期望英語學習者能夠建構意義、思考重要想法、建立連結等等。運用出口匝道時間強化語文技能，但不要將英語學習者的學習限制在以技能為主的任務上。規劃高天花板的期望和高度的支持協助，使學生的智識和語言能力能夠同步增長。不動腦思考的瞎忙作業並無法幫助這些英語學習者建立他們心智發展所需要的知識、理解和技能。
- 以高速公路時間和出口匝道時間來建立你的教學進度表，讓你能夠關注

全班、小組和個人的學習興趣和需求。
- 在幫助學生發展新的語言技能時，努力擴展學生的興趣和長處。
- 根據你從形成性評量學到有關學生在後續學習過程中需要採取哪些步驟的資訊，為個別學生或小組學生提供同儕和教師的支持協助。
- 設計你的課程，確保英語學習者在一天當中有許多交談及合作的機會。減少教師說話，增加學生對話。說一種新語言的機會和流利掌握該語言的速度之間有強烈的相關性。
- 運用小組和全班的腦力激盪來幫助英語學習者（和其他學生）聽到可能有助於寫作或理解正在學習的內容的想法。鼓勵學生在這些時段借用彼此的想法，對學生說明老師也會經常借用彼此的想法來做更有效的工作（Ferlazzo, 2017）。
- 運用閱讀／思考／談話／寫作（Read/Think/Talk/Write, RTTW）的循環歷程，幫助學生澄清和充實他們正在建構的想法（Ferlazzo, 2017）。
- 建立做中學的文化，以幫助學生建構他們所學內容的意義。
- 在班級圖書館裡，增加以英語學習者的母語撰寫的有趣好書，並且鼓勵學校圖書館媒體專員（media specialist）也要在圖書館裡增加多元語言的書籍。
- 鼓勵每個學生盡可能多閱讀他們感興趣的書。有空時，請讀你很喜歡的書的某些部分給學生聽，並說說你為什麼喜歡這部作品。找到閱讀的樂趣是學生認真努力學習閱讀的動機之必要基礎。
- 運用口頭提示、重複關鍵元素、等待時間和內容改寫，提供英語初學者理解和參與的學習鷹架。
- 和全班說話以及對全班教學時，避免使用專業術語、慣用成語、諷刺話語和大量「艱澀難懂的字詞」。
- 對全班或小組展示說明時，使用手勢、圖片、圖標、物品、面部表情、比手畫腳和實際示範，有效地和各種學生進行溝通，包括英語學習者在內。
- 提供英語初學者字詞卡片，一面印有關鍵字詞彙或片語，另一面印有翻

譯和相關圖像。鼓勵學生及其同學持續增加對英語學習者有用的字詞卡片。這些定錨字詞（anchor words）能夠連結新的學習與學生的母語和經驗，為新的學習提供情境脈絡。

- 對於英語學習者和其他可能需要額外協助來建立字詞彙的學生，考慮在新主題開始的前一、兩天提前教導他們新主題的關鍵字詞彙。教師選擇對於理解新學習主題領域很基礎重要的字詞彙，不要超過五到七個；在出口匝道時間與一小群學生聚在一起；介紹這些字詞彙的意義和發音，讓學生在新單元或主題開始之前先建立熟悉感和信心。在此過程中，非常重要的是將這些字詞彙與學生的母語字詞彙和經驗連結起來。

- 對於英語學習者和其他因為各種緣故而難以理解新學習內容的學生，考慮提前教導**單元**內容。在出口匝道時間，教師和這些學生聚在一起，並概述接下來的單元或探究會有哪些內容。如果能以故事形式概述內容，對學生會很有幫助（所有學科內容都可以故事形式來分享說明）。提前教導單元內容就像電影預告片一樣，都會啟動先備知識和經驗，提供學習內容的全貌，並培養學生想要了解更多的興趣。

- 支持學生使用他的母語來促進學習，藉由提供以學生母語寫成的閱讀素材、雙語字典、翻譯軟體（例如 Google Translate），以及語言搭檔／夥伴幫忙澄清指令、回答問題，在適當的時候也許還幫忙翻譯。使用母語有助於發展新語言的技能。

- 盡可能避免「每個人都閱讀相同教材」的做法，當無法避免時，請教導那些閱讀文本需要協助的學生如何解開文本的含義──包括研究文本的組織結構，使用便利貼來摘要總結關鍵段落並提出有關文本的問題，以及練習放聲思考。

- 將各種文類和多元格式的文本放入學生的閱讀當中，讓學生能夠選擇他們想讀的文本，也能藉此擴展他們閱讀各種文學形式的熟練度。

- 確定你為小組準備的素材適合該組所有成員使用。將學生分配到不同的小組，然後給所有小組使用相同的素材，這是不太可能有效的。

- 隨著學生閱讀準備度的發展，從朗讀（read-aloud）進到共讀（shared

reading），進到引導式閱讀（guided reading），再進到獨立閱讀（independent reading）。當然，這個順序並不一定是線性進行的，若學生對書的主題有高度的興趣，可能可以獨立閱讀，但對於複雜或不熟悉的內容，他仍然需要共讀或引導式閱讀。

- 為了支持字詞彙的發展，請運用多元種類的教學素材，包括：提供不同閱讀複雜難度的虛構類和非虛構類閱讀素材的網站（例如 Newsela、the Smithsonian's Teen Tribune、Tween Tribune、TT Jr.、TT Español、Storyworld 和 Common Lit）；附有插圖的書、圖像小說、繪本、影音素材、提供真實生活影片的網站，讓英語學習者可以從流行文化中學習（例如 FluentU）；協助學生學習英語的網站（例如 Duolingo、No Red Ink、SpeakingPal、英國文化協會的 LearnEnglish Kids）；突顯重點的文本、同儕朗讀重要文本的錄音。對於教導英語學習者的教師來說，Larry Ferlazzo 的部落格（larryferlazzo.edublogs.org）是一個實用且資訊豐富的百寶箱，提供許多資源和教室應用方法。

- 與社區團體（例如各地的兒童圖書館）合作，為英語學習者提供他們在家可以取得的資源。

- 事先提醒英語學習者你會在幾分鐘後點名他回答問題，並告訴這位學生問題是什麼，好讓學生有時間在必須發言之前想出一個答案。事實上，在你期望他們「表現」之前，盡可能先提供英語學習者練習的機會，這是有幫助的。

- 初學英語的學生需要對一群人報告或表演時，請從學生自己選擇的小組開始，或在報告或表演之前這位學生已經合作多次的小組開始。

- 跟英語學習者及其他可能受益的學生一起預覽文本，查看目錄、標題和副標題、圖片、索引等等。示範並教導學生如何略讀（skim）文本。

- 針對初學到中等程度的英語學習者，提供組織圖表、大綱、內容摘要、突顯重點的文本，以及句子或段落的架構，以這些鷹架協助他們在英語和特定學科領域的成長。對於初學者，提供只完成某些部分的組織圖表，要求學生補充完成缺少的部分，這個做法很有用──換言之，就是

更進一步搭建這個鷹架的鷹架。

- 當英語學習者閱讀對他們來說算是複雜的文本時，運用策略幫助他們為理解意義而讀，而非只是簡單的逐字朗讀出來而已。選擇長度、字詞彙複雜度和內容皆可控制、處理的文本，好讓學生在有支持協助的情況下成功讀懂文本。Ferlazzo 和 Sypnieski（2018）建議中學生的英文文本長度不要超過兩頁。

- 在學生閱讀之前，先跟他們一起預覽文本結構並確立閱讀的目的。

- 在學生閱讀之中，通常會有用的做法是：朗讀文本內容給他們聽，示範發音、語調變化和閱讀速度。偶爾停下來，讓學生和一位夥伴合作，由其中一人朗讀你指定的一個句子，另一人將句子寫在白板上或可擦掉的桌面上，這種方法可培養學生聽與說的技能。放聲思考、在頁緣空白處寫下文本的註釋和使用圖像組織圖表，都有助於讓學生投入閱讀和幫助他們理解所讀的內容。

- 在閱讀之後，像是摘要總結、換句話說和引用等等的策略，也有助於學生投入和理解。至少在一開始，很重要的是你要引導學生的思考，或為他們示範如何思考。兩兩配對來練習應用這些策略，可以提供學生對話的機會，同時也有兩個腦袋共同激盪來理解作品的意義。

- 為了幫助英語學習者了解作業的指示，你可以錄製自己在解釋一個關鍵過程、說明一項作業或實作評量的相關指示、提出引導學生理解的思考問題或進行迷你課程或迷你講座的影片。鼓勵學生利用這些錄好的影片來協助他們學習，並幫助他們評量自己目前對某個主題的知識和理解的程度。如果學生需要在家中使用這些素材，請確定他們有使用所需科技器材的管道。

- 考慮使用時間安排表（schedule chart）或作業流程板（assignment board），將學生與教室裡同時發生的各種作業任務，輕鬆的連結起來。學生可以藉著「閱讀」時間安排表來了解他們在一節課或一週的某個時段要做些什麼、和誰一起合作、坐在教室的哪個位置。教師可以改變這個時段要做的任務、要和誰一起完成任務，以及學生就位時要做的任務的性質。

學生通常（但並非總是）每天都會轉換到另一個不同的任務。一般來說，並不是所有的學生都能在時間安排表標示的時段裡做完所有的任務，或者，學生在不同日子裡所做任務的性質通常也不一樣。時間安排表和作業流程板讓教師可以將作業內容和眾多學生的需求或興趣相互配對。例如，班上所有學生可能在這週的某一天都會擔任「字詞偵探」，但每天擺放在那個位置（座位）的字詞彙組合和作業內容可能會改變，讓不同學生能夠做他們各自需要的學習工作，在相關學科內容和英語字詞彙上有所成長。

- 為了讓英語學習者和同學溝通交流重要學科內容的同時也發展語言技能，可運用以下的教學策略：拼圖法（jigsaw）、專家小組、協作團隊、問題解決團隊、文本分析團隊、文學圈、讀書會和交互教學法。

- 為了搭建鷹架協助學生在寫作和數學思考／問題解決方面的發展，使用像是寫作工作坊和數學工作坊的策略（這些策略同時也有助於同儕互動連結和口語能力發展）。

- 為了根據個別學生或小組學生目前的學習需求、長處和興趣來量身制訂作業，使用契約和類似契約的策略，例如：多元學習菜單、學習議題、九宮格／井字遊戲、賓果遊戲、學習票（learning tickets）、超文件（hyperdocs）、選擇板（choice boards）和播放清單（playlists）。就算所有學生都在學習同一主題和相同的 KUDs，這些策略也能讓教師關注學生的多元差異。

- 為了協助學生思考、寫作和應用學科內容，使用以下的教學策略：RAFTs、六字回憶錄（Six Word Memoirs）、頭條標題（Headlines），或結構化的段落架構，如克漏字（填空）寫作。

- 在與個別、小組和全班學生互動時，使用分層式問題（layered questions）。運用這種方法，教師提出不同的問題，這些問題可以用不同的語言精熟程度來回答。例如，一個問題可能是：「你能指出⋯⋯嗎？」另一個問題可能要求學生回答是或否；還有一個問題可能是要求學生用一句話來描述這個物體或事件。分層式問題讓所有學生能成功的回答問題，

也展現越來越複雜的溝通結構。

- 為了讓學生能夠練習特定的技能——對他們邁出語言發展的下一步很重要的技能（例如，聚焦在情境脈絡裡的日常英語字詞彙、情境脈絡裡的學科內容字詞彙、句子或段落結構、口語表達、文本分析），使用學習中心或學習分站的策略。在指定的時間裡，配合學生的學習需求，在一個中心或分站學習的學生也會有所不同。

- 為了讓學生能夠研究他們感興趣的主題，或從他們想要學習更多的學科領域次主題中進行選擇，請使用興趣中心（interest centers）的策略。鼓勵學生提出建議的研究主題，或和你一起為興趣中心創造一項作業任務或調查研究。

- 為了鼓勵學生了解自己的天賦才能和個人興趣領域，請使用獨立研究（independent investigations）的策略。這些研究對於幫助學生學習發展重要問題、尋找和運用各種資源（出版品、科技、人力）、為各個部分的工作建立時間表、發展優質工作的標準、根據這些標準評量自己的工作、向別有意義的個人或團體報告他們的研究發現，也都十分有用。這些調查研究的完成時間長度、組織者、資源的取得管道、同儕和教師的支持協助、表達學習的方式、個人目標等等，都可以有所不同。

- 當學生已經具有準備度時，教導和練習以下的技能：問好問題、做預測、將他們正在閱讀的內容圖像化、找出主要想法、摘要總結、建立連結、評鑑來源／論證、推論。

- 將社會情緒技能融入教室生活的各個方面，務必要教導學生這些技能，而不是以為學生知道這些技能或往後他們自然會學到這些技能。

- 不斷向英語學習者學習，也要不斷學習有關英語學習者的新知，持續精進了解他們的長處和需求，以及你可以透過哪些管道和方式幫助他們成長（參閱第15章，了解如何支持協助來自不同文化的學生）。

英語學習者的英語精熟度差異很大，有些人流暢，有些人才剛開始學習新字詞。無論如何，他們來到學校時都帶著解決問題的能力、各自的文化背景、豐富

的經驗、天賦才能和堅定的決心。請善用這些優勢長處來支持、協助他們學習，幫助他們實現夢想——是這些夢想帶領他們家族來到這個對許多人而言代表希望的陌生之地。

註解

本章參考了以下文獻，完整的出處引用請見書末的參考文獻。Breiseth, n.d.; Cole, 1995; Coulombe & Marquez, 2020; Ferlazzo, 2016, 2020, 2021a; Ferlazzo & Sypnieski, 2018; Gobir, 2021; Gonzalez, 2014; E. Kaplan, 2019; Ottow, 2021; Rojas, 2007; Witt & Soet, 2020.

第 8 章
教導經歷創傷的學生

有些傷口永遠不會顯現在身體上，但它們卻比任何會流血的傷口都更深更疼。

——Laurell K. Hamilton, *Mistral's Kiss*

引言

　　創傷普遍存在於我們的社會。許多教育工作者可能會驚訝地發現，全美國約有 47％ 的學生有過一種或多種類型的創傷經驗（Zacarian et al., 2020）。**創傷**（trauma）這個詞是用來描述那些讓人痛苦欲絕、難以承受而無力面對的負面事件。當創傷事件發生在一個孩子身上時，會是很可怕、危險或暴力的經驗。孩子目睹一個創傷事件威脅到他親近的人的生命或人身安全時，也可能造成創傷。這樣的事件可能引起非常強烈的情緒和人身反應，導致在事件本身結束之後，創傷仍然持續存在，並且深深影響孩子的情緒和身體，同時也會造成社交和學業上的不良後果。

　　當孩子（或成人）經歷或遭受創傷時，會觸發生物的壓力反應。我們大多數人偶爾會經歷壓力或創傷，但是當壓力反應頻繁發生時，體內會產生大量的腎上腺素和皮質醇，影響大腦、認知、情緒、荷爾蒙系統、免疫系統，甚至影響我們 DNA 的讀取和轉錄方式。這些通常是長期的改變，而且會提高終身健康問題的風險。例如，在成年以後，這類型的孩子有酗酒、藥物濫用、憂鬱症、肺癌、心臟疾病、自殺企圖和早逝的風險之比例會比較高。

創傷與孩童學習和行為問題的發生之間也有強烈的相關性。因為創傷的普遍存在，以及它對經歷者的影響，我們應該將創傷視為我們這個時代最重要的人權議題之一。大多數的創傷是人類行為的結果，因此可以透過人為干預來改變。

　　對年幼孩子造成負面影響的創傷事件通常被稱為「童年逆境經驗」（adverse childhood experiences, ACEs）。即使只經歷過一次童年逆境經驗，也能對孩子產生重大且持久的影響。孩子經歷的 ACEs 越多，出現行為或學習問題的可能性就越大。例如，經歷四次或更多次 ACEs 的孩童當中，51% 有行為或學習問題，會負面影響他們的發展（Merrill, 2020）。

　　雖然創傷確實可能源自於單一事件（例如，父親或母親的驟逝），但在很多狀況下，創傷則是源自於持續性造成精神創傷的處境（例如，被自己信任的成人反覆性虐待、世代承襲的種族歧視和不平等對待，或持續的經濟貧困）。以上兩種情況都可能造成嚴重影響，但是在孩童多年成長過程中持續造成創傷的處境會大幅加重他們的不信任感、絕望無助感和疏離感。

童年創傷的來源與症狀

童年創傷或 ACEs 有許多來源，以下列出其中一些來源（但並非全部）：

- 身體、言語、性或情緒虐待。
- 生理或情感忽視。
- 父母分居或離婚。
- 同住的家庭成員患有精神疾病、濫用藥物或涉入犯罪活動。
- 孩子的家庭成員之間有暴力行為、槍械暴力、幫派暴力、戰爭、難民經驗或身體霸凌。
- 在貧窮環境中長大。
- 持續遭受歧視、不公不義或不平等的對待。
- 與孩子有強烈情感羈絆的人過世。
- 天然災害，尤其是那些使孩子面臨危險或讓孩子感到脆弱無助的災難。
- 搬家，特別是牽涉到離開親密好友、轉到新學校接觸新文化之時，以及

當孩子個性害羞或缺乏自信時。年幼孩子對於是否要搬家往往沒有發言權，因此會感到無能為力。
- 軍人家庭相關的壓力源（例如：派駐外地、父親或母親的傷亡）。
- 醫療危機，包括嚴重事故、長期住院、手術、慢性疼痛等等。
- 領養，牽涉到離開對孩子來說很重要的照顧者；陌生的環境、文化和日常作息；失去朋友等等。

對教師和其他教育工作者來說，很重要的是要明白創傷本身經常隱藏在和他們一起學習的年輕孩子的內心深處，同時也要了解行為即是一種訊息，持續或反覆出現的生理症狀，例如頭痛或噁心反胃，都可能是創傷反應的信號。童年創傷會導致恐懼、焦慮、意識混亂和深深的羞恥感，這些情緒會透過諸如下列的干擾或問題行為和症狀表現出來。經歷創傷的學生會展現出不同程度的創傷影響，並且透過不同的行為和症狀表現出來。並非每個學生都會表現出所有這些症狀。

- 對刺激反應過度或反應不足。
- 一再重現創傷事件（透過「角色扮演創傷事件」或重複訴說創傷故事）。
- 極端情緒的快速變化。
- 語言發展遲緩與困難。
- 年幼孩子的過度哭泣或激躁不安。
- 退化——退回到他們以前較幼稚階段的行為（如尿床）。
- 過度擔憂、悲傷、抑鬱和恐懼。
- 攻擊性行為——大喊大叫、打人、破壞物品。
- 操控行為（controlling behaviors）。
- 過度警覺。
- 躲藏。
- 逃避。
- 不回應、不參與活動。
- 不健康的飲食或睡眠習慣。
- 青少年的暴躁易怒、負面否定和衝動行為。

- 注意力、專注力、學習和應用學習上的困難。
- 避開過去喜歡的活動。
- 無法解釋的頭痛或身體疼痛。
- 使用酒精、香菸或其他藥物。

這些因創傷經驗而產生的多樣化行為表現並不是孩子或年輕人故意的行為，他們並非刻意想要表現對學習不感興趣、破壞搗亂、不尊重他人或規範。相反的，這些成人可能認為是「不當的行為」，實際上是孩子對創傷事件的非自主反應，那些創傷事件太可怕、令人不知所措或太羞恥丟臉，以至於改變了孩子的生理狀態。因此，這個孩子表現出來的是恐懼引發的行為，而不是理性引發的行為。在所有這些高度緊繃的情況下，都需要教師以理性而不是情緒來回應。腦中充滿羞辱、焦慮和恐懼的年輕孩子根本沒辦法學習。腦的第一個功能是保護主人免於受到傷害，當腦感知到主人有危險，邊緣系統（limbic system）——主要功能是保護——通常會阻斷外界刺激進入大腦（cerebrum），而大腦的主要功能是學習和思考，因此就會阻礙學習（Sousa & Tomlinson, 2018）。

以下是一些有效教導經歷創傷學生的指引方針，這些指引方針是啟發法（heuristics），不是演算法（algorithms）——是原則，不是保證。經歷創傷的學生在許多方面都有頗大差異，也不會表現出全部相同的行為或程度。同樣的，他們對於教師行動的反應也不盡相同。這些指引方針是一些人嘗試以後提供的知情建議（informed suggestion），若你有更多的了解，可以調整這些原則；當你發現有新的做法能幫助學生成功時，請把它加進來。

有效教導經歷創傷學生的一些原則與做法

學校在應對創傷上的角色

在探討教師如何能成為曾經歷或正在經歷創傷的學生生命裡的一股正向療癒力量之前，明智的做法是先簡要檢視全校性的做法和政策如何排解創傷對學生身心健康的影響，還是加劇創傷。近年來，創傷敏覺或創傷知情學校（traumasensitive or trauma-informed school）的概念受到諸多關注，許多學校已經投入時間和心力來提升學校對創傷的敏感度。不過，學校的改變過程總是緩慢的，而且往往在短時間之後就變得停滯不前，這正是因為真正的改變是徹底全面的，耗盡心力、時間密集又讓人感到不適。因此，很可能許多自認為是創傷知情學校的學校，實際上卻是學生創傷的製造者。

在這樣的學校裡，政策和處理程序真的會對那些每天帶著其他學習困難進入學校的學生造成創傷。舉例來說，在霸凌行為（當面霸凌或網路霸凌）經常出現的學校裡，身心脆弱的學生常常會成為被嘲笑、惡意對待甚至肢體暴力的對象。有些學校在一整天的大多數時間裡，都將特殊學習需求學生與主流教育學生分開，特殊學生被視為「次等」或無能力，甚且在校車上或餐廳裡受到戲弄或霸凌，這些學生可能會因此而經歷創傷。性別認同是女同志、男同志、雙性戀、跨性別、酷兒（LGBTQ）或尚在摸索自己性別認同的學生，如果他們在學校裡被迫使用與他們性別認同不符的洗手間，成為同學嘲笑或仇恨的對象，並且被用不符合他們性別認同的代詞稱呼，他們可能經歷重複的創傷。

當學校裡的非裔美國學生和其他有色人種學生被辱罵，或大部分被分流到低程度的班級，或被教導說他們的方言是不被接受的，或因為傳統髮型而被禁止進入學校或參加運動賽事，加上他們的族群大多未出現在教材內容裡或被扭曲誤解，這些學生通常會經歷持續性創傷。同樣的，伊斯蘭恐懼症（Islamophobia）、針對亞洲或亞裔美國學生的嘲弄、造成符合免費或減免餐費資格的學生感到尷尬的行政規定，或讓他們因為害怕尷尬而寧可選擇挨餓的行政規定，以及成人對可能讓女孩們感到害怕和羞辱的言語及肢體行為置之不理，這些都是學校實際上對創傷不夠敏感的證據。

有些學校創造和應用長長一串的自動化處罰辦法來處理特定違規行為，採取懲罰性而不是修復式管教的做法，可能也會對學生造成創傷。雖然學校確實需要有助於校園安全和穩定運作的政策，但科學研究建議，這些政策應該以校內停學（in-school suspension）、修復式正義以及給予時間、空間和機會緩解緊張關係為中心，讓學校能夠配合而不是違反孩子的生理狀態來處理不當行為。

個別教師可以做出重大貢獻，讓經歷創傷的年輕學子恢復安全感和效能感，

但如果他們所在的學校並非真正的創傷敏覺學校，他們的工作會更加孤獨、感覺風險更大，而且很可能會遭別人貶低。因此，教師們可以為學生做的一個重要貢獻是發聲呼籲，必須確保學校成為創傷知情和創傷敏覺學校，主動且警覺地進行必要的工作，以消除威脅學生身心健康的態度和行為。

即使是在創傷敏覺學校裡，教師也不可以是曾經經歷且可能仍在持續經歷創傷的學生的**主要**支持來源。學生會常常需要醫療專業人員或緊急照護人員的照顧，以開始和繼續療癒創傷的過程。不過，教師仍然可以在遭受創傷影響的兒童和青少年的生活中，扮演重要和療癒的角色。對抗毒性壓力（toxic stress）的真正解毒劑是，教育工作者每天提供一劑具有療癒效果的互動對話。而且，正如科學告訴我們的，童年早期逆境經驗的累積劑量是最有害的，但它同時也顯示關懷互動的累積劑量是最有療癒效果的。持續一致的緩衝照顧（buffering care）可以實際幫助釋放健康的荷爾蒙進入血流當中，鎮靜和阻斷生理壓力反應（Merrill, 2020）。

以下是一些有效教導經歷創傷學生的指引方針，這些指引對於教師在主動預防和被動應對的情境中都很有幫助。當然，目標不是要用上所有這些策略，而是要把它們視為策略資源庫，你可以從中考慮幾種選項，選出在某個時間、某種情境下對特定學生可能有助益的策略。

為經歷創傷學生創造一個安全、友好邀請型的學習環境

- 和這位學生建立、培養穩定與值得信賴的關係。
- 創造一種接納、同理和尊重的教室文化，從你的信念、想法、溝通和行動開始，藉著示範、教導和支持這些價值觀，延伸到班上的所有成員。
- 將這件事情列為第一要務：發覺學生個人的長處和興趣，並且利用這些長處和興趣作為促進學業和社交能力成長的途徑。
- 幫助學生找到自己的長處，並且學會利用這些長處作為促進學業和社交能力成長的橋梁。
- 拒絕把這個年輕人視為一個問題或有缺陷的人。
- 以無條件的正向關懷對這位學生（以及所有學生）說話。換句話說，接

納並「擁抱」學生原本的自我，而不是看他們做了什麼或沒做什麼。
- 陪伴學生，經常溝通互動並給予情感支持，讓學生知道你關心他們且值得信賴。
- 不要覺得你需要和學生談談他的創傷起源，或學生有義務跟你談這件事。你無須探究過去就可以知悉學生正在經歷壓力，並設法減緩學生的壓力（除非學生明確表達想要跟你談論過去發生的事情）。
- 不要否定或淡化學生所經歷的創傷，幫助學生了解他現在正在經歷的是針對一個負面情境的正常反應。
- 仔細觀察學生以找出引發壓力反應的觸發因素。
- 幫助經歷創傷的學生了解他們的身體因為創傷而產生的變化。
- 運用情緒狀態檢查機制〔利用情緒計量表（mood meter）、快速對話或反思機會〕。
- 幫助學生辨識他當下正在感受的情緒，指認出情緒的名稱可以讓這些情緒變得不那麼可怕。
- 教導自我調節的策略，並透過經常使用正念（mindfulness）、正向自我對話、寫日記或身體運動來強化這些策略。教導「轉換頻道」的技巧（就像切換電視頻道一樣），讓學生學會從負面的情緒和衝動轉換到比較舒適自在、積極有益的情緒——就像切換電視頻道一樣。幫助學生專注在值得感恩的事物上，也是一種賦權增能的做法（這裡的重點不是抹殺或否定負面經驗，而是幫助年輕人也要看看同時存在的正向積極面）。
- 幫助學生了解他們**能夠**控制什麼。對於經歷創傷的孩子來說，感覺自己的世界失去控制是常見且可以理解的，當他們開始感覺自己能夠控制環境中越來越多的元素時，他們會覺得自己越來越有能力掌控自己的命運。
- 和學生一起研發一些退場策略（exit strategies），讓他們可以在對某個合作學習或社交情境感到不舒服和有壓力時，選擇冷靜、順利離開那個環境的方式。
- 鼓勵這位年輕學子幫助他人（例如，讀書給年幼的孩子聽、替行動受限

的老年人送便條或寄電子郵件、參與班級或學校的社區公益活動）。

在學生焦慮、憤怒或行為不當時提供支持

- 考慮在教室裡設置一個區域，遠離不當行為發生之處（away from the action），並且布置成舒適、溫馨的空間，讓學生可以在情緒逐漸高漲時到這裡休息一下。

- 保持冷靜。通常，年輕人聽得最清楚的，不是我們說了**什麼**，而是我們**怎麼**說出這些話。如果我們看起來很焦慮或憤怒，這可能會放大學生的恐懼，加劇負面的反應。

- 別把這位學生的負向行為當成是針對你個人。相反的，想想造成這個行為的情緒困擾問題，了解學生試圖透過這個行為向你傳達一些訊息。雖然這個行為可能是問題行為，但它不是最根本的問題，這個年輕人所經歷的創傷及其造成的傷痕才是**真正的**問題。

- 理解、認同（validate）孩子的感受。在你提出任何建議之前，先反映（reflect back）他所表達的感受，或簡單複述（mirror）他的情緒，例如「聽起來你很害怕」或「很遺憾你這麼憂慮」。告訴學生感到焦慮是正常的（當例行生活有了改變、發生了意外事件、當你感到壓力時等等）。

- 在某個事件觸發了學生的恐懼或驚慌之後，回復平靜狀態。等待學生情緒比較穩定以後，再和學生討論這個事件。

應對嚴重的負向行為

- 請記住，當學生在班上一再做出破壞、干擾或可怕的行為時，這些行為無疑地幾乎都是某個問題的徵狀，而不是這個問題本身。明智的做法是處理這些狀況時，將主要目標放在指引、教導和修復，而不是懲罰。

- 與其告訴孩子因為他的某個行為所以你要做什麼處罰，不如好好和他談一談（在事情恢復平靜後），讓學生和你一起描述發生了什麼事，一起探討如何消除或減少這種行為的方式，一起制定計畫來避免近期再出現類似的問題（例如，這位學生要覺察自己體內的壓力正在增長；當你覺察

他很緊繃或看起來很苦惱時，你會給他信號；運用正念練習，或走到教室的安靜區域去冷靜一下）。
- 明白學生會「更加願意接納（你的建議），當你是**和**學生一起解決問題，而不是**對**他們做一些處置」（Greene, 2016, p. 21）。
- 當明顯必須處罰學生時，盡你所能確保這個處罰不會有礙學生的信任和學習。非常重要的是，我們施加的「治療方法」不該使我們試圖解決的問題變得更嚴重。
- 你要明白，受創傷影響的孩子不太可能因為一次問題解決的討論就變成教室行為舉止的模範生，療癒是一個長期、循序漸進的過程。不過，你也要知道，合作解決問題可以強化學生對你這位關懷盟友的信任，而且會強化學生在發展和運用技能方面的自主能動性，透過這些技能，他們可以重新獲得一些生活控制力。

為投入和成功而教

- 請注意，創傷不會傷害、減損年輕學子的學習能力，而是會在某段時期裡，造成他們主動啟用學習能力的機率降低。
- 往上教這位學生，並且提供情緒、社會和學業學習的協助鷹架，使學生能夠成功完成學習任務，擴展他的能力。
- 連結課程與學生的生活，讓他們能夠在別人的生命裡看到自己的故事，體悟到人們可以克服困難並且對他人做出重大貢獻。
- 確保課程裡包含鏡子（學生看見自己投射反映在學科內容裡的機會）、窗戶（學生了解截然不同於自己生活和經驗的人物的機會）和大門（學生在更廣大的社區中學習或做出貢獻的機會）。
- 提供有結構、可預期的例行程序、一貫的日程表、明確的指示和對作業任務的期望要求，以營造一種安全感。主動為經歷創傷學生的需求提供各種準備，可大大降低你往後必須被動應對（學生爆發）問題的可能性。
- 將安全和支持的優先重要性置於學業壓力之上。學業當然很重要，但有些時候支持學生的心理健康更為重要。不要放棄學習，支持它，成為它

的催化劑，但是當學生的壓力值已經很高，而學業壓力又成為學生壓力的另一個源頭時，也要讓學習暫時退居幕後一下。

- 在教室運作、學習主題、完成作業任務、表達學習的方式和其他方面，鼓勵學生發表意見和做選擇，藉此幫助學生發展自我控制感、自信心和自主能動性。
- 教導獨立學習的技能。
- 在經歷創傷學生做好心理準備後，幫助他們和同學建立或重新建立連結關係，並在這個過程中協助他們成功（例如，示範專注聆聽，或要求他們和一位你知道有同理心且對他人需求很敏感的同學一起合作學習）。
- 教導合作學習的技能。
- 差異化處理教學方式，好讓學生能夠學習具有適當挑戰度的素材；體驗彈性的時間安排，讓他能有效地完成工作；設定具有個人意義和挑戰度的目標，使他能夠達成目標，從中獲得滿足感；選擇個人感興趣或相關的主題；選擇表達學習的方式等等。

與家長或照顧者成為合作夥伴

- 避免將孩子的痛苦歸咎於父母或照顧者。很多創傷是跨世代的，意思是父母也長期為類似的創傷所苦。無論何種情況，父母也需要支持協助，才能繼續支持協助他們的孩子。他們也需要了解自己必須扮演和老師合作的夥伴角色，方能幫助孩子成長和成功。如果父母從老師那裡感受到憎惡或憤怒，就會危及這種合作夥伴關係。
- 讓父母或照顧者知道你關心他們的孩子和他們——你希望成為他們的盟友，一起幫助這個學生康復好轉和繼續成長。
- 請父母或照顧者提供他們的見解，談談孩子在家裡有哪些觸發壓力和恐懼的因素，以及他們發現有什麼策略能夠幫助孩子辨識觸發因素、減輕壓力、在情緒爆發之後重新振作等。
- 在整個學年當中，都要和父母或照顧者保持聯繫，幫助建立支持這個學生的團隊，務必和他們分享學生的成功及成長的例子。

- 如果你合理懷疑某位孩子的父母、照顧者或其他親戚正在虐待他，或察覺任何人虐待孩子而且旁人對孩子受虐都沒有反應，根據法律規範和職業道德，你有責任向適當的權責單位通報你的擔憂。

請記住，在你的教室裡可能會有一些孩子的行為表現與創傷症狀相吻合，但尚未經過心理健康專業人員鑑定他們有創傷經驗。同樣很有可能的是，你所教的孩子曾經經歷過創傷，但由於各種原因他們並沒有告訴父母或照顧者。老師當然沒有必備的專業資格來進行診斷，但在某些時刻可能會扮演關鍵角色，幫忙學生聯繫一位心理健康專業人員，以判定創傷是否對學生的行為和學習產生影響，並且能夠幫助孩子重拾一個比較不會受制於恐懼、羞恥、焦慮和壓力的生活。

當你與經歷創傷的學生建立連結關係時，要創造一個持續穩定、正向支持的教室環境，傾聽學生，教導重要的因應調適（coping）策略，幫助學生發現和運用他們的優勢長處，讓他們感受到自己能夠控制自己的生活，以救助學生的心態來應對他們的行為挑戰，好讓學生能夠發展自主能動性和自我效能感，看見和欣賞他們的心理韌性，並帶著逐漸增長的信心來展望未來。學生可能不會記得你教他們的所有學科內容，但他們會記得你讓他們感到安全、受到關懷照顧和重視──而且，你為他們開啟了學習之路。

註解

本章參考了以下文獻，完整的出處引用請見書末的參考文獻。Chaltain, 2016; Conn, Nelms, & Marsh, 2020; Gobir, 2021; Gorski, 2018; Greene, 2016; Haap, 2020; Hosier, n.d.; Institute for Child and Family Well-Being, n.d.; Keels, 2020; Merrill, 2020; Minahan, 2020; National Child Traumatic Stress Network, n.d.; Rebora, 2020; Sorrels, 2015; Thiers, 2020; Institute for Child and Family Well-being, n.d.; Zacarian et al., 2020.

第 9 章

教導多元性別認同的學生

多元性別認同（LGBTQ）學生與其他學生並沒什麼不同，他們愛某些課，恨某些課；他們可能老是拖延；他們會笑，也會愛。他們有我們所不知道的掙扎；他們想要我們所有人想要的：感受到自己在這個世界上是重要的存在。請試著去認識他們，用你支持所有學生的相同方式來支持他們。在他們痛苦掙扎之時，陪伴他們，並和他們一同慶祝勝利。

——Larry Ferlazzo

引言

　　成長的核心是自我發現、自我了解和自我接納；成長過程的核心是發現和力圖了解自己的性取向和性別認同——以及對這種認同有安全感。對於那些性別認同不合乎社會長久以來認定的性別二元論、男性或女性標準的學生來說，自我了解和自我接納的旅程可能是很可怕、孤獨、孤立和充滿危險的。

　　據估計，大約有 10％ 的十三到十八歲年輕人，性別認同為 LGBTQ（多元性別族群，L=Lesbian，女同性戀；G=Gay，男同性戀；B=Bisexual，雙性戀；T=Transgender，跨性別；Q=Queer/Questioning，酷兒／存疑者）（The Trevor Project, n.d.）。有些年輕人甚至在更早之前就開始懷疑自己的性取向或性別認同。有些人是默默地懷疑自己的認同，害怕偏離常態所帶來的後果，其中有許多人在進到教室時，覺得不安全、孤單、不被接納、被汙名化，甚至受到創傷。一項全國性

的研究發現，這些學生裡，有超過85%的人曾遭受言語騷擾，有66%的人因為他們的性取向或性別認同而遭受歧視。經歷越多受害經驗的學生，成績分數可能越低，也越常表示感到憂鬱。我們並不難理解他們為什麼覺得自己是「異類」、不被接受、無聲的人（Gonzalez, 2017, Nov 5）。低自尊（low self-esteem）經常妨礙他們感受到自己身為學習者和社會參與者的種種可能性。

所以，當 Trevor Project 針對這個族群的學生進行調查，收集有關他們現況的資料，發現有超過45%的十三到十八歲自認是 LGBTQ 的年輕人，在最近一年內曾經認真考慮自殺，這樣的結果或許就不足為奇了（The Trevor Project, n.d.）。這個數據令人不寒而慄，因此學校和教室必須創造與維持能讓 LGBTQ 年輕人感到安全和受肯定的環境。我們沒有理由期望這些覺得被人貶低或疏離的學生，能積極起勁地參與學習。

如果身為教育工作者的我們想要促成一個重視多元差異、以尊重和同理心為核心價值的世界，那麼我們就需要關注在教室社群裡每一位學生的安全、身心健康、舒適感和充分參與。對於 LGBTQ 性別認同的學生，我們也需要站起來捍衛他們全人的價值，肯定他們的經歷、夢想和長處，並打開培育他們長處、支持他們實現夢想的機會之門。正如一位教師的反思：「這很可怕，我知道。對於我們許多人來說，這是從未涉足的領域。但是，忽視這個機會是違反公平正義的做法；緘默學生的聲音就代表壓制他們的自主權、勇氣和脆弱的自我。身為教育工作者，我們不能也不應該那樣做。」（France, 2019）

性別認同或性取向與主流觀念不同的學生，正如所有的「特殊情況」、類型和標籤一樣，並**不是**一個同質性的群體。這些年輕學子當中，有些人對自己的性別認同有自信——而有些人仍然無法和別人談論自己的性別認同，甚至連和朋友也無法。有些 LGBTQ 學生可能是英語學習者，或有學習障礙、學業資優，或合併有幾種特殊情況。沒有哪種「一體適用所有人」的方法可以成功教導任何一種群體。

以下的指引方針處理的是許多 LGBTQ 年輕學子共有的需求，在應用這些指引方針時，你必須根據你所教學生的年齡做出適當的變化調整。這些方針的重點可能比較偏向情意或社會面向，而不是學業面向。請明智的記住這個告誡：「馬

斯洛先於布魯姆」（Maslow before Bloom，意指先處理學生需求再談教育目標）。很常見的情況是，在更基本的生理需求、安全和歸屬需求得到滿足之前，學生的自尊心——一般都是和學習成就連在一起——通常岌岌可危。換言之，當我們促進學生的情意健康時，我們同時也促進他們的學業健康。

教導 LGBTQ 學生的一些原則和做法

為 LGBTQ 學生創造一個安全、友好邀請型的學習環境

- 請注意你自己的偏見——過去的你是如何被教導要怎麼思考、看待那些性取向或性別認同不同於社會認定常態的人——以及這些想法是如何形塑你的感覺和互動方式。

- 以無條件正向關懷來看待每一個學生——亦即，全然的欣賞和重視每一個學生現在的模樣——因此學生不需要證明或做任何事情來贏得你的認可或正向的關注（Gobir, 2021）。

- 設法認識每個學生，他們是立體的人，擁有個人獨特的長處、目標、個性、學習風格、文化等等。

- 審慎且持續地建立起一種融合的教室文化，每個學生在教室裡都能找到接納、尊重和同理心——一個能夠安全做自己的教室，一個鼓勵個人獨特性和欣賞不同觀點的教室。從入學最初幾年就體驗融合的學習環境，在各種小組情境中建立連結、探索想法、一起合作，有助於孩子們學會同理和尊重各式各樣不同的同儕。使用友好歡迎的語言，始終一致地展現你的信念：每個學生都很重要，每個學生的觀點都很珍貴；每個學生都有自己的角色和功能可以使這個班變成最好的班級；當我們和帶給我們廣泛多元的觀點、經驗與文化的個人合作時，我們這個團隊會變得更加強大。

- 讓你的支持變得可見（例如，在教室的門上掛一個「安全空間」的標誌，使用這個學生偏好的代名詞）。讓學生知道，當他們需要或想要與一位成人談談時，你隨時樂意和他們談一談。

- 和每位 LGBTQ 學生建立信任（就像和班上每位學生建立信任一樣）。理解當一個學生有理由認為這個世界不值得信任時，要跟他建立信任需要時間。有理由不信任他人的學生會非常仔細地聽你說的話，對你的所作所為非常敏感，來判定你是否值得他們的信任。要有耐心，一定要盡全力不做出任何違背正在建立的信任關係的事情。
- 確保你班上的所有學生都有發言權和選擇權，他們都是你的合作夥伴，一起創造一個關注和有效滿足班上所有成員需求的教室。
- 小心保密學生對你說的事情，除非學生允許你和其他人分享。
- 與行政人員合作，確保學校的隱私政策和措施能夠充分保護 LGBTQ 學生的權利和隱私。
- 與 LGBTQ 學生協力確保他們在學校和家裡都感到安全和受到支持。
- 盡量使用 LGBTQ 社群目前歡迎、接納的用語來提及他們的性別認同，以表示接納和尊重（棘手的是這些用語不斷隨時間演變）。
- 明確且堅定地回應反 LGBTQ 的言語或行為。不作為，也是一種作為。
- 支持任何一位受到負面言語或行為侵犯的學生。
- 要求言語或行為不當的學生對其負向行為負起責任。
- 當班上出現反 LGBTQ 的言語或行為時，利用這些情境進行機會教育，教導牽涉其中的學生和其他同學。
- 支持出櫃的 LGBTQ 學生。聆聽，問問他們需要什麼——你可以做些什麼來協助他們。
- 確保學校的反霸凌政策包含 LGBTQ 學生。
- 與家長合作，盡可能了解學生帶著什麼樣的優勢長處、興趣和需求來到學校，聽取他們對於可以讓學生投入的學習主題或學習方法的建議，了解學生因為自己的性別認同經驗與許多同學不同而曾經面臨或正在面臨哪些壓力。伸出你的夥伴之手，提供你的見解，幫助家長支持他們的孩子。不過，你也要了解，相當多 LGBTQ 學生的父母，實際上是拒絕接受這個事實的。在這種情況下，孩子經歷的許多傷痛是來自於父母——原本應該在孩子的生活中象徵安全和接納的人。

- 與同事合作，一起學習更多有關如何有效率、有成效地教導 LGBTQ 學生的方式——例如，GLSEN 網站（https://www.glsen.org）的資料，以及 Learning for Justice 網站資源（https://www.learningforjustice.org/topics/gender-sexual-identity）。閱讀部落格、閱讀書籍、聽 podcast，或是與 LGBTQ 的同事和朋友交流討論。

為投入和成功而教

- 確保課程裡包含了來自不同文化、時期和社會貢獻度的 LGBTQ 人物之觀點、聲音和歷史故事，例如：「藍調之母」瑪雷尼（Ma Rainey）；蘋果公司執行長提姆・庫克（Tim Cook）；普立茲小說獎得主愛麗絲・華克（Alice Walker）；劇作家愛德華・阿爾比（Edward Albee）；史蒂芬・桑坦（Stephen Sondheim）；亞歷山大大帝；《陽光下的葡萄乾》（*A Raisin in the Sun*，或譯《烈日下的詩篇》）劇作家洛林・漢斯伯里（Lorraine Hansberry）；作詞家霍華德・愛許曼（Howard Ashman），他寫的歌出現在《小美人魚》、《阿拉丁》和《美女與野獸》當中；赫爾館／睦鄰之家（Hull House）創辦人珍・亞當斯（Jane Addams）；職棒大聯盟球員格倫・伯克（Glen Burke）；艾米莉・狄金森（Emily Dickinson）；艾倫・狄珍妮（Ellen DeGeneres）；芭芭拉・喬丹（Barbara Jordan），首位入選聯邦參議院的美國南部州非裔美國女性；太空人莎莉・萊德（Sally Ride）；畫家芙烈達・卡蘿（Frida Kahlo）；詩人藍斯頓・休斯（Langston Hughes）；創作美國國歌〈美麗的亞美利加〉（America the Beautiful）的詩人作家凱薩琳・李・貝茨（Katharine Lee Bates）。
- 創造包含鏡子、窗戶和大門的課程：鏡子讓學生能在所學的學科內容中看到自己，更全面的了解自己；窗戶讓他們了解不同的人、地方和時代，從而擴展他們對世界的認識；大門讓他們和社區建立連結關係，並對社區做出貢獻。這樣的課程對所有學生都有助益，能夠讓他們接觸更包容、更準確的歷史敘事，幫助他們了解 LGBTQ 族群，鼓勵他們質疑刻板印象，促使他們接納 LGBTQ 族群是完整社會的成員。這樣的課程

也對 LGBTQ 學生有助益，不僅認可他們的存在和經驗，強化他們的重要性和自我價值，提供空間讓他們發聲，並且在他們與學校和學習之間建立起連結關係。

- 確保課程對所有學生都是包容和肯定的——教導學生我們所有人都有多元的身分認同，幫助他們培養對於各式各樣性別認同的尊重和支持，並學習與性別認同、經驗和觀點跟自己既相同又有所不同的同學合作。

- 在課程裡放入對各式各樣的學生都有關聯性的普世概念（universal concept，例如：正義、寬容、自我表達、多樣性、觀點、公平、歧視、自由與責任，以及迫害）。這些核心焦點幫助學生探索他們自己的經驗和擔憂，因為這些相同的擔憂在許多時代、地方和環境都曾經存在，現在也還存在，這樣的了解可以使學生覺得比較不孤單，與他們所生活的世界（過去、現在和未來）也有比較多的連結。

- 往上教 LGBTQ 學生。期望他們處理大概念和複雜內容，支持他們成為良好的問題解決者，協助他們發展作為思考者和學習者的自主能動性。幫助他們發出自己的聲音，好讓他們能夠越來越自在的分享自己的經驗，並為所有面臨歧視、仇恨或拒絕的人發聲。

- 確保教室及學校圖書館的書籍和資料包含各種不同的家庭和族群，他們的職業生涯和其他生活角色並不是遵從性別刻板印象。同樣的，確保你在教室牆上、傳單、網站等等所使用的圖像也要包容各種不同的性別、種族、語言和性取向。

- 幫助學生學習有關公民人權的演進，因為這個主題與 LGBTQ 社群（以及非裔美國人、移民、婦女和其他團體）有關聯。討論公民人權方面的進步和倒退。

- 避免以「男孩和女孩們」或「女士先生們」的方式來稱呼全班學生。

- 採用性別中立的方式進行學生分組，而不是分男生和女生。例如，以 1 號和 2 號、生日月份或興趣等等來分組。

- 評估你的言談和教材是否存在性別規範的假設（例如，假設男生會娶女生、要求男生搬箱子、暗示女生喜歡購物而男生喜歡運動，或者男生不

跳舞、女孩不踢足球等等）。
- 請注意，不要對男性和女性的行為有不同的期望。
- 實施差異化教學，讓學習始終有點超出學生目前的能力範圍，並提供同儕和教師的支持協助作為成長的催化劑——強調學生的長處和興趣是通往成功的途徑，而且學生經常可以選擇學習的方法和展現學習的方式。幫助學生將學習視為在不確定的世界中前進的方式。
- 運用彈性的分組方式，讓所有學生經常和各種不同的同學合作，可以是基於相同和不同的準備度需求、相同和不同的興趣、相同和不同的學習方法，也可以是教師選擇、學生選擇和隨機分組。
- 教導學生成功與人合作所需的技能。
- 教導學生成功獨立學習所需的技能和態度——使他們對自己的學習有越來越多的自主能動性。

LGBTQ 學生常常帶著一種「老師和同學都不會了解或接納他們」的感覺來到學校，這些恐懼和憂慮源自於他們的經驗。對於許多 LGBTQ 學生來說，每天走進教室的門都是一種有勇氣的行為。通常他們最大的需求是想要有一個機會重建他們對這個世界的信任，因為在幼年時期這個世界就已經摧毀了他們的信任。對於已經學會不再信任的學生來說，重新找到信任的過程是漫長而充滿風險的。請記住，一位老師可以對學生未來要走的人生方向產生深遠、正面的影響。請帶著成為這種老師的企圖心，努力透過你和 LGBTQ 學生的關係，創造一個優質的學習環境，讓這些學生——以及所有學生——不必犧牲自己的身分認同，就能夠找到安全感、與他人的連結和自己的聲音。

註解

本章參考了以下文獻，完整的出處引用請見書末的參考文獻。Barile, 2017; DiPietro, 2012; Ferlazzo, 2021b; France, 2019; GLSEN, n.d.; Gobir, 2021; Gonzalez, 2017; Green, E., 2021; Kiebel, 2017; Learning for Justice Staff, 2017; Smith et al., 2020.

第 10 章

教導貧窮學生

身為窮人常見的情況是……你會一直害怕生命中的美好事物是短暫的，害怕有人會奪走它們，因為你無力阻止，除了自己的蠻力之外。

——Rick Bragg，普立茲獎得獎記者

引言

貧窮被定義為缺乏經濟資源以滿足基本生活需求，例如食、衣、住、醫療保健、兒童照顧和教育（Gorski, 2018）。美國聯邦衡量貧窮的標準是，有兩名成人和兩個孩子的家庭年收入約為 26,000 美元，有一名成人和兩個孩子的家庭年收入約為 20,500 美元。這些數字每年都會變動。目前，在美國有超過一半的學生符合免費午餐或減免午餐的資格——這是美國 K 到 12 年級學生貧窮程度的另一個指標。

2019 年，聯邦政府報告提到，14.4% 的美國兒童生活在貧窮中（相較之下，18 到 64 歲成人的比例為 9.4%，65 歲以上成人的比例為 8.9%）。儘管令人痛心，這個數字仍低估了美國兒童的貧窮程度，原因至少有兩個：首先，它不包括無家可歸的個人，因為人口普查調查是發送給有固定住所的家庭，因此排除了那些沒有長期住所的人。此外，歷來的人口普查一向低估了有色人種、低收入和移民家庭兒童的數量。這不僅讓我們對這個國家兒童貧窮規模的看法失真，還導致支持重大服務的經費減少，因為這些服務是依靠準確的統計數據來編列適當的經

費——而這些是生活在貧窮中的兒童迫切需要的服務。貧窮影響來自所有文化、種族、地區和環境的個人與家庭，不過，有些群體經歷貧窮的比例格外嚴重。在高收入國家當中，美國是兒童貧窮率排名最高的國家之一。

Eric Jensen（引自 Cooper, 2016）探討了五種不同類型的貧窮：

- **情境貧窮**（situational poverty）——發生在家庭危機或緊急事件之時，例如父親或母親失業、房屋火災或自然災害導致家庭突然失去一切。
- **世代貧窮**（generational poverty）——一個家族好幾代人都生活在貧窮當中而且持續貧窮下去。
- **相對貧窮**（relative poverty）——學生缺乏基本生活所需、生活水準顯著低於同一地區或學校大多數同學。
- **城市貧窮**（urban poverty）——發生在大城市裡，在這些貧窮集中的區域，學生受苦於影響他們日常生活的慢性壓力。此外，他們通常就讀經費不足或高度貧窮的學校，這些學校提供的進階課程比較少，校內許多教師都缺乏經驗，提供給學生緩解貧窮的負面影響所需要的資源也比較少。
- **鄉村貧窮**（rural poverty）——發生在非都會地區，這些地區單親家庭占絕大多數，而且鄉村學校普遍缺乏都市和郊區可提供的基本服務，例如提供給特殊障礙學生的方案課程。鄉村公立學校持續有經費不足的問題，導致教師薪資低、福利少，並且缺乏專業發展的機會。此外，教師需要為不同年級準備多門科目，意味著教師無法提供個別學生所需的諸多關注。鄉村的貧窮率也逐漸在上升，超過一半以上的鄉村學生生活在低收入家庭。

除了缺乏金錢——這可能損害學生發展個人自主能動性的能力——之外，生活貧窮的學生通常也缺乏機會去建立以下三種有益於他們發展和自主能動性的資本（Parrett & Budge, 2020）：

- **人力資本**（human capital）——支持在校學習的技能、能力和知識（例如：

處理語言的能力、對於推理思考的規則和語言的舒適熟悉程度）。嚴重受到貧窮影響的學校和社區所能提供的機會比富裕社區少很多（例如：促進健康發展的圖書館和醫療設施）。

社會資本（social capital）——形成正式和非正式人脈資源網絡的能力，當家長試圖與學校行政單位磋商談判、為孩子爭取權利時，這些人可以幫得上忙。生活貧窮的人們通常孤立於這些人脈網絡之外，而且他們彼此之間也是疏離的。

文化資本（cultural capital）——家庭背景比較富裕的學生在進入學校時就擁有相當多的文化資本，因為已經有人向他們介紹圖書館、書籍、劇院、旅行和有關周遭世界的知識。這些知識往往是學校所重視的（Parrett & Budge, 2020），而缺乏這些知識的學生就處於不利地位。這三種資本的缺乏，進一步擴大了因為財務赤字而致的貧窮對於學習的影響。

「兒童趨勢」（Child Trends）研究中心的一份報告（引自 Public Schools First NC, 2018）發現，儘管所有種族和族群的兒童貧窮率在 2017 至 2018 年間保持不變或略有下降，但六歲以下的黑人和西班牙裔兒童與其白人同儕之間的貧窮差距增加了。2018 年，將近三分之一的黑人兒童（32.4%）和四分之一的西班牙裔兒童（24.3%）生活在貧窮中，相較而言，不到十分之一的白人兒童（9.1%）處於貧窮。2018 年，黑人和西班牙裔幼兒的貧窮率分別比非西班牙裔白人同儕高出 3.6 倍和 2.7 倍。

生活貧困的學生家裡通常沒有什麼資源來完成作業、讀書，或從事有助於他們在學校成功學習的活動。許多生活在貧窮中的家庭無法使用電腦、高速網路和其他在校外可以幫助學生的材料。這些家庭的父母通常工作時間較長或從事多份工作，這意味著他們可能無法幫助孩子完成學校作業。

貧窮生活帶來的其他負面結果包括：

- 孩子的入學準備度比較不足，包括語言和讀寫能力的發展。
- 相較於非貧困家庭的學生，生活在貧窮中的學生有發展遲緩或學習障礙的可能性更高（可能性高 1.3 倍）。

- 較高程度的長期持續壓力，使得學生在學校難以成功。
- 健康問題，通常是因為沒有營養的飲食。
- 糧食匱乏。
- 生病時沒有接受醫藥治療的管道。
- 家庭壓力和創傷。
- 社區風險因素。
- 心理健康狀況比較差。
- 住處不穩定。
- 無家可歸。
- 缺席率比較高。
- 成績分數比較低。
- 留級重讀率比較高。
- 輟學率比較高（比生活在較高收入家庭的學生高 7 倍），部分原因是生活在貧窮中的學生比較可能必須工作或照顧家庭成員。
- 高中畢業後就讀四年制大學的可能性比較小（不到 30％ 的貧窮學生就讀四年制課程，而註冊就讀的學生當中有 50％ 沒有畢業）。
- 成年以後過著幸福生活並有經濟生產力的前景可能性比較低。

家庭缺乏維持經濟穩定和舒適生活所需的財力資源的年輕學子，確實為學校帶來不少挑戰。但是，這些挑戰不能成為教師的藉口，而採取導致學生學習成果不佳的教學方式。儘管這些挑戰可能會使他們的學習變得更加困難，但它們並沒有宣判學生注定一輩子過著失敗和貧窮的未來生活，如果學校和教師能提供他們成功的機會──包括發展人力資本、社會資本和文化資本的機會。正如 Wiliam（2011a）的研究結果發現，讓學生在閱讀方面取得最大進步的教師的教室裡，因低社經地位而處於劣勢的學生與來自優勢背景的學生的進步一樣多──而有行為障礙的學生也與沒有行為障礙的學生有同樣多的進步。

還有數不清的故事訴說著許多教師拒絕「往下教」來自缺乏資源家庭的學生──無數的教師幫助這些學生搭建橋梁，以通往充滿希望的生活，包括建立能

讓學生實現希望的技能和心智習性（habits of mind）。以下是一些重要的原則和做法，幫助貧窮學生充分發揮自己的潛能，並為自己和他人的身心福祉做出貢獻。貧窮不是人類的特質，它是社會和結構不公不義造成的結果。教師有機會幫助這些年輕學子儲備知能，找到擺脫貧窮的出路，並為自己發聲，以消弭那些造成他們很多人處於不利情境、降低他們擁有穩定與更好生活機會的不公不義、政策和結構。

教導貧窮學生的一些原則和做法

為貧窮學生創造一個安全、友好邀請型的學習環境

- 密切注意你的思維，排除缺陷思維（deficit thinking）並擺脫標籤。貧窮並非位於學生內在，而是持續存在的社會不公不義或人類緊急災禍造成的結果。經歷貧窮的學生擁有可以成就大事的天賦、長處、興趣和能力。我們感受和看待貧窮的方式會塑造、影響我們教導貧窮學生的方式。

- 密切注意你的心態。生活在貧窮中的學生和所有學生一樣，擁有可塑性的大腦，當教師相信他們、對他們表達這樣的信念、與他們合作學習重要知識和學習方法，並教導他們成功必備的技能和心智習性時，他們也能像所有學生一樣學習。

- 每一天，在每一種情況下，找出每一位學生的正向積極面。

- 確保經歷貧窮的學生看到你每天都以無條件正向關懷的態度歡迎他們（Gobir, 2021）——換言之，他們不必做任何事情，也不必變成任何不同於他們原初自我的人，你都會接納和尊重他們。

- 從開學第一天，就與每位學生建立個人和學業上的連結關係，讓每位學生看到你對他們個人的關心，並且致力於支持、協助他們成長及成功學習。你和某位學生的關係，可能是這位學生願意奮鬥、克服社會不平等的最重要因素。

- 創造一個身心安全、友好接納、舒適自在的環境，在這樣的環境中，每

位學生都會覺得自己是有能力、重要的人。

- 如果可能的話，在開學第一天之前就先知悉學生的姓名。考慮在開學的第一、二週，利用桌上的名牌來幫助你辨識他們的名字，也幫助學生記住彼此的名字。

- 使用像是學生對學生訪談、「我的袋子」（學生在一個小袋子裡放入四到五個對他們來說很重要的物品或物品的圖片，隨著時間逐漸進展，每位學生都有機會和全班同學分享他袋子裡的物品，並且解釋為什麼這些物品對他們很重要），或其他的策略，創造出機會讓學生在學年初開始認識同學。

- 讓教室成為學生經常彼此交談、一起歡笑、一起解決問題和互相幫助的地方。人類天生就渴望建立連結，這種連結對於生活中面臨重大挑戰的學生來說尤其重要。成為活躍的學習社群的一份子，會對學生產生顯著正面的影響，讓他們感受到歸屬感和自己的可能性，而且也會對學習更加投入。

- 請學生成為你的夥伴，共同創造適合每個人的教室。徵求他們對班級規範的建議，只要有幾條強而有力又涵蓋全面的規則，就會很有幫助。例如：認真努力；不找藉口；友善相處；明智選擇；照顧這個地方，照顧彼此，照顧自己。請學生一起合作，描述這些規範在實際運作時的情況──或者提出修改基本規範的建議。

- 經常定期徵求學生關於班級規範哪些是有用或哪些是無效的意見，並且實際應用你從中學到的資訊。

- 採用彈性分組方式，讓學生常有機會和不同的同學合作。同時也考慮將每位學生指派到一個長期的學習小隊，在這個小隊中，他們能長時間一起學習和工作（例如：一個月或一個學期）。提供長期小隊每一天或至少每週幾次一起工作的時間，這樣學生彼此之間可以建立密切、牢固的聯繫，漸進熟練地利用每個學生帶進小組裡的多元優勢長處，並學習如何支持、協助彼此成長。

- 投注大量心力在創造一個尊重、同理、充滿活力、正向樂觀和成就感的

教室環境。讓學生置身於對話討論和實際展現他們的進步的環境中——強調他們自主採取下一步的重要性。和學生討論他們將來想要做的重要事情，以及實現這個目標所需採取的步驟。擁有這些特徵的教室會對年輕學子如何看待世界以及自己在世界中的定位產生重大的影響。

- 不要規劃一些假定家長可以有所貢獻的班級活動（例如：生日的杯子蛋糕、披薩派對、情人節交換禮物、節日禮物、校外教學等等）。
- 運用班級圍圈（circles）讓學生互相分享想法。（學生圍坐成一圈，教師提示或提問，學生輪流回應。發言的學生手上拿著一個物品，表示他是在這時候唯一可以說話的人。教師視狀況在合宜的時機宣布時間到，並且感謝學生分享他們的想法。）這種方法有助於提升學生的聆聽技巧、同理心以及和同學的連結感。
- 教導學生呼吸技巧，當他們有壓力時可以使用。
- 與學生的家人或照顧者建立聯繫，選擇對他們來說方便的地點、時間和方式，讓他們看見你關心他們孩子的學習和發展。對於這些可能欠缺基本生活標準配備的家庭，請成為一股正向、穩定的支持力量。找出他們支持和鼓勵孩子學習與發展的方式，與他們一起發展出你和他們都可以延伸這種支持的方式。
- 如果你曾經親身經歷過貧窮（或你的父母經歷過），和學生分享這些故事；如果你沒有親身經歷過貧窮，和有這些經驗的同事或社區成員談談。閱讀有關貧窮的本質和影響的資料，以幫助你更深入了解學生所經歷的一些事情（但不要讓這些知識成為你找到的藉口，放過一些未能達到你和學生在班上設定的高品質標準的工作或行為）。
- 鼓勵學生分享他們的故事，並尊重地聆聽彼此的故事。
- 確定學生擁有要完成作業所需的材料和設備。如果有學生沒有這些材料或設備，而你也無法確保學生可以方便取得，請更改作業，讓它不需要用到學生無法取得的資源。
- 如果學生可能餓著肚子來上課，請確保教室裡有一些小點心，而且他們很容易取得（最好不必來問你）。如果學生來上課時需要睡眠休息，給他

們一個地方（或准許他們）小睡一下。如果這些是長期性的問題，請與關心學生的同事（校長、諮商輔導人員、其他老師）合作，一起尋找解決方案。學校必須關注這些基本的人類需求——因為當這些需求得不到滿足時，學生就無法學習。如果未能察覺或沒有注意到學生維持生命和生長的最基本需求，我們根本不能宣稱我們關心學生。

- 確保教室環境、教學和學習的設計都能回應學生的文化（有關文化回應式教學，請參閱第 15 章和第 16 章）。

幫助貧窮學生培養希望、樂觀和自主能動性

- 讓學習變得有趣、有關聯、生動活潑。學生需要將學習視為有價值的事情——學習是能夠激發他們好奇心、連結他們的生活、吸引他們參與的事情，讓他們覺得來上學是值得的（對許多學生來說，反覆硬背、練習、學習單和記憶資訊更增添了一種毫無意義的感覺）。你的熱情應該成為他們熱情的催化劑。

- 對每位學生的作業設立高度的期望，並且清晰、一貫地傳達這些期望。確保學生將你的教室視為成就發生的地方、學生互相支持的地方，而且他們可以信賴你這位夥伴會幫助他們學習。

- 為你自己設定高度的期望，和學生分享這些期望，讓他們看到你如何隨著時間逐漸朝這些目標前進。有事情進行得不順利時，和班上學生分享這件事，當你在分析下一步該怎麼做並且持續朝著目標努力時，讓他們看見你的決心。展現心理韌性和堅持毅力作為榜樣。

- 運用符合或接近學生目前準備度的優質學生作品範本，幫助他們看到好作品是什麼樣子。

- 幫助每位學生發展自己的聲音、動機、努力作為和企圖目的。這些都是可以教導的技能，而且對於達成自我效能感、自主能動性和學習自主權非常重要。

- 幫助學生根據課堂學習目標來設定自己的成功目標，並在他們努力了解自己的進步和發展時監控這些目標的達成度。每週使用檢核表，讓學生

反思他們朝向目標的進展（你現在在哪裡？你需要到達哪個位置？你要如何前進到那裡？）。當學生的進展不如預期時，改用這位學生可在較短時間內精熟的短期小目標，慢慢引導他們走向更大、更長期的目標。

- 提供回饋來指引學生的學習工作。回饋應該清楚，聚焦在最重要的方面，而且要可行。讓學生知道他已經能夠有效做到的兩、三件事情，再提及需要額外注意的兩、三件事。提供建議，告訴學生可以做些什麼來改善這些方面。

- 當需要時為學生提供學習的鷹架，幫助他們達成看似遙不可及的目標（但不要直接為他們做事，而是幫助他們找出能夠帶領他們向前進的步驟）。

- 要求學生負起達到期望的責任（不是透過處罰，而是透過要求他們完成未完成的部分和修改未達標的作業）。

- 幫助你的學生體驗教室和社區以外的世界。帶他們去校外教學（真實或虛擬的），像是圖書館、博物館、公園、有趣的建築、休閒娛樂區，或是人們運用數學或科學來解決問題或滿足需求的工作場所。

- 當學生覺得灰心喪志時，給他們一個堅持下去的理由。Jensen（2019）建議可以說一些像這樣的話：「我關心你。我是好老師，認真努力、堅持不懈，並且從錯誤中學習。你盡你的職責，我保證我也會盡我的職責。我不會讓你們任何一個人失敗。現在，咱們開始著手吧！」

- 幫助學生了解一些他們可能無法自行接觸到的職業，可以邀請從事這些職業的人到訪你們班，也可以透過閱讀和學生調查研究。如果受邀的演講嘉賓在人生中曾經歷過貧窮的生活，將會特別有說服力。確保學生了解進入這些職業的途徑，以及他們現在可以如何開始進入這些途徑。

- 邀請曾經就讀你們學校且上大學前是在貧窮中長大的校友，和你的學生討論他們曾經面臨（和依然面臨）的挑戰，以及他們是如何克服這些障礙的。

- 確保從最低的年級開始，經歷貧窮的學生會閱讀和看到與自己類似的社區的故事，而且強調這些社區的積極正面，而不是加深對貧窮者的偏執

刻板印象。

- 經常分享有關在貧窮中長大並成為藝術、體育、音樂、科學、法律、商業、非營利工作等領域重要貢獻者的故事、書籍、文章、影片等等。
- 幫助學生學習如何為自己的希望和夢想採取行動——了解自己可以擁有自主能動性的方法，掌握目前和未來的生活。
- 提供機會讓學生去幫助別人（透過班級事務幫忙比較年幼的學生做作業，協助社區裡服務社區成員的機構，互相支持）。鼓勵他們每天做善事。這兩種途徑都能為大多數的人賦權增能，尤其是那些總是覺得無能為力的人。
- 與學校裡的領導者（校長、副校長、諮商輔導員、社工、家長志工）合作，他們會設法認識、了解個別學生，在他們達成目標與個人成就時祝賀他們，並且定期與他們對話交談。
- 在教室裡張貼一些正向肯定的句子和發人深省的名言，和你的學生討論這些句子。偶爾更換這些句子。看見並思考這些句子，對於生活中沒有這類鼓勵話語的學生而言可能很有用。
- 教導學生生活中需要的社會情緒技能，以建立與他人的正向連結、表達自己的感受、看穿眼前的問題。

回應貧窮學生需求的教學

- 創造有鏡子、窗戶和大門的課程。鏡子讓學生能夠在所學內容中看到自己和自己的經驗；窗戶讓他們有機會了解與自己相似和相異的其他人物、地方和經驗；大門邀請他們與更大的社區建立連結關係，並對社區做出貢獻。
- 往上教。創造強調大概念或概念和通則、意義、理解和複雜思考的課程，然後以支持學生成功的方式搭建學習機會的鷹架。
- 運用跨學科領域的概念和通則來處理公平與不公平、正義與非正義、偏見、刻板印象、經濟、改變、倡議發聲和其他主題，使學生能夠了解不公不義的處境是如何產生的，以及個人和團體如何採取行動來減少不公

不義。這種方法讓學生能夠更容易理解學習內容並產生共鳴，將它與自身經驗連結，並遷移應用去思考他們的未來。這些概念可以成為討論、閱讀、寫作、小組調查研究和實作表現評量的催化劑。

- 教導學生辨識偏見，分析偏見，並且思考當自己遇到偏見時的因應方法。
- 確保學習目標／目的（KUDs）清楚明確，而且學生理解這些 KUDs。
- 教學計畫要緊密結合 KUDs，讓學生的學習始終聚焦在課程單元內容裡對他們而言最重要、必須精熟的部分。
- 找出每位學生的興趣、夢想和抱負。運用這些作為和學生對話以及閱讀、寫作、小組調查研究、專家小組和實作表現評量的基礎。
- 盡可能經常讓學生發聲和選擇他們想學習什麼內容、如何學習的方式，以及如何展現他們所學的方式。
- 讓讀寫素養成為跨學科領域課程的基石，確保學生有必要的機會和支持來學習識字解碼、閱讀理解／建構文本的意義，以及反思他們的閱讀經驗。讀寫素養也包含培養能夠理解、分析和辨識媒體的貢獻與缺失的技能。
- 創造這樣的教室：所有學科領域都以「為樂趣而讀」為優先，學生和教師一起分享他們對閱讀的熱情。對於許多長期生活在灰心喪志或貶抑尊嚴的環境裡的人而言，閱讀一直是通往更好生活的途徑。
- 無論你的學生是幾年級，都要花時間為他們朗讀。**聆聽**你信任或甚至想仿效的成人朗讀精彩奇妙的故事或刺激有趣的寫實紀事，那種美好是推薦閱讀的有力方法。
- 根據學生逐步發展的長處、興趣和學習需求進行差異化教學。運用高速公路和出口匝道（結構化的時間和空間），讓你能夠處理全班以及個人和小組的需求。要讓你的學生能夠嘗試去做對他們有點難度的工作、找到支持協助來完成它，並經常體驗到成功的滋味，得以相信自己是有能力的學習者，差異化教學是必要的。
- 要求學生以有意義的方式運用所學，盡可能將他們的學習工作與更廣大的世界連結起來。

- 教導學生有效工作（獨立自主以及協同合作）所需要的技能和態度。
- 建立學生個人資料檔案（在筆記本、索引卡、網路上），讓你能記錄學生興趣、成就、不喜歡的事物、天賦才能等等，不斷增長對於每位學生的認識。利用你對學生的了解來組織學生小組、與學生一對一談話、產生例子或比喻來幫助學生連結學習內容、建議閱讀材料、創造模擬問題情境讓學生解決問題等等。
- 建立優質作業的高標準，並要求學生達到這些標準。然而，請記住，優秀卓越需要時間、指導和耐心。要攀上高天花板需要建造高的梯子，而教師是主要的梯子建造者。
- 在教室裡張貼一些視覺圖像提醒，提示最重要的學科詞彙、關鍵過程的步驟和成功的標準。
- 當一位溫暖的要求者──一位明確關心並支持每位學生成功的老師，但不會接受學生表現出低於班級設定的高標準的行為或學習工作習慣。
- 培養學生的學習技能，教他們如何做筆記、畫心智圖和使用記憶術。教導他們對自己正在做的事情不確定時要提問，摘要總結，追蹤自己的學習進展，思考自己的思考，從錯誤中學習，並且利用回饋作為成功的墊腳石。
- 使用多種教學方法和策略，讓學習保持活潑、新鮮、引人投入。在一節課當中，改變教學方式或大約每 15 分鐘就動一動身體，往往會很有幫助。許多貧窮學生所感受到的長期壓力，會使他們難以集中注意力、專心聽課並安靜坐好。教室裡有動態活潑、多元變化和引人投入的教學，可以促進這些學生學習。
- 以出乎學生意料、吸引他們投入的方式複習學習內容，例如遊戲、速寫、角色扮演和唱歌。
- 找出對這個學生有效的方法──並且持續下去；找出對他無效之處──並且改變方法。
- 在課堂結束時，預告學生下一節課將要做的事情，而且預告的方式要讓他們期待新的學習。

確保評量對貧窮學生是一個正向且有成效的過程

- 確保形成性評量和總結性評量都緊密結合單元或課程的學習目標（KUDs）。
- 運用形成性評量來判斷每位學生所展現的 KUDs 精熟程度。當某個學生落在後面時，根據他的狀況來調整教學（通常是在出口匝道時間，除非許多學生對於某個主題或技能有廣泛的誤解、迷思概念或混淆不清）。
- 考慮在總結性評量之後，給學生重做的機會，促使他們繼續堅持下去，直到精熟一開始很弱的領域為止。
- 盡可能使用實作表現任務進行總結性評量，好讓學生能夠運用不同的長處、才能和興趣來展現他們對關鍵概念和技能的掌握，並且計劃與重要觀眾分享他們的成果。透過彼此之間和教師的適當支持，實作表現評量提供了一種極佳的方式，幫助學生看到自己可以做到原本認為不可能的事情——這些是學生看到自己成長和成功的機會。這樣的機會，會為學生培力增能，進而轉化為學業能力、個人自信、勇氣和行動的意志力（Berger et al., 2014; Gay, in Jensen, 2019）。
- 運用正式和非正式的形成性評量來了解每位學生的長處和興趣。

Cynthia Johnson（2013）是一位資深的教師、校長和學區計畫領導人，經常與貧困學生一起工作，她提出了我們在為這些學生提供服務時，所有教育工作者都應該尋求答案的核心問題：「對於生活在貧窮中的孩子來說，什麼能夠在絕望的文化和充滿希望的未來的巨大落差之間架起橋梁？」答案很簡單，她說（當然，事實並非如此簡單），就是教育工作者拒絕滿足於平庸，不接受貧窮學生無法學習的藉口，願意盡一切努力幫助每個孩子成功，為孩子建立支持的學習環境，讓他們在其中學習從負面的情境條件中重新振作起來並成長茁壯。

她提醒我們，那些來自貧窮世代的孩子，或是那些因為生活現狀而陷入貧困的孩子，仍然有夢想、有希望、想要有所成就。他們需要的是支持他們的老師，認為和他們一起工作、學習是一種機會（而不是負擔），來幫助那些受我們照顧

的年輕學子有所成就、將夢想化為現實。

註解

本章參考了以下文獻，完整的出處引用請見書末的參考文獻。"11 facts about education," n.d.; Berger et al., 2014; Collins, 1992; Cooper, 2016; ED100, n.d.; Gobir, 2021; Gorski, 2018; Harmon, 2018; Jensen, 2019; Johnson, 2013; Kearney, 2021; National Association of Secondary School Principals, 2019; National Center for Education Statistics, 2021; Public Schools First NC, 2020; Parrett & Budge, 2020; Riddell, 2020; Smith et al., 2020; Tucker, 2019; Wiliam, 2011a.

第 11 章

教導自閉症學生

> 她不知道要如何對某件事物半感興趣。她要不就是無動於衷……要不就是完全沉迷。
> ——Helen Hoang,《親吻實習課》(*The Kiss Quotient*)

引言

　　自閉症，或自閉症類群障礙（autism spectrum disorder, ASD），是一種因神經功能異常引起的終身發展障礙。自閉症不是一種可被治癒的疾病，而是一種在這個世界上的存在方式，它會影響一個人經驗以及與周圍環境互動的方式。自閉症類群的每個個體都有著獨特的差異——就像任何兩個典型發展中的學生，彼此之間在許多方面也都不同。自閉症學生通常被診斷為三種嚴重程度之一：功能處於第 1 級的個人，主要是在社會情境中與他人溝通和連結上需要支持和協助，他們也經常有固著的行為，會干擾在各種情境裡的執行功能，妨礙情境轉換、組織和計畫能力。處於第 2 級和第 3 級的個人在更多領域需要更多的支持，大多數的班級教師可能只會教到第 1 級的學生。

　　根據美國疾病管制與預防中心（Centers for Disease Control and Prevention, 2020a）的統計，大約每 54 名兒童中就有 1 名被鑑定出有自閉症類群障礙。自閉症發生在所有人種、民族和社會經濟群體中，通常男孩的發生率是女孩的四倍，也許是因為和男孩相比，女孩傾向於以比較不明顯可見、比較不會造成破壞的方式展現自閉症的特徵。

自閉症學生把各式各樣的長處和才能——以及一系列的挑戰帶進教室裡，相較於一般典型發展中的同儕所經歷的挑戰，自閉症學生經歷的挑戰通常更廣、更深，也更獨特。雖然自閉症者和普通人一樣具有相同的認知技能，但他們可能也有其他的一些特徵，導致他們獲得教育的機會降低。

自閉症學生在教室裡可能展現的特徵

　　自閉症影響個人與別人溝通、社交和行為應對的方式。雖然大多數的自閉症學生會表現出一些與自閉症有關聯的行為，但這些行為的數量、頻率和程度，在自閉症學生之間會有很大的差異。為了教好每一位學生，老師必須了解所有學生，這一點很重要。這種追求對於教導自閉症學生而言無疑是非常重要的。自閉症學生可能表現出的挑戰行為（challenging behavior）包括：

- 在理解、抽象思考、解決問題、推理和判斷方面有困難；
- 組織技能薄弱，難以遵循簡單的指令；
- 在彈性思考上有困難；
- 難以適應變化；
- 強迫性的常規行為，如拍手、搖晃、轉筆，想要不斷重複地穿同一件衣服，或每天午餐都吃同樣的三明治；
- 從事重複的行為；
- 專注於感興趣的特定主題；
- 對特定物體的不尋常依戀；
- 傾向於從字面上理解語言——無法理解抽象語言，如比喻手法和慣用成語、反諷或諷刺；
- 有社交關係的問題——其行為對同儕來說看起來怪異、難以結交朋友和維持友誼、可能顯得傲慢或無禮、閱讀社會線索有困難；
- 難以理解或溝通感受，無法同理他人；
- 無法捕捉非語言線索，難以與人眼神接觸交流，常常抓不到教學暗示線索；

- 對其他人可能無法感知的聲音、味道、氣味、質地等過度敏感——抗拒觸摸；
- 協調性差，笨拙，粗大動作技巧不佳。

焦慮是挑戰行為的根源

對自閉症學生而言，生活可能永遠充滿困惑。他們也許不了解周遭的人在做些什麼，他們經常收到訊號表示他們跟這個世界並不同步。從各方不斷流進來的負面回饋可能會侵蝕自信，並且導致年輕學子覺得自己沒有價值或希望。事實上，處於自閉症類群的個人經歷臨床抑鬱症（clinical depression）的可能性比一般族群還要高出至少四倍之多。

透過一再重複的經驗，自閉症學生學到的是可以預期自己將會不知所措、受到過度刺激，別人會刻意避開他們。他們的自我意識是脆弱的，焦慮總是交織其中——而且，學校一天生活裡的迂迴曲折，至少會一直讓人覺得困惑不已。

> 在融合教室典型的一天裡，新的課程、主題和計畫——每一種都有各自的規則和期望——每隔幾分鐘就向他們襲來。眾人的身體朝無法預測的方向移動；對話偏離到難以理解的話題；老師和學生來來去去；平靜與混亂起伏漲落。在某些日子會有集會、校外教學、老師和特教服務員請假不在、消防演習、校園安全演習。自助餐廳沒有披薩了；一位同學嘔吐了。就算是精心設計為讓學生參與投入和感到興奮的活動——那些一分鐘跳舞派對、快寫（quick-writes）、轉身談話（turn-and-talks）、小組計畫或參訪創客空間——也可能會讓自閉症類群的學生無法正常運作，除非事先小心謹慎地呈現，並且，若有需要的話，小心謹慎地調整過。（Boroson, 2020, p. 30）

許多事物都會觸發自閉症學生的焦慮。當觸發因素發生時，這位學生可能會經歷感官過度負荷，彈性和理性可能會離開他們，自我調節可能遙不可及，溝通

技能可能關閉，使得他無法使用語言來尋求協助。在這些情況下，表達焦慮的唯一方式可能就是行為。

毋庸贅言，老師越有能力理解、預測和避免觸發因素，對於這位焦慮的學生、其他同學和這位老師而言，這一天就會越好過。Boroson（2020）提出了幾大類觸發焦慮的因素：

- 新事物——新學年有新名字、新面孔、新作息和規範，以及新期望——所有這些都同時發生——甚至可能出現在同一天。
- 不熟悉的活動——任何不熟悉的事物，甚至是基本的課堂流程和活動，都會讓自閉症學生覺得不安全——遠遠超出了他們努力保護的舒適區。
- 出乎預料之外的事物——時間行程表的變化、教室安排方式的改變、報錯時間的時鐘、老師請假不在、一件熟悉的物品壞掉，焦慮指數都會再次上升。
- 不同的事物——對許多學生來說，學校一天裡各時段的轉換可能微不足道或甚至令他們開心，卻會讓自閉症學生感到亂無章法、吵鬧和可怕。每天要和父母或其他照顧者分離也許非常揪心、痛苦，而且會造成其他的困難元素（如坐校車）更加令人不知所措。對於重視可預期性甚至要求嚴格遵守的學生來說，離開一位信賴的老師或一個舒適的教室位置，可能是個非常巨大的挑戰。

要為自閉症學生塑造能夠消除或至少降低焦慮的一天，一個關鍵因素是老師對焦慮觸發因素保持警覺，並且主動嘗試處理這些觸發因素。雖然在普通班教室裡的大多數自閉症學生比較少有這些特徵或行為表現比較溫和，但由於自閉症類群障礙學生之間存在著多元的個體差異，因此教師熟悉所有這些特徵是很有幫助的。

首先也最重要的是，自閉症的兒童和青少年是年輕人，他們幽默好笑、討人喜歡、有趣，而且需要他們的老師關愛和支持他們，就像老師關愛和支持他們所教的任何其他學生一樣。以下是提供給老師的一些指引，有助於和自閉症學生相處共事。目標不是要對任何一位自閉症學生用上全部的策略，請了解這些建議是

你的資源庫，你可以從中考慮和選用對某個學生在某個時間、某種情境下可能有幫助的策略。

教導自閉症學生的一些原則和做法

了解自閉症學生

- 如果學生能夠透過對話進行溝通的話，和這位學生交談，開始熟悉彼此。
- 和父母或其他照顧者交談，分享他們所知道有效支持他們孩子的方法。
- 看看家長／照顧者是否願意和你分享學生參加社區活動或在家裡從事各種活動的簡短影片，或能否分享有關他們的孩子如何應對不同環境和活動的故事。
- 請這位學生為你列出一份小訣竅清單，用來幫助老師好好地跟有學習差異的學生一起工作、學習。

為自閉症學生創造一個安全、友好邀請型的學習環境

- 持續努力在教室裡創造包容、同理、尊重和友善的倫理觀。幫助學生們反思自己的感受，以及他們如何回應那些讓他們感到自卑或被排斥的行為。支持學生不僅依照自己希望被對待的方式來對待別人，而且也要依照別人希望被對待的方式來對待他們。示範這樣的行為，討論、教導這樣的行為，並且肯定、讚揚在教室裡具體發生這些行為的事例。
- 以無條件正向關懷來看待學生、與學生互動──代表這位學生不需要改變或做任何事情來贏得你的接納或尊重（Gobir, 2021）。
- 幫助學生們了解自閉症是一種不同，而不是異常，並且讓他們知道，儘管自閉症學生有時候可能會以不尋常的方式說話或行事，但他們無意冒犯任何人。
- 指出古往今來許多自閉症人士為世界所帶來的貢獻。米開朗基羅和莫札特可能是自閉症。對世界有重大貢獻的現代人物包括演員安東尼·霍普

金斯（Sir Anthony Hopkins）、科學家愛因斯坦（Albert Einstein）、作家兼自閉症運動人士天寶・葛蘭汀（Temple Grandin）、電影製片人史丹利・庫柏力克（Stanley Kubrick）和寶可夢之父田尻智（Satoshi Tajeri）。在整個學年中，幫助學生發展對彼此長處和才能的覺察──包括那些有自閉症的學生。

- 成為每個自閉症學生的忠實學習者，找出他們的長處和興趣（包括癡迷）。成為敏銳的觀察者，了解是什麼讓這個學生覺得舒適自在，是什麼觸發焦慮和後續會破壞這個學生與其他人學習的行為。記下哪些事物可以幫助這位學生在爆炸行為之後重新獲得平靜。研究這位學生如何與他人（包括你）互動、語言模式、眼神接觸，以及其他能夠幫助你以有成效的方式和這位學生工作相處的線索。

- 留意高度焦慮的徵兆（例如，學生用手搗住眼睛或耳朵，或從事重複性的行為），並且與這位學生一起了解如何及何時使用讓人冷靜下來的物品或策略（例如，走到房間裡安靜的地方、戴上耳機聽舒緩平靜的音樂、使用壓力球）。

- 創造各種吸引人的座位選擇──例如一張搖椅、幾張搖擺椅、平衡盤擺動坐墊、懶人沙發或鋪有地毯的區域──供所有學生使用。

- 減少直射光，或提供遮陽帽給對光敏感的學生。螢光燈對某些自閉症學生來說可能特別會造成問題。

- 當教室裡的噪音分散學生的注意力或為學生帶來困擾時，提供耳塞或耳機。

- 保持教室某些區域空間沒有過多的雜物和圖像。當學生需要在視覺上「眼花撩亂」的區域工作時，可以使用便攜式分隔板。

- 協助在組織方面需要幫忙的學生。例如，老師可能會要求所有學生在下課或放學時抄聯絡簿、收拾書包、清理座位區。對於具象思考的學生來說，用圖片為主的溝通卡或清單來描述過程中的每個步驟會很有用。有些自閉症學生能很快地遵照用文字呈現的時間表或程序──紙本或數位形式都可以。

- 提供結構化和可預期的班級常規，包括如何繳交作業、如何準備上課、如何排隊去圖書館等等。以視覺圖表或故事板來呈現和描述例行事務的每個步驟，這對一些自閉症學生可能很有幫助。
- 考慮為自閉症學生使用視覺圖像化的每日時間表，同樣也為全班張貼每日時間表。
- 考慮提供各種不同情況下適當行為的視覺化圖表。
- 教導像是建立待辦事項清單、決定先做哪些任務、制定工作時間表、設定目標、檢核邁向目標的進展情形等等的技能。
- 將社會情緒技能當作學科內容教學的固定面向來教，並且融入學生的學習經驗中——例如，如何仔細聆聽彼此的想法、如何有效合作、如何監控和調節自己的情緒感受、如何解決夥伴之間出現的困難問題、如何提供對他人進步有用的回饋等等。
- 確保教室是學生知道他們可以安全犯錯的地方，而且像所有人一樣，透過犯錯和了解錯誤來學習。
- 幫助所有學生了解霸凌的負面影響。站出來反對霸凌，爭取學生的幫忙合力將霸凌降到最低。幫助所有學生擬定有效應對霸凌的策略。教導自閉症學生遠離霸凌者，待在成人的視線範圍內，讓成人能在霸凌發生時介入，並找到可以尋求協助的同儕。同儕支持網絡可以成為安全和融合的有力工具。

有效教導自閉症學生

- 在普通班教室裡的大多數自閉症學生，和其他同年級、同年齡的學生有著相同的學習期望。因此，他們應該從引人投入、聚焦理解、與生活有關聯、需要他們以複雜方式思考的課程中學習。這樣的課程本質，在本書裡的幾處內文已經描述過了（例如，參見圖表 5.3）。當自閉症學生面臨挑戰（像是組織困難或與同儕溝通困難）時，在這些領域提供鷹架協助和支持，讓它們不會成為學生成功的障礙。
- 根據學生的長處、興趣和熱情進行教學。將課堂學習內容與自閉症學生

深切關心的事物連結起來，為這位學生開啟通路，能夠與內容和技能有所連結並投入其中，否則這些內容和技能可能就不會吸引學生的注意。對於一些自閉症學生而言，從學生的興趣引導並由此開始建立學習是特別有幫助的。

- 根據學生的準備度／進入課程的起始點、興趣，以及學習方法（基於形成性評量而獲得的洞見）來進行內容、歷程和成果的差異化，就像你為所有學生所做的。使用易於取得的材料和科技，設計學習經驗，並確保學生能夠展現其所學知識的方式，是讓學生有安全感、保障、成就感和成長的關鍵。

- 使用能讓學生在學習活動中有發言權的策略。例如，思考—配對—分享（Think-Pair-Share）或轉身談話（Turn-and-Talk），可以為各種有溝通問題的學生提供一個受保護或安全的機會來表達想法。相對於詢問學生誰能提供數學問題的答案或誰能指出句子裡的錯誤，老師反而會說：「如果你認為你知道答案，請站起來。」

- 盡可能經常提供學生選擇——例如，要獨立學習還是與小組合作，要在安靜的角落閱讀還是與一位同學同桌共讀，他想要完成八道數學題裡的哪四道題目，要使用鉛筆書寫還是使用電腦，要用文字還是圖畫來做筆記等等。

- 盡可能使用示範、視覺圖像、插圖和影片來支持學習。許多自閉症學生透過視覺管道會學得更有成效，而非透過聽覺管道。視覺圖像通常也很有效，因為它們能使想法和指令比單獨只有文字時更具體。

- 用清楚、直接的語言表達你的期望。不要指望自閉症學生能讀懂你的臉部表情或肢體語言。期待自閉症學生能解讀「老師的表情」，通常會讓你失望。

- 讓指令盡可能簡單明瞭。對於容易被一個任務有多個部分搞迷糊的學生，請考慮將多步驟的指令拆解，一次只呈現一個步驟。

- 清楚明確地解釋為什麼你要求學生做某一項作業或參與某一個活動。幫助學生理解為什麼某件事情很重要，以及新的訊息和想法是如何與先前

的學習及學生的生活連結起來。這些連結可以幫助學生構建出一個關於他們被要求學習的內容的整體圖像——將它置於有意義的情境脈絡中。時間線、概念圖、組織圖表、比較和對照圖表，以及類似的工具，對於建立理解都會非常有用。

- 鼓勵學生在紙上手寫幾個語詞或一個句子就好，而不是更長的回應，或允許學生使用電腦或打字，而不是筆和紙。如果學生有動作困難，能夠以盡可能最不受限的方式書寫的話，會讓學生專注於內容，而不是聚焦在動作技巧受到限制。

- 在情境和任務的轉換上提供協助。例如，使用視覺圖像化的計時器，好讓學生可以看到時段何時會結束；在活動轉換即將發生之前給學生一個注意提醒；使用一致的轉換活動，例如寫下家庭作業或（針對比較年幼的學生）唱某一首歌；請同學幫忙他（低年級時，和一位夥伴一起從教室的某個地方走到另一個地方；高年級時，要求他選擇一位同學陪伴他下課時跑班）；或提供輔助轉換的工具，例如玩具、壓力球或圖片。

- 讓這位學生有機會休息一下，例如，在教室裡走動、在走廊走來走去，或是當其他學生坐在書桌前工作學習時，讓他坐在教室的搖椅或沙發上。甚至有時候，當班上學生在思考一個想法、問題解決方案或下一步的工作時，要求每個人在教室裡走來走去，也會很有用。

- 當自閉症光譜學生違反規則或做出破壞行為時，避免想要動用「管教」讓他知道後果的衝動。對於意外或改變產生不由自主、經常很戲劇化的反應，其實不是自閉症學生自己的選擇，觸發事件及其對學生情緒產生的影響，完全摧毀了學生思考、保持冷靜的能力，或運用其他方式處理觸發事件的能力。

- 懲罰的威脅可能會加劇這位學生的焦慮，破壞對你的信任，並消除你可以跟他合作、幫助他辨識和使用因應調適技巧的任何可能性。在大多數的情況下，同理心是比任何形式的嚴厲都要好得多的工具。增強想要的或適當的行為可能遠比懲罰不想要或不適當的行為更有成效。

- 當某個人因自閉症學生的行為而受到誤解或傷害時，考慮採取修復式正

義（restorative justice）的方法而不是懲罰。修復式正義幫助學生了解他犯了什麼錯、為什麼這是錯的、誰因此（以及以何種方式）受到傷害，發展出策略來處理未來的狀況，並且合作尋找重建受損關係的方法。「修復式正義不僅以個別化、差異化的方式解決問題，而且還特別強調技能的建立和促進一種正向、互助為本的學校文化──這些都是在融合教育環境中處理自閉症光譜學生行為時不可或缺的因素」（Boroson, 2020, p. 124）。

- 當自閉症光譜學生的行為不尋常或可疑，但不危險、不干擾或不具破壞性時，請考慮讓它過去、不予追究。這個行為可能只是不同，不同是沒關係的。自閉症學生有許多事情要做，無須增加不必要的目標。你也有許多工作要做，無須承擔那些不太重要的挑戰。

- 確保你的教室是真正融合包容的教室，能讓自閉症學生有機會和各種同學一起參與各樣學習和社交活動。對於自閉症學生而言，觀察同儕往往很重要，這樣他們可以學到如何相互溝通、處理情緒和著手進行工作。對於班上所有學生來說，了解並珍視那些生命和經驗與自己相同及不同的同學也很重要。

幾個額外的想法

- 預先想想代理教師的問題。如果你學校已經就職的代理教師有與自閉症光譜學生一起工作的經驗，那是最理想的。沒有的話，請在專業發展當中，納入一位或更多位代理教師來學習如何支持自閉症學生的需求，這是重要的。每當你請假不在時，盡可能讓同一位代理教師在你的班級代課，這會很有幫助。

- 讓同事一起參與。和學校裡也即將與自閉症學生一起工作的老師或協助人員談談，積極主動地討論學生的長處和需求、觸發因素、學習風格、生活作息等等，可以使每個人的教與學都更加順利。

- 為教室裡可能出現意料之外的混亂干擾行為預做計畫。儘管你有最好的立意，但不可能完全避免意外情況發生。計畫你要如何處理教室裡的

「緊急事件」，盡最大可能降低孩子的恐懼和因此而爆發的情緒反應，以免自閉症學生覺得像危機爆發一樣反應劇烈。你可以每天在口袋裡隨身攜帶一張卡片，要這位學生安心並說明你會盡快回來和他談一談，也可以派另一名學生去找隔壁班老師或是能提供幫助的個管老師、輔導老師、護理師或辦公室助理。預先計畫可以盡最大可能降低干擾行為不斷升級的可能性，這樣的行為無可避免地會發生在所有的教室裡。

- 思考並計畫諸如消防演習、萬安演習、學校疏散、提前放學等等的事件。明智的做法是主動與這位學生一起計畫這些事件的發生，以盡可能減少意外或震驚的元素──包括為這些事件而使用視覺圖像化、一步接一步的「做事流程表」。在類似這些事件活動的期間，可能還需要規劃有額外的支持者和你一起，或在另一個地點協助自閉症學生。請記住，自閉症程度較輕的學生不太可能對潛在壓力事件表現出極端的反應。

- 在爆發或干擾事件後，學生一旦恢復平靜，跟他談談哪些事情做得不錯，以及如果類似的意外事件再次發生，你和這位學生可能會採取哪些不同的做法。藉此機會教導有助於這位學生感受到更多控制力的策略，對於學生和將來可能涉入這類事件的其他人來說都是有幫助的。你的教導必須清楚、具體針對這個情境，並且不能帶有太多情緒──而且通常需要這位學生多次的重溫複習，他才能理解你所說的話，以及如何將其轉化為行動。

- 了解有些自閉症學生的家長（就像特殊需求學生的家長一樣）可能會（也可能不會）感到哀傷和失落、邊緣化和與眾不同、沒有價值、愧疚自責、自我懷疑、沮喪、怨恨、絕望──以及筋疲力竭！接納他們現在的樣子，了解他們現在的處境，並且和他們合作，共同促進他們孩子的成長和發展。

- 盡你所能的多了解自閉症。和家長聊聊、閱讀、運用支持自閉症者組織的資源，並且，當你意識到*你*需要他人的支持協助才能成功教導一位自閉症學生時，請致電學校的專家，包括曾有和自閉症光譜學生共事經驗的特教老師、輔導人員和教師，以及有自閉症孩子的同事。

我們生活在一個正在學習如何更加包容所有公民的世界——一個還有更多學習要做的世界。融合教室裡的教師已經證明了自己願意學習，而且毫無疑問也會自知還有很多要學習之處。不過，在融合教室裡，教師幫助年輕學子體驗和了解多樣性就是世界本來的樣子，這是自然且重要的事情。我們在文化、宗教、髮色、穿著風格、語言以及生理和情緒挑戰方面，存在著各種差異，這份清單羅列不完。儘管如此，我們擁有同樣身為人類的核心需求——被理解、被接納、學習、交朋友、做出貢獻、開創自己的生活。了解我們共有的人性可以讓我們減少對不同差異的恐懼和懷疑，進而更加接納彼此。這會讓我們變得更有智慧，讓世界變得更加美好。我們全都是真實世界網絡的一部分，包括自閉症學生，我們之間還有很多要彼此學習的地方。

註解

　　本章參考了以下文獻，完整的出處引用請見書末的參考文獻。Applied Behavior Analysis, n.d.; Boroson, 2020; Bryant et al., 2020; Callahan, 2020; Centers for Disease Control and Prevention, 2020a, 2020b; Chaltain, 2016; Gobir, 2021; Karten, 2017; Kluth, n.d.; National Autistic Society UK, n.d.; National Education Association, 2006; Scholastic, n.d.; Smith et al., 2020; Star Autism Support, n.d.; Waterford Foundation, 2019b.

第 12 章

教導 ADHD 學生

有時候我腦袋裡同時塞滿了太多想法，就好像我的腦袋裡有個四路交叉口，路口的每個人同時試著前進一樣。

——A. J. Finn，《後窗的女人》（*The Woman in the Window*）

引言

如果你是老師，你會知道這些孩子：那個眼睛盯著窗外，用鳥兒飛翔的弧線取代她的數學課的孩子；那個就算你用瘋狂快乾膠也不能把他的屁股固定在椅子上的孩子；那個對著你提出的問題：「在古埃及文明的發展中扮演重要角色的河流是？」而他回答「M 老師，你染頭髮了嗎？」的孩子。（Segal & Smith, 2020）

注意力缺陷／過動障礙症（attention-deficit/hyperactivity disorder, ADHD），是一種神經發展障礙，也是一種慢性病，症狀通常在兒童時期就會出現，並且會影響一個人一生。雖然，個人受 ADHD 影響而產生的症狀程度和種類各不相同，但 ADHD 的特徵通常包括：難以集中注意力，難以保持組織條理，有計畫、管理時間和控制衝動上的困難。這些特質使得 ADHD 學生很難融入班上、獲得成就和結交朋友，也會讓教學變得挫敗沮喪。

老師會看到這類學生有能力學習他們需要學習的，但他們的雜亂無章、注意力不集中和坐立不安，常常會擾亂正在嘗試學習的學生。在這一點上，回想一下羅斯・格林（Ross Greene, 2014b）的提醒會有所幫助：當成人，包括老師在內，對一個行為具有挑戰性的孩子感到沮喪時，他們經常會說：「只要他**願意**，他就**能夠**做這件事。」事實上，格林說：「只要這個學生**能夠**做到，他就**願意**做這件事。」做得更好，大半不是這個年輕人所能控制的。ADHD 學生並不想跟他人的期望和同學的步調不一致，他們想要成功和擁有朋友，就像所有年輕人一樣。如果沒有鎖定目標的支持協助，他們會發現幾乎不可能完成學校的要求，也無法體驗到許多學生認為理所當然因學習和建立友誼而帶來的滿足感。

　　如果在校期間缺乏有效的介入，ADHD 學生很可能考比較低的分數、準時繳交的作業比較少、缺席率比較高，而且發展出比較低的自尊。隨著他們越長越大，相較於一般人，他們可能面臨這些風險：教育成就較低、失業率較高、事故率較高（包括交通事故）、藥物濫用程度較高、社會功能水準較低、家庭問題發生率較高。有效的處理和治療可以改善長期的結果。

　　ADHD 是最常見的學習障礙之一。在美國所有 K 到 12 年級學生當中，大約 10.8% 的人會在一生中的某個階段被診斷出患有此病（Centers for Disease Control and Prevention, 2020b）。ADHD 的發生率在男孩和女孩大致相同，但是整體來說，老師們更傾向於轉介男孩而不是女孩進行鑑定，因此，大約 14% 的 K 到 12 年級男孩被鑑定出患有 ADHD，但只有大約 6.9% 的女孩被鑑定出來。這種差距的部分原因可能是性別偏見造成的結果，導致老師們對男孩「衝動」行為的反應比對女孩更強烈或更負面。另一方面，ADHD 女孩的衝動行為通常比男孩的衝動行為更隱約、不易察覺，比較多的女孩只有注意力不集中的 ADHD 症狀，可能被視為只是作白日夢或沒在動腦。如果有過動的症狀，女孩比較有可能被視為愛出風頭、太愛說話或過於情緒化。衝動的女孩可能在表現合宜的社交行為上有麻煩，很難結交朋友和維持友誼。女孩未接受診斷或被鑑定為 ADHD 的另一個原因是，女孩經常會費盡心力去彌補自己的弱點，並掩飾自己因為作業落後、遺失東西、感覺異於常人或社交笨拙的尷尬不安。

　　因為 ADHD 學生可以跟沒有 ADHD 的學生達到相同的成就水準，所以有些

專家建議將它視為一種狀態，而不是一種障礙。目前患有或曾經患有 ADHD 的眾多名人，包括有美國體操冠軍西蒙・拜爾斯（Simone Biles）；盲人歌手史提夫・汪達（Stevie Wonder）；演員豪伊・曼德爾（Howie Mandel）；《哈利波特》主演明星艾瑪・華森（Emma Watson）；喜劇女演員琥碧・戈柏（Whoopi Goldberg）；捷藍航空公司（JetBlue Airways）創辦人大衛・尼勒曼（David Neeleman）；演員羅賓・威廉斯（Robin Williams）；美國奧運游泳金牌得主麥可・菲爾普斯（Michael Phelps）；搖滾樂團魔力紅（Maroon 5）主唱亞當・李維（Adam Levine）；古典鋼琴家傑佛瑞・西格爾（Jeffrey Siegel）；以及饒舌歌手和詞曲作家威廉（will.i.am）。

與 ADHD 經常有關聯的特徵可以分為兩類：注意力不集中行為和過動／衝動行為。

注意力不集中行為包括（但不限於）以下：

- 注意力持續時間短暫。
- 作白日夢。
- 學校作業常犯粗心的錯誤，忽略細節。
- 容易分心或轉移注意力。
- 難以遵循書面或口語指令。
- 專注力問題（例如，邊聽老師講課邊做筆記）。
- 當別人直接在跟他說話時顯得漫不經心。
- 健忘、記性差。
- 組織安排時間、任務或個人物品方面有困難。
- 與同年齡的學生相比，學習技能很差。
- 沒辦法在家裡或教室裡完成作業或例行工作。
- 避免需要持續花費腦力的任務，包括做家庭作業和課堂作業。
- 遺失東西。
- 遺失家庭作業、已經完成的家庭作業、書籍、夾克、背包、運動器材。

過動行為包括（但不限於）以下：

- 坐立不安或動來動去。
- 無法好好待在自己的座位上。
- 在不合適的時間和地點到處跑和到處爬。
- 難以安靜地玩耍或工作。
- 無法持續專注在任務上，會從一項任務轉換到另一項任務，卻沒有完成任何任務。
- 極度不耐煩，無法等待輪到他。
- 似乎總是「忙個不停」。
- 話說過多。

衝動行為包括（但不限於）以下：

- 打斷或侵擾別人的談話、活動或個人物品。
- 在學校或遊戲時，難以等待輪到他。
- 脫口說出答案，而不是等著被老師點名。
- 頻繁做出冒險行為，在行動之前沒有先思考。

有些學生有混合型 ADHD，衝動行為和注意力不集中行為都很明顯。事實上，混合型 ADHD 是最常見的 ADHD 類型。

當你想到學校就是要坐著、聽課、遵從指令、記住你聽到的、長時間保持安靜以及和他人和睦相處，ADHD 學生面臨的挑戰便顯而易見，而他們的老師也能感覺得到這種挑戰。以下提供教師一些指引，有助於和 ADHD 學生相處共事。當然，我們的目標不是使用所有這些策略，而是了解這些建議是你的工具箱，你可以從中考慮和選用對某個學生在某個時間、某種情境下可能有幫助的策略。

教導 ADHD 學生的一些原則和做法

為 ADHD 學生創造一個安全、友好邀請型的學習環境

- 創造一種融合包容的教室文化，以尊重、同理和欣賞每個人的差異為教

室裡每個人角色功能的核心。

- 以無條件正向關懷來看待這位學生——也就是說，這位學生不需要改變或做任何事情來贏得你的肯定或尊重（Gobir, 2021）。
- 避免將 ADHD 學生視為「一個問題」或有缺陷。相反的，要尋找學生的長處、興趣和正向特質。在你為這位學生做教學計畫時，把這些牢記在心，始終一貫地以這些為基礎往上發展。
- 幫助所有學生了解 ADHD 的問題和挑戰，但同時也要了解它的正面意義。
- 在你的班級圖書館裡放一些主角也是 ADHD 的書籍，以及 ADHD 人士的相關傳記或文章，這些人堅持不懈的學習，並且發展自己的長處和才能，最終對他們的社群或整個世界產生了正向的影響。這有助於 ADHD 正常化。
- 與這位學生建立並維持信任關係，讓他知道你站在他們這一邊，你想幫助他們成長，你喜歡和他們在一起。
- 在你和所有學生的溝通當中，強調正向積極的一面。例如，跟他們討論你希望他們做什麼行為，而不是你不要他們做的行為，建立教室常規或規範，並且共同合作。
- 經常給 ADHD 學生正向的回饋，讓他們信任你，知道你把他們的最大利益放在心上。多多肯定他們的正向行為和學業上的進步，不要只是糾正或指出他們問題。
- 敏於覺察 ADHD 對情緒的影響，例如自尊的問題或情緒調節上的困難。
- 仔細觀察這位學生，嘗試了解什麼能幫助和支持學習，或什麼會對學習產生不利影響。詢問學生什麼可以幫助他集中注意力、減少動來動去、組織工作等等。
- 建立清楚明確的常規，並且盡可能完全遵守這些常規。
- 創造一種聽覺訊號來表示開始上課（例如：按下控制器、鈴聲、一段音樂）。運用另外的提示來顯示這節課還剩下多少時間。
- 安排 ADHD 學生的座位遠離窗戶、門、削鉛筆機、書架和愛說話的同

學，以減少分心。
- 考慮如果讓這位學生坐在你的座位附近，他是否會更有效地工作學習。
- 讓 ADHD 學生坐在排排座的位置上，這樣有助於將注意力集中在老師身上，而不是讓學生圍坐在桌子周圍或以其他方式面對面坐著。
- 創造一個不受干擾的安靜區域，讓學生可以安靜坐著、做測驗、安靜讀書或完成課堂作業。隨時備好卡紙隔板，給任何想要或需要一個安靜、視覺淨空的工作空間的學生使用。
- 盡可能減少雜物。
- 避免感官超載、資訊超載和工作超載。
- 當你和 ADHD 學生說話時，要有眼神接觸。
- 在活動作息轉換和改變之前，以及暫時休息後返回課堂活動作息之前，提供一些警示訊號（例如：閃一下燈光，或使用手勢，讓學生看到你使用這個手勢時跟著一起做）。
- 與父母或照顧者保持聯繫，鼓勵他們與你合作，讓他們的孩子這一年能成功學習。學習他們在家裡用來成功支持孩子的策略和工具，同時也詢問他們已經知道要避免的方法。建立定期聯繫的時間表，以便互相更新近況，一起為孩子的持續成長做規劃。如果孩子正在服用治療 ADHD 的藥物，請家長和你分享這個藥物一般而言會如何影響學生和學習，包含正面的影響和可能產生問題的副作用。請記住，ADHD 孩子的父母或照顧者本身可能也很疲憊或沮喪，傾聽他們的擔憂，向他們學習，在你有能力的時候，請成為值得他們信賴的標竿。

幫助學生發展組織技能

- 考慮提供 ADHD 學生一張步驟檢核清單，在完成一項活動或作業的時候可以使用。
- 要求這位學生帶著一本筆記本，筆記本裡每個科目各自有單獨分開、用顏色標示的頁面。幫助這位學生檢查、確保放進筆記本裡的每樣東西都放在正確的頁面上。每個科目的教材都用顏色標示。

- 提供三口袋型的文件夾，可以放入回家功課、完成的家庭作業和給家長的信件（同意回條、學校活動資訊等等）。
- 確保這位學生有一個寫下作業和重要日期的系統，例如每日計畫表，並且使用它。
- 給這位學生時間整理要帶回家的資料和作業。
- 提供這位學生一張清單或圖表，上面有準備離開學校的每個步驟，讓學生可以帶齊他回家完成作業需要的所有資料。
- 定期和這位學生討論自我調節與自我管理的策略。和學生一起設定目標、監控進度，發展新的技能和策略來協助達成這些目標。
- 和學生一起了解並應用心智習性與學習工作習慣，這些習慣能夠促進成功的學習——以及教室之外的成功。

提供支持和激勵成功的課程

- 在普通班教室裡的大多數 ADHD 學生和其他同年級、同年齡的學生有著相同的學習期望。因此，他們應該從引人投入、聚焦理解、與生活有關聯、需要他們以複雜方式思考的課程中學習。這樣的課程的本質，在本書的幾個地方已經描述過了，包括第 84～88 頁的圖表 5.3。當 ADHD 學生面臨挑戰時（例如：有組織、集中注意力、安靜坐好的困難），在這些領域提供鷹架協助和支持，讓它們不會成為學生成功的障礙。
- 往上教這位學生。目標維持在讓這位學生做有意義的學習、投入複雜的思考，並且在學科學習內容和他的生活與經驗之間建立連結關係。因為 ADHD 基本上不涉及認知障礙，所以你應該期望學生能夠精熟核心內容和能力，只要有人協助他克服或因應 ADHD 症狀。
- 清楚知道 ADHD 學生在特定時間內需要專注學習的最重要知識、理解和技能。幫助學生保持那樣的專注，對於他們理解學科內容、設法完成作業而不迷失在細節裡、發展智識能力是至關重要的。
- ADHD 學生可能非常擅長記憶資訊以及在短時間內提出正確答案，同時，他們也可能對自己正在學習的東西缺乏理解，並且在幾天內就「失

去」幾天前「知道」的東西。對學習內容缺乏理解雖然會限制所有學生的學習，但缺乏理解無疑是阻礙 ADHD 學生持久和有用學習的一個常見因素。讓 ADHD 學生聚焦在理解、經常檢核他們的理解，以及要求學生應用他們平時學習的知識來發展和加強理解，是很重要的事。

- 根據學生的長處和興趣進行教學。將課堂學習內容與 ADHD 學生關心的事物連結起來，為這位學生開啟通路，能與內容和技能有所連結並投入其中，否則這些內容和技能可能就不會吸引學生的注意。

回應 ADHD 學生需求的教學

- 盡可能經常依據學生進入課程的準備度／起始點、興趣和學習方法，進行內容、過程和成果的差異化教學。使用各式各樣可取得的教材和科技資源，設計學習經驗，並確保學生能藉由這些管道展現他所學到的知識技能，這些是學生安全感、安心感、成就感和成長的關鍵。
- 差異化處理指令、教材、時間表、過程裡的步驟等等的事物，以符應學生的準備度、興趣和學習方法，並且回應式處理和 ADHD 有關的特定問題，使這位學生有最大的學習效果。
- 透過口頭和書面提醒，清楚傳達你的期望，包括進行長期學習任務的準則。
- 在你開始上課時，告訴學生這節課要學習什麼、你的期望是什麼，以及他們確切需要哪些教材。
- 在教室的牆上、黑板或螢幕上列出這節課的活動或步驟。
- 讓學生在剛上課或一天最早的時候學習最困難的教材。
- 當這位學生正在工作以及你在對全班同學講話的時候，經常從他身邊走過。利用這個機會來留意和稱讚學生做得好的事情，並在看來很重要、必須提醒他的時候，支持性地引導學生重新專注。
- 運用夥伴配對學習或同儕指導，將 ADHD 學生和一位願意且懂事的同學配成一組，以提供額外的支持協助。這些配對也可以幫助 ADHD 學生發展或改善社交技能。

- 利用圖表、圖片、顏色編碼、繪圖等等的方式，支持視覺圖像化的學習。
- 使用彩色螢光筆標記文本、指令說明和評量準則中最重要的部分。
- 設計筆記用的大綱或組織圖表，在你講解教材內容時，幫助學生組織資訊、促進理解。
- 使用較少題目的學習單和測驗，或在作業裡特別標示出這位學生要完成的最重要部分。
- 提供等待時間，讓這位學生處理問題或想法，好好運用他的工作記憶。
- 改變教學的節奏，並且放入不同類型的活動。許多 ADHD 學生在競賽型遊戲或其他快速刺激的活動中會表現得很好。
- 給學生額外的時間來完成困難、費神的作業。
- 以體驗為主的學習，讓學生在過程中發展自己的作品或實作表現評量、設計和執行實驗、校外教學等等，很適合大多數 ADHD 學生。
- 將身體動作融入全班的學習活動裡，例如：畫廊漫步（gallery walk）；排出意見光譜線，學生們在一條直線上排出自己的位置，展現自己的觀點或喜好；轉身談話；站著做思考—配對—分享；「如果你……就站起來」（知道這個問題的答案；曾經幫助過需要幫助的鄰居、親戚或朋友；可以說出太陽系行星的名稱……）或「站起來／坐下」（如果你曾經搭過公共汽車、火車或汽車，請站起來；如果你曾經搭過火車，請坐下；如果你曾經遺失重要的東西，請站起來；如果你找到了，請坐下……）。
- 為 ADHD 學生和其他從「動手做」當中受益的學生，規劃差異化、主動參與所有科目的教學。例如：在社會課，學生拿著寫有各大洲名稱的便利貼，在教室裡走動，把便利貼貼到模擬世界地圖的各大洲位置上；在自然課，老師教包立不相容原理時，讓學生置身於人造電子組態（electron configuration）當中；在語文課，學生利用美國英語教師協會（NCTE）的漫畫產生器（comic creator）或類似的工具，為班上正在閱讀的書裡的某個場景創造對話；在數學課使用操作型教具或模型（Karten, 2017）。
- 允許這位學生經常休息。

- 允許這位學生上課時站著，或坐在彈力球或搖擺椅上。
- 允許學生上課時在教室指定區域走動，站在他的課桌前做事，也可以起立和伸展身體。
- 運用動手做的素材資料來教導概念、知識和技能。
- 允許這位學生使用壓力球、擠壓橡膠球或敲擊不會發出噪音的物品來釋放壓力。
- 邀請 ADHD 學生負責教室裡需要有人做而且要動一動的工作（例如：發資料、收資料、擦黑板、到辦公室跑腿）。
- 使用計時器來提醒學生休息時間到了（例如：學生必須專心聽講五分鐘，並寫下講解裡的三個重要事實或想法，然後學生就可以休息兩分鐘）。計時器還可以提示休息時間何時結束。有一些不用數字來顯示時間流逝的視覺計時器可以在課堂上使用，也可使用個人設備的 app 應用程式。隨著學生專注力的提升改善，可以增加在休息之前學生必須參與投入的時間。
- 為 ADHD 學生設定一個不張揚、事先約定好的提示，例如：碰觸肩膀、一個手勢或在學生桌上放一張便利貼，以提醒他們繼續專注在任務上。
- 將學習內容和學生的興趣連結起來，並利用這種連結關係來啟動和維持學習。運用故事、遊戲、問題、YouTube 影片、音樂等等來激發學生的興趣。
- 盡可能經常提供選擇（例如：選擇自己要讀哪一本書、先處理哪一項作業、如何練習一項技能、如何表達自己的學習）。
- 當學生有自由選擇的閱讀時間時，讓他們可以選擇閱讀漫畫書、圖像小說和他們非常感興趣的書籍。
- 就像對任何學生一樣，避免要求 ADHD 學生公開表現可能過於困難的任務或回答過於困難的問題。對某些 ADHD 學生有用的做法是，你可以私下提醒學生你將在大約十分鐘後問他一個問題，並告訴學生這個問題是什麼。這種提醒能夠讓這位學生組織自己的思考，而不是被冷不防的點名嚇到。

- 經常且明確地教導學習技能，緊密結合學生正在學習的事物（不要脫離課程的脈絡或當作一個獨立的學習課題）。
- 教導社交技能，例如：如何和同學合作，如何有禮貌／有同理心地表達不贊同他人的意見，以及如何表達感激之情。
- 當你給全班一項作業時，要求一位學生重複你的指令說明，或將指令說明張貼在黑板上或網路上，或要求全班學生一起讀出指令說明。
- 具體說明學生需要帶哪些物品回家才能完成作業。
- 確認完成一項家庭作業所需要的時間長度，不會超過學生能夠專注在一項任務上的時間。
- 在結束單一課次或單一節課時，總結重點。
- 在長期作業任務進行的過程中，經常和這位學生聯繫、確認進展，以監控進度以及學生對這項工作的目標和品質的理解。成為學生的夥伴，一起為他接下來的工作步驟設定目標。
- 使用適當的 app 應用程式來滿足學生練習各種技能的需求。
- 鼓勵學生運用科技來學習和表達學習，包括使用 app 應用程式（例如 Explain Everything、Nearpod、Soundtrap、Flipgrid 和 Seesaw）幫助學生以多元方式來表達學習和同儕合作。
- 在一定限度內接受作業遲交，並且允許學生重做沒有好好完成的作業，以鼓勵他堅持不懈達成困難的目標。

運用評量改進教與學

- 持續監控這位學生對課程單元 KUDs（學習目標）的認識和理解。
- 確保所有的評量都緊密結合單元或單課的 KUDs。
- 經常運用形成性評量（包括學前評估和持續評量）來了解這位學生在學習軌道上的位置──了解他達成單元和單課 KUDs 的程度與狀態。
- 避免冗長的測驗，減少計時測驗的次數。
- 強調清楚、聚焦目標、切實可行的回饋，而不是分數（為形成性評量、家庭作業和其他練習打分數，對大多數學生來說可能是沒有幫助的）。

- 要知道對任何學生而言，除了學習目標（學生都應該在評量中展現的知識、理解和技能）之外，差異化處理評量的任何面向（時間、用電腦而不是用文字書寫、口頭回答而不是紙筆填答、畫畫、畫一張圖表而不是寫一個段落等等）都是可以接受的。如果一位學生有個別化教育計畫（IEP），該文件也可以特別指出不同的學習目標。
- 以 ADHD 學生最擅長的方式進行評量（例如：口頭回答、填空、製作影片或動畫），一個好的評量方式能提供學生最大的機會盡可能展現他所學到的東西。
- 確保這位學生了解他必須達成的學習目標，無論作業的形式有何不同。
- 允許這位學生口述答案給同學、家長／照顧者、助教或志工幫忙書寫，而不是自己寫下來。
- 將長期計畫切分為幾個部分，每個部分都有需要完成的目標、檢核進度的日期和完成的截止日期。
- 幫助這位學生反思他的工作以及對該項工作的回饋意見，以幫助他發展身為學習者的自主能動性。
- 使用評分規範（grading protocol），獨立分開報告成就／表現、學習過程／心智習性和學習工作習慣，以及進步／成長（而非只用平均分數）。對於 ADHD 學生及其父母或照顧者來說，了解學生在所有這三個領域的狀態，以及了解第二和第三個領域如何促進第一個領域的成長，是很重要的。

正向應對具有破壞性或潛在破壞性的行為

- 對 ADHD 學生保持正向的態度，並了解他們所面臨的挑戰。在與 ADHD 學生共事時，結合溫暖、幽默和堅定的態度通常是有效的。
- 讓這位學生知道你在注意他的正向行為──並請務必貫徹始終地注意正向行為。
- 主動規劃一些方法來降低或消除可能干擾其他學生學習的行為，和 ADHD 學生一起建立一些警告信號（例如：一個手勢、不張揚的輕點肩

膀，或貼一張便條在學生桌上）。

- 支持使用正向增強而非懲罰，尤其不要剝奪下課、休息、自由時間和選擇權。
- 忽略輕微的不當行為，如果是無意的、不會分散其他學生的注意力或不會干擾課堂的話。慎選你的戰役，不要隨便跟學生起衝突。
- 當某個行為絕對必須採取某種懲罰措施時，請確保你會善用此次和這位學生的互動，作為教與學的機會。如果懲罰措施是必要的，請確定 ADHD 學生所要承受的後果跟他的違規行為有關聯（例如，修理或更換這位學生推擠同學時損壞的物品，並且修復被破壞的關係）。
- 如果有必要和學生討論他的行為，請私下討論——遠離其他學生或老師的視線。

ADHD 學生似乎總是與課堂節奏、同學的輕鬆對話以及贏得認同的行為規範不同步，他們在學習方面可能有相當大的困難與挑戰。然而，同樣的這些學生也會發展出心理韌性、因應調適技巧和跳脫框架思考以解決問題的能力，他們不尋常的體驗世界方式常會激發他們的創造力，一般而言他們也很有幽默感。他們的認知能力並沒有因為 ADHD 症狀而減弱，儘管這些症狀有時候會使他們難以發揮認知潛能。若有了解他們的老師陪伴，為他們創造一個尊重和欣賞人們差異的教室環境，幫助 ADHD 學生繞過或至少減輕他們的困難與挑戰，他們將會成長和成功。反過來，他們也幫助那些投注心力支持他們成長的老師，發展出對所有學生都有益的態度和教學方法。這是一種難能可貴的夥伴關係。

註解

本章參考了以下文獻，完整的出處引用請見書末的參考文獻。Bryant et al., 2020; Centers for Disease Control and Prevention, 2019; Education & Behavior, n.d.; Gobir, 2021; Johns Hopkins Medicine, n.d.; Karten, 2017; Low, 2020; Miller, n.d.; Parrish, 2018; Scholastic, n.d.; Segal & Smith, 2020; Shaw et al., 2012; Smith et al., 2020; Thorne et al., n.d.; Waterford Foundation, 2019a.

第 13 章

教導特定學習障礙學生

閱讀障礙不是一種鴿巢式（pigeonhole）單一的狹隘分類，說你什麼事都做不了。它是以不同方式學習的一個機會和一種可能性。你們擁有神奇的大腦，它們只是以不同的方式在做認知處理。不要覺得閱讀障礙應該會阻礙你的發展。

——Princess Beatrice Elizabeth Mary of York（英國碧翠絲公主殿下）

引言

要是我們生活在書籍、正規學校教育或科技出現之前的世界，閱讀障礙（reading disability）的問題就不會存在，但在現今社會，一個無法輕鬆、自信地學會閱讀的年輕學子就會處境堪憂。閱讀位居幾乎所有學校本位學習的核心，閱讀能力的缺陷會影響數學、社會、自然科學和其他科目的學習，而成年後仍持續存在的閱讀缺陷可能會限縮個人的就業機會和經濟福祉。

有許多原因可能導致學生學習閱讀時出現困難，包括學生所說的母語與學校使用的語言不同，或是腦傷、創傷、情緒障礙、注意力缺陷障礙等等。本章聚焦在那些被診斷出有這些閱讀困難的學生：聲韻覺識、字詞辨識、拼字和理解能力。

隨著時間進展，過去用於明確表示上述閱讀困難的名稱，在某些領域已經從「失讀症」（dyslexia）轉變為「特定學習障礙」（specific learning disability, SLD）。雖然這兩個術語有重疊之處，而且這個用語的改變有點爭議性，但這兩者並不是

同義詞。區分二者差異的一個方式是，將閱讀障礙想成「特定學習障礙」這個更大、更新的類別之其中一部分，而失讀症則是一個更專門的術語，專指有閱讀方面的特定學習障礙這個特殊類型。更確切地說，儘管醫學界仍繼續使用「失讀症」，但美國公立學校一般不使用，聯邦教育法也已經不再使用「失讀症」這個術語了。

《身心障礙者教育法案》（Individuals with Disabilities Education Act, IDEA）將特定學習障礙定義為：在理解或使用口語或書面語言的一個或多個基本心理歷程中出現異常。因此，在公共教育裡，最常用的術語是「學習障礙」或「特定學習障礙」，以鑑定和服務有特定**閱讀**困難的學生。

在其他情境裡，「特定學習障礙」是一個比較寬廣的類別，可能表現為學生聽、思考、說、讀、寫、拼字或數學計算等方面的能力不足。在這些情境，「閱讀障礙」是特定學習障礙（SLD）的一個類別，也是最常見的 SLD 類別。

SLD 學生可能：

- 有閱讀的困難；
- 難以拼音讀出文字；
- 難以辨識文本中常用的字詞；
- 難以記憶瞬識字／瞬認字（sight words）；
- 避免放聲朗讀；
- 拼寫和文法很差；
- 有記憶的缺陷；
- 難以理解他剛剛讀過的內容；
- 混淆一個字詞彙裡面的字母順序；
- 有聆聽的困難；
- 有押韻的困難；
- 難以遵循一套指令；
- 說話時難以組織思維。

有些 SLD 學生（但並非全部）也可能有書寫方面的困難，包括：

- 手寫字跡難以辨認；
- 書寫緩慢而且費力；
- 混合印刷體和草寫體（書寫體）的字母；
- 字母和單字的空間結構感怪異；
- 拼寫和文法很差；
- 握筆困難；
- 標點符號不正確；
- 連寫句（run-on sentence）和缺乏段落分隔；
- 寫作時難以組織訊息和想法。

換言之，SLD 學生體驗到的閱讀是一種緩慢、吃力又容易出錯的活動，而他們的許多非 SLD 的同學似乎都能夠自動化的閱讀和寫作。針對 SLD 學生，閱讀教學的主要目標是幫助他們獲得理解文字出版品所需要的知識和技能，並且能夠以相當於他們的口語能力或聽力理解能力的程度來書寫表達。

SLD 很常見，估計有高達 20％ 的兒童有閱讀困難。這表示大多數普通班教師的教室裡，隨時都可能有至少一位 SLD 學生。SLD 是長期持續的，SLD 學生的症狀嚴重程度會有連續光譜上的不同，而且他們精熟重要技能的時間線也不一樣。人們不會因為長大而不再有 SLD，有 SLD 這件事可能會侵蝕學生的自信心和自主能動性，這些感受及其負面的影響後果可能會持續很長一段時間。

SLD 不是因為懶惰、缺乏動機、視力不佳或能力不足造成的，事實上，SLD 學生通常擁有平均智商或高於平均智商。因為 SLD 學生完全有能力取得可與同學相媲美的成就，所以 SLD 當中的「D」通常被用來代表 disorder（異常），而不是 disability（障礙）。有些學校繼續使用 disability 一字，但越來越多學校使用 disorder，本書大致上使用的是 disorder。

有 SLD 或曾有 SLD 的名人包括：查爾斯‧施瓦布（Charles Schwab，嘉信理財集團創辦人）、史蒂芬‧史匹柏（Steven Spielberg，美國電影導演）、琥碧‧戈柏、理查‧布蘭森（Richard Branson，英國企業家）、麥可‧菲爾普斯、雪兒（Cher，美國歌手）、傑‧雷諾（Jay Leno，美國脫口秀主持人）、約翰‧藍儂

（John Lennon，英國歌手）、傑米・奧利佛（Jamie Oliver，英國主廚）、尼古拉・特斯拉（Nicola Tesla，塞爾維亞裔美國籍發明家）、莎瑪・海耶克（Salma Hayek，墨西哥裔好萊塢女星）、安東尼・霍普金斯（英國演員，奧斯卡最佳男主角）、史蒂夫・賈伯斯（Steve Jobs，蘋果公司創始人）、比爾・蓋茲（Bill Gates，微軟公司創始人）、湯米・席爾菲格（Tommy Hilfiger，美國時裝設計師）、安德森・庫珀（Anderson Cooper，美國記者、作家和電視主持人）、穆罕默德・阿里（Muhammad Ali，美國職業拳擊手）、格雷格・盧甘尼斯（Greg Louganis，美國跳水奧運金牌選手）和英格瓦・坎普拉（Ingrvar Kamprad，瑞典 IKEA 創辦人）。根據傳記和歷史記載，許多對社會做出重大貢獻的人士，如喬治・華盛頓（George Washington，美國開國元勛）、伍德羅・威爾遜（Woodrow Wilson，美國第 28 任總統）、李奧納多・達文西（Leonardo da Vinci）、路易・巴斯德（Louis Pasteur，法國微生物學家）、愛因斯坦和亞歷山大・貝爾（Alexander Graham Bell，電話機發明者）等人，很可能也有 SLD。SLD 學生同時有 ADHD 的案例並非罕見，不過，雖然這兩種特殊狀況有時會出現在同一個人身上，但它們需要非常不一樣的治療和支持協助。

　　SLD 學生無法在不經意間或在缺乏指導的狀況下學會讀寫技能，他們需要個人化、有組織、聚焦、一致和持續不斷的學習機會，在一個充滿鼓勵、耐心、強調成長的環境中學習，好讓每位學生能夠有系統地在現有技能的基礎上建立新的技能。

　　普通班教師並不是擅長教導 SLD 學生的專家，因此需要與特殊教育教師或閱讀專家教師合作，請他們指引 SLD 學生需要哪種類型的閱讀教學和支持協助，才能最有效地學習。不過，普通班教師確實有機會正向改變一位學生的生命，方法是花時間了解 SLD，並提供課堂支持，讓學生能夠藉由其他替代方式吸收、了解他們有能力學習的資訊。以下是一些成功教導 SLD 學生的指引。當然，這群學生不是同質的群體，因此目標並不是試圖對所有 SLD 學生使用全部的策略或相同的策略。相反的，把這些想法當作資源庫，你可以根據某個學生在某個時間、某種情境下的需求來選用適合的方法。

教導特定學習障礙學生的一些原則和做法

為 SLD 學生創造一個安全、友好邀請型的學習環境

- 以無條件正向關懷來看待你的每一位學生──這表示你全然接納每一位學生，而且這位學生不需要改變或做任何事情來贏得你的尊重和夥伴關係（Gobir, 2021）。
- 看見孩子全人。設法了解每位學生，特別要找到他們的長處和興趣，讓你能夠據以建立教學。許多 SLD 學生都擁有很強的問題解決技能，包括很有創意的學習、因應調適和表達想法的方式。請確保他們覺察到這些長處並且持續發展他們的優勢。
- 監控你對這位學生的想法，確保你沒有陷入缺陷思維。
- 跟這位學生溝通你的信念：你相信他有能力成功，而且你會成為他的夥伴，協助他成功。
- 理解 SLD 不會消失。學生無法「修復它」，你也無法。請注意不要花太多時間在試圖「修復」「已經破壞」之物，免得你最終「破壞」了「已經修復」之物。確保學生大部分時間都花費在努力學習令人振奮與充滿希望的想法、技能和才能，而非總是感到挫折沮喪和失望洩氣。
- 創造一個包容和尊重每個人以及每個人之間必然存在差異的教室環境。幫助學生理解每位學生與其他學生之間有顯著的不同之處，而且教室裡的這些差異是豐富有益的，因為這些差異能幫助我們對於人們和我們所做的工作有更寬廣的思考。
- 告訴學生關於閱讀障礙或 SLD 楷模人物的事蹟，像是理查・布蘭森、史蒂芬・史匹柏、獲得諾貝爾獎的科學家卡蘿・格萊德（Carol Greider），以及本章引言所列出的其他人物。讓他們知道，身為與眾不同的思考者確實有好處，而且我們的社會因為有特定型學習障礙者的貢獻，在許多方面都受益匪淺。
- 制定和維持穩定可靠的時間安排表──並且在這些時間安排或例行事務

必須更改時，給學生一個通知或提醒，好讓他們為這些變化預先做好準備。

- 肯定學生的成就，包括與閱讀和寫作相關的小小成就，以及他們在自己的天賦才能和興趣領域的成就。幫助這位學生發現自己的進步，並且讓學生知道你正在觀察同時發現他在各類活動事務上的成長。
- 幫助學生了解錯誤是我們學習的一種方式。讓你的教室成為可以安全犯錯的場所。和學生分享你自己的錯誤，並且告訴他們你是如何從錯誤中學習，或如何從錯誤中創造新的機會。
- 和父母或照顧者成為合作夥伴，向他們學習，幫助他們了解你是如何支持他們的孩子，不只在閱讀方面，同時也在學業和社會情緒方面有所成長。討論他們對孩子的期望抱負，並請他們跟你分享在家裡有效和曾在其他科目成功的策略，以幫助他們孩子的閱讀及個人發展。經常與家長聯繫，協調家庭和學校之間的事務。一定要讓父母或照顧者知道他們孩子在學校生活各方面的成功事蹟。

回應 SLD 學生需求的教學

- 被納入普通班的 SLD 學生擁有足夠的智識能力，能夠和其他同學一樣使用相同的課程。因此，他們應該學習引人投入、著重理解、和生活有關聯、需要他們以複雜方式思考的課程。這種課程的本質在本書的幾處內文都有描述說明，例如可參見圖表 5.3。當 SLD 學生因為他的閱讀能力異常而出現認知處理的困難時，在這些領域提供鷹架支持和協助，讓這些不會阻礙學生成功的學習。
- 往上教這位學生。建立、分享並保持高期望，期望 SLD 學生能學習重要的內容、探索重要的想法、以複雜的方式思考、解決問題或處理在學科領域和世界上有意義的議題，並且創造作品或實作表現，以展現學業和智識上的成長，就算他們需要運用閱讀文本以外的方式來吸收、理解資訊。
- 在學習的各個方面都強調想法和這些想法的力量，而非機械式的練習。

誠然，SLD 學生需要在受到異常心理歷程影響的領域得到充分支持和教學引導，但是持續餵養學生各種脫離情境脈絡的練習、學習單和技能，並不能讓學生愛上學習。好好利用學生的好奇心、興趣、才能、抱負和友誼，創造能引發學生投入心智的學習機會。將讀和寫的重要技能融入這些學習任務，然後在進行任務的過程中，協助學生先專注在產出相關的想法上，接著再將焦點放在編輯、修改這個對學生有意義的作品。

- 和特教老師或閱讀專家談談，他們可以幫助你了解這位學生的優點長處和需要你細心注意的閱讀面向，例如聲韻覺識、閱讀流暢度和理解能力，以及在這些方面要如何最有效地教導這位學生。

- 經常和這位學生交談，了解哪些工具、素材、學習選項和教學替代方案可以讓他更容易學習和理解。讓學生在設定目標、設計任務和監控進度方面表達自己的想法，這有助於學生建立自主能動性和自主決定能力，這兩者對於學生的自信心和學習動機至關重要。最後，幫助學生成為自我倡導者，能夠發聲請求別人提供有效的支持協助，以滿足自己的學習需求。

- 在所有的教學計畫裡，建立高速公路和出口匝道，以確保課堂上有個人和小組工作以及全班一起學習的時間。

- 盡可能降低教室裡的壓力，包括給 SLD 學生比較短或比較少的作業任務、有更多時間做作業任務、更多時間來處理想法，並提供額外的練習選項。

- 使用系統化的流程來組織每一節課，讓 SLD 學生（以及其他許多學生）可以預期並易於理解作業任務——例如，使用前導組織圖表或其他預覽課程的方法來開始這一節課，接著示範這節課預定要發展的一項技能，提供引導式的練習以及修正回饋，確保學生有時間進行獨立練習或小組練習，監控練習狀況，回顧學生的進展，然後據以規劃學生接下來的步驟。

- 持續和這位學生一起學習如何強化記憶和後設認知能力，這兩者對有效閱讀都是必需的。

- 使用記憶術（mnemonic devices）幫助 SLD 學生學習、保留和通則化重要的概念。
- 提供幫助，但不要替學生做他的工作。
- 使用多感官呈現模式，讓學生可以看、聽、行動等等，以協助他們學習。圖畫、圖畫書、影片、演示、錄音、角色扮演和動手做的學習方式都可以促進 SLD 學生和其他許多學生的學習。
- 示範和演示過程及技能。
- 提供清楚、簡潔的指令。
- 提供組織圖表，幫助學生掌握這節課或這個主題源源不斷流動的想法，了解哪些是需要筆記的重點，並且隨著時間複習關鍵重點。
- 當多部分組成的作業任務讓學生感到茫然失措時，提供一步接一步的指令，並將工作分成幾個部分，讓學生能夠照著一步一步的指令，一次完成一個部分。
- 幫助學生學會自己將作業任務分成幾個部分。
- 運用視覺資訊和參與式活動來平衡你的口頭講解。同時，根據學生的準備度、興趣和學習方法，適當運用大、小組活動和個人活動。
- 為 SLD 學生簡化書面的指令——例如，使用更容易理解的字詞彙；將句子縮短一些；使用項目符號來標示流程裡的各個步驟或一組指令中的各個部分；頁面文字編排預留較大空白行距空間，或使用較大的字體。
- 將一組指令裡面最重要的元素突顯、標示出來，讓學生一開始就讀到這些重點，並在整個作業過程中不斷回來檢視。
- 將指令製作成影片或錄音，好讓學生可以多次聆聽——並上傳至網路，這樣他們在家裡也可以複習指令。
- 提供學生自我監控的檢核表和閱讀理解的引導問題。
- 將演講、關鍵的解釋說明和示範錄下來（錄音或錄影），好讓學生可以再次聆聽，並且運用它們來複習。
- 如果你要演講，請使用「當代演講」（Contemporary Lecture）的格式，清楚說明這次演講的目標（KUDs），確保演講內容緊密結合這些 KUDs，

提供組織圖表或演講大綱來幫助學生掌握這節課或這個主題源源不斷流動的想法。了解哪些是需要筆記的重點，並且每隔 7 到 10 分鐘就暫停一下，讓學生進行簡短的兩兩對話、討論演講的內容（摘要總結、預測接下來有什麼內容、運用證據來支持或反對某個立場等等），安排時間讓全班對話討論演講裡的關鍵重點。

- 提供教師演講的筆記給那些難以跟上演講或沒辦法做演講筆記的學生。
- 在一節課或一場演講進行的過程中，在智能白板或黑板上寫出關鍵字詞彙、日期等等的內容。
- 使用記憶術來幫助學生記住關鍵字詞彙、重要名稱或流程裡的每個步驟。
- 在新的一天或新的一課開始時，回顧、複習先前的學習或課程內容，以幫助學生將新的知識訊息與先備知識連結起來。
- 運用彈性的時間選項，讓 SLD 學生（和其他學生）需要時能有額外的時間徹底且深思熟慮地完成作業後再繳交。同時也提供額外的時間給學生在課堂上處理想法和資訊。
- 探索輔助的科技工具，用以協助 SLD 學生處理有困難的讀寫技能。語音轉文字的科技工具可以讓學生將他們的想法「說」到頁面上，而不必用書寫的方式。還有許多線上語音應用程式，可以藉由桌上型或筆記型電腦來閱讀（例如：Natural Reader、TalkButton、Browsealoud 和 ReadSpeaker 等），也可以用平板電腦或手機來閱讀（例如：Voice Dream Reader、KNFB Reader、Captura Talk 和 Read & Write）。Livescribe 智慧筆可以讓 SLD 學生一邊在紙上寫筆記，一邊錄下演講者說的內容，此外，它也可以將書面筆記傳輸到電腦上。朗讀的科技工具讓學生能夠聽到文字被朗讀出來，而不必自己閱讀。這項科技工具讓學生能夠閱讀符合或高於年級水準的書籍、聽到字詞彙的正確發音、暫停朗讀以做筆記，並且提高理解力。朗讀的科技工具讓學生能夠不只一次地閱讀作業內容，這對閱讀發展非常重要。語音轉文字和朗讀這兩項科技工具都能帶給學生身為學習者的自主能動感。隱藏式字幕（closed captioning, cc）也可以成為

SLD 學生的重要支持，而且現在越來越多書籍（電子書）和影片都提供這項功能。讓所有學生都有機會使用這些科技工具，既可以使各類學生的學習受益，又能讓多元學習途徑的運用變得常態化。提供附有錄音檔的書籍給 SLD 學生，對學習也是一大助益。Learning Ally 和 Bookshare 也提供錄製好的有聲書。Goodreads 的青少年小說書單，以及美國圖書館協會（ALA）／青少年圖書館服務協會（YALSA）的 Amazing Audiobooks 書單，也提供了許多專為國高中讀者設計的有聲書。

- 使用協助學生閱讀和寫作的 app 應用程式和工具——例如拼寫檢查，各種電子設備通常都有這項功能。No Red Ink 能協助檢查文法、標點符號和拼字，Flocabulary 則是以有趣又易記的方式幫助學生學習字詞彙。Phonics Genius 協助年輕學子透過自己的聲音學習音韻覺識、說話、閱讀和辨識字詞彙。Newsela 公司的網站，以及 Smithsonian 學會的 Teen Tribune、Tween Tribune、TT Jr. 和 TT Español 網站，都提供了各種不同複雜程度的非虛構類（知識類）閱讀文本，讓班上每個人都可以選擇適合他們目前閱讀發展程度來閱讀相同的文本；Storyworld 和 CommonLit 則是提供各種不同複雜程度的虛構類（故事小說）閱讀文本，同樣可以讓每個人選擇適合自己目前閱讀發展程度來閱讀相同的選文。現在 Podcast 的主題也越來越廣泛多元，為學習許多學科內容提供非常便利的工具，而且 Podcast 通常包含文本逐字稿，可以讓學生擴展他們的聽覺和視覺技能。花些時間探索其他**許多**對 SLD 學生和他們的老師也有助益的工具。

- 使用 HyperDocs 和類似的教學策略，以 HyperDocs 為基礎來建構主題單元，鼓勵學生使用影音、照片和其他藝術形式，閱覽時可依個人步調來進行，又可當作多元學習模式來使用。HyperDocs 也讓教師能提供同一主題、不同複雜程度之閱讀素材的各種連結網址，讓學習變成體驗式學習，並且提供多元方式幫助學生探索和逐漸理解一個主題。

- 使用能夠讓學生以多種不同方式來學習和呈現目前所學內容的 app 應用程式，這些應用程式也能幫助學生協同合作和發展創造力。在此類不斷增加的眾多應用程式，包括了 Flipgrid、Explain Everything、Nearpod、

SeeSaw 和 Soundtrap。

- 除了學習單和文本之外，運用真實生活應用的閱讀和寫作（例如：條列待辦事項清單；為教室或學校製作標籤和標誌；閱讀社群通訊；閱覽烹飪網站上的食譜，如兒童烹飪網站 spattulata.com；寫購物清單；發送訊息、推特發文）（Karten, 2017）。
- 確保學生在家裡做作業時有一個可以打電話或發訊息詢問的學習夥伴。
- 提供完整且準確的作業範本，作為學生仿效的模範。
- 強調學生成果作品裡的想法，而非僅是機械式的操練。
- 使用內部網站來張貼班上的作業，讓可能需要備份目前寫作內容的學生可以存檔在他們的計畫工作資料夾裡。同時也在內部網站上，強調成功完成作業所需的關鍵字詞／步驟。
- 避免點名叫 SLD 學生在班上大聲朗讀，除非這位學生自願朗讀，或有時間提前練習朗讀該段落。其他有閱讀困難、害羞內向或面臨焦慮與其他情緒困擾的學生，也會贊同這個建議做法。
- 突顯、標示出一章或一篇文章當中最重要的部分。
- 提供行數標記，以幫助學生跟著文本閱讀。
- 使用硬紙板切割出窗形，讓學生可以用這紙板聚焦在文本的一部分，減少周圍的文字和其他可能分散注意力的元素造成的干擾。
- 在教室裡提供一些空間，讓學生可以在最少干擾下工作——或使用降噪耳機或硬紙板隔板，達到相同的目的。
- 在一個單元開始之前，為可能在字詞彙方面有困難的學生（包括但不限於 SLD 學生）提前或預先教導相關的字詞彙。
- 為可能難以跟上大量資訊的學生（包括但不限於 SLD 學生）提前介紹即將開始的單元。和學生分享、討論這個單元裡關鍵部分的「故事」或流程，很像是一部電影或影片的預告片，可以幫助學生針對他們即將學習的內容建立起一個參考架構。
- 在教學計畫裡內建額外的練習機會，聚焦在基本字詞彙和核心技能的練習〔例如：教學遊戲、同儕教學、自我修正（self-correcting）的素材、電

腦軟體程式和額外的學習單〕。
- 確保家庭作業是在 SLD 學生的能力範圍之內，這樣學生才能從作業中學習，而不會因為努力嘗試完成作業而感到沮喪或挫敗。
- 提供重要術語的詞彙表，用以協助某個主題或學科內容的閱讀。
- 鼓勵學生使用日曆或作業筆記本來記錄作業和計畫完成進度。
- 經常與 SLD 學生個別或是在各種小組裡面對面談談，以介紹想法、教學、再次教學、澄清和回答問題。
- 為你的學生放聲朗讀，讓他們聽到富含語調抑揚頓挫的聲音，並且看到帶著感情的朗讀是什麼樣子。考慮錄下重要或喜愛的閱讀內容，讓學生可以再次聆聽，甚至或許可以跟著你一起朗讀那本書或其他文本。

確保評量對 SLD 學生是一個正向且富有成效的過程

- 與一位專家合作，評量 SLD 學生在拼音、理解、拼字和寫作方面的精熟程度，以了解你可能需要在哪些方面調整評量方式。
- 對 SLD 學生（以及其他學生）進行重要先備技能的前測，並重教那些看來挺薄弱的技能。
- 運用持續的形成性評量來密切觀察學生在核心知識、理解和技能方面的發展。運用你從評量了解到的資訊來規劃下一步的教學。
- 強調、重視成長，而非競爭和比較。幫助每位學生學習承擔責任，為自己每一天在班上的下一步學習負責，並且在做到這件事時感覺到成就感和滿足感。
- 在學生參加需要大量閱讀和寫作的考試時，允許延長時間。
- 提供學生幾種選項讓他們能展現他們所學──並且鼓勵他們也提出其他選項。
- 強調實作表現評量，而不是主要依賴正確答案的測驗來衡量學生的成長和理解。
- 允許 SLD 學生在考試時使用電子字典、拼字練習書（speller）或同義詞辭典、電腦，以及語音計算機。

- 允許學生將答案錄音下來，或使用語音轉文字的科技工具提供答案。對許多 SLD 學生而言，能夠使用文字處理器來書寫，會比被要求用筆書寫更有幫助。
- 提供句子起始語（sentence-starters），幫助學生看到可以如何構思答案。
- 避免在考試評分上針對拼寫錯誤（錯字）扣分。比較好的替代方法是標記出拼錯的重要字詞彙，讓學生在做寫作作業時檢查拼字。對於 SLD 學生，評分的作業應該主要評量學生的想法，而不是機械式的抄寫。
- 如果需要，允許學生在安靜的區域工作。

大多數的老師都致力於建立一個能幫助每位學生有效學習的教室環境，包括那些特定學習障礙的學生。當然，這說起來容易，做起來難。為了達成這個目標，教師必須有目的地計畫和教學，以確保有學習差異的學生在教室裡感到自在。善用學生的長處和興趣，並結合使閱讀更易於理解的教學策略，能大大的幫助 SLD 學生成長和獲得成功。與特教老師或閱讀專家合作，同時也跟一直面臨閱讀困難的學生合作，會使這個過程更有成效，也更有樂趣。

註解

本章參考了以下文獻，完整的出處引用請見書末的參考文獻。Bailey, 2019; Bryant et al., 2020; Centers for Disease Control and Prevention, 2020a; Dyslexia Help, 2021; Dyslexia Resource, 2020; Eide, n.d.; Gillis & Kessler, n.d.; Gobir, 2021; International Dyslexia Association, n.d.; Karten, 2017; Kelly, n.d.; Mizerny, 2018; Sandman-Hurley, 2014; Smith, 2021; Smith et al., 2020; Understood.org, 2018; Waterford Foundation, 2014; Worthington, 2021.

第 14 章

教導情緒行為障礙學生

有情緒行為障礙的學生並不是自己選擇要表現出挑戰行為的，就像一個孩子並不會自己選擇要有閱讀障礙一樣。他們也像我們一樣，希望可以表現得好。就像我們其他人一樣，當生活情境要求的是他們欠缺的技能時，他們就會表現得很差。

——Ross Greene，《壞脾氣小孩不是壞小孩》(*The Explosive Child*, 5th Edition)

引言

情緒行為障礙（emotional and behavioral disorder, EBD）是大傘型的總括用語，其下包含了幾種不同的異常診斷（例如焦慮症、躁鬱症、對立反抗症和其他更多的症狀）。這些異常也被稱為「情緒困擾」和「情緒困難」。《身心障礙者教育法案》（IDEA）將情緒困擾定義為長期表現出以下一種或多種特徵，並對孩子的教育表現產生某種程度的負面影響的症狀：

- 欠缺學習能力，無法用智能、感官或健康因素來解釋其成因。
- 無法與同儕和老師建立或維持令人滿意的人際關係。
- 在正常情況下出現不適當的行為或情感類型。
- 普遍存在的不快樂或憂鬱情緒。
- 容易發展出與個人或學校問題有關的生理症狀或恐懼的傾向。

因為情緒行為障礙而受苦的 EBD 學生，常會發現很難控制自己的行為，在教室裡也很難專注學習。他們通常也缺乏衝動控制和情緒平衡力，這是有效處理和其他學生的社會互動所需要的能力。因此，EBD 學生所經歷的情緒困難問題也會連帶影響他們的認知和社交技能，轉化為以下的行為：

- 過動，外顯為注意力持續時間短暫和衝動；
- 攻擊或自傷行為，像是爆發行為（acting out）或打架；
- 因過度恐懼或焦慮而退縮、不參與社交聚會；
- 情緒失調，如不適當的哭泣、亂發脾氣和因應調適技巧很差；
- 上課注意力不集中，表現低於年級水準。

在情緒行為障礙大傘下有兩大類別：精神障礙（如躁鬱症、飲食障礙症、焦慮症、強迫症和精神異常）和行為障礙（如對立反抗症和行為規範障礙症）。有精神障礙的學生通常需要密集且專業的醫療支持。教室裡有精神障礙學生的教師需要與特殊教育專業人員密切合作，以提供適當的支持協助。有行為障礙的學生可能需要被安置在特殊教育班級，直到他們的行為改善到能在普通教育環境裡順利學習為止。

在心理學和精神疾病學文獻中，注意力缺陷／過動障礙症（ADHD）通常被歸類為情緒行為障礙。本書以獨立的一章（第 12 章）探討 ADHD，因為學校常常將 ADHD 從情緒行為障礙獨立出來，另成一個類別。

行為障礙是兒童和青少年最常見的障礙形式之一，也是學生被轉介到心理健康醫療服務最常見的原因。以下是被鑑定為行為障礙的兒童大致的百分比：

- 3 到 5 歲兒童占 3.6%。
- 6 到 11 歲兒童占 8.7%。
- 12 到 17 歲兒童占 6.85%。

教室裡出現行為障礙的案例正在顯著增加。此外，行為障礙、焦慮和憂鬱常會同時存在。

- 3 到 17 歲的憂鬱症兒童當中，大約四分之三也有焦慮症。
- 3 到 17 歲的憂鬱症兒童當中，幾乎一半也有行為問題。
- 3 到 17 歲的憂鬱症兒童當中，大約 20% 同時有焦慮症和行為問題。

雖然許多年輕人在成長過程的某些時間點都會表現出一些與 EBD 相關的行為，但主要是這些行為的長期持續性和嚴重程度，才代表學生有行為或情緒障礙的可能性。

如果放任不予治療，EBD 可能會導致嚴重的短期和長期問題，包括中輟或被退學、維持就業有困難、婚姻關係緊張或離婚、暴力威嚇和犯下暴力行為。行為障礙越早接受診斷和適切治療，因它而受苦的兒童或成人就越有可能控制自己的行為。幫助年輕人學會管理自己的行為，是臨床治療和教室支持最關鍵的目標。以下是幫助教師教導情緒行為障礙學生的一些指引，目標當然不是使用所有這些策略，而是了解它們是你的資源庫，你可以從中考慮和選用對某個學生在某個時間、某種情境下可能有幫助的策略。

教導情緒行為障礙學生的一些原則和做法

為 EBD 學生創造一個安全、友好邀請型的學習環境

- 以無條件正向關懷來看待 EBD 學生——亦即，相信他們不需要改變或做任何事情來贏得你的接納（Gobir, 2021）。
- 堅持致力於在教室裡創造一種包容、同理、尊重和友善的道德倫理。指導學生了解人類之間的差異是正常、自然和正向的。
- 設法認識你的學生——也要讓他們認識你（張貼家庭照片、分享有趣的故事、讓學生知道你休閒時喜歡做什麼、與他們分享你在某件事上失敗和重新振作的故事、告訴他們你在讀什麼或聽什麼——也給他們機會做同樣的事情）。
- 整個學年都好好研究學生，以了解他們生活中任何能幫助你更有效教導他們的元素。了解一位學生的興趣，辨識觸發負向行為的因素，判斷這

位學生是如何回應你和他溝通的各種方式，並且變得越來越善於讀出學生的情緒狀態，老師對學生有這些方面的認識的話，將會特別有助於教導 EBD 學生。

- 幫助所有學生反思自己的情緒感受，以及他們如何回應那些讓自己感到自卑或被排斥的行為。支持學生不僅依照自己希望被對待的方式來對待別人，而且也要依照對方希望被對待的方式來對待他。示範這些行為，討論、教導這些行為，並且肯定學生在教室裡做出這些待人方法的例子，這些屬性有助於強化學生的安全感、歸屬感和價值感。最有可能幫助普通班學生正向對待與回應有學習差異學生的，是老師的態度、言語和行動。

- 為情緒行為障礙學生（以及其他學生）樹立榜樣。你的行為必須穩定一致、成熟、控制得宜和關懷有愛，學生的行為有時候是沒辦法做到這些的。

- 要敏於覺察、善於傾聽、細心觀察、有耐心。在整個學年當中，幫助學生認識彼此的長處和才能，並且了解如果能善用彼此的長處和才能，有助於擴展與發展自己的能力。

- 找到這位學生的長處，並且從他的長處著手。老師將重點放在培養學生的長處，而不是修理好他的問題，比較能成功幫助學生覺得自己有希望、朝正面方向成長。當 EBD 學生表現出具挑戰性甚至有害的行為時，明智的做法是提醒自己：這種行為通常是學生表達痛苦或恐懼的一種方式。不要將這位學生視為搗亂份子，而是正承受著痛苦的年輕人。這樣的改變也許無法解決行為問題，但會帶給老師比較良好的心理狀態去處理學生，一起尋求解決方案。

- 堅持致力於確保班上的人際關係、流程和規則能夠支持學生成長、培養自尊和自我效能。

- 辨識出並肯定正向的行為。

- 表現出你對這位學生有能力成功的信心，並且提出學生透過努力和支持可以達成的挑戰。

- 整個學年當中，安排時間和這位學生討論他的長處、需求和這學年的目標。
- 經常花幾分鐘的時間和 EBD 學生聊聊與學校無關的事情──學生看哪些電視節目、關注什麼運動和球隊、期待哪些賽事活動。連續十個教學日，每天花少少的兩分鐘，聚焦在這類老師和 EBD 學生之間的對話，可以改善學生的行為和增進師生關係（Wlodkowski，引自 Woolf, n.d.）。
- 當 EBD 學生想要把你推開（通常是要證明沒有人值得信賴），不要讓這種情況發生。學生需要你來維持這份關係。
- 成為永遠支持和鼓勵學生的泉源。
- 肯定情緒或行為障礙學生在班上任何方面的貢獻──就像你對待所有學生那樣。對大多數 EBD 學生來說，成功是非常重要的。
- 建立定義明確的規則、限制和期望。和學生們一起發展或調整並了解這些元素。如果班級規則、限制和期望既簡單又明瞭，那麼效果會最好，而且它們的發展應該是要幫助學生專注於學習、讓班級成為適合每個人學習之地。以正向語句陳述規則、限制和期望，明白指出學生**應該**做什麼，而不是**不應該**做什麼。
- 發展、教導和實施清楚且可預期的教室常規作息。情緒行為障礙學生往往難以適應非預期的事件和活動轉換，例行流程可以幫助他們感到踏實，而且能看見例行流程會令他們安心。
- 具體以時間、地點和期望，來清楚區隔無結構或較無結構的活動以及結構化的活動。
- 張貼圖像化的每日和每週時間表，以便學生隨時可以參閱。
- 請教以前教過這位 EBD 學生的老師，分享有效協助學生成長和成功的策略。
- 請記住，當 EBD 學生退縮、無回應、憤怒或搗亂破壞時，這些行為不是針對你個人，請不要放在心上。
- 耐心等待學生的成功。EBD 學生的肩上往往背著沉重的負擔，理解他們的退步，肯定他們小步小步的前進，請看整體的成長。

回應 EBD 學生需求的教學

- 在普通班的大多數情緒行為障礙學生，擁有和其他同年級同年齡的學生一樣的學習期望。因此，他們應該學習引人投入、著重理解、與他們生活有關聯、需要他們以複雜方式思考的課程，這種課程的本質在本書的幾處內文都有描述說明（如參見圖表 5.3）。當 EBD 學生遇到困難挑戰時（例如：難以有條理組織、難以和同儕溝通，或老是憤怒地說話），請在這些方面提供鷹架協助和支持，讓它們不會成為學生成功的阻礙。

- 往上教這位學生。建立、分享並保持高期望，期望 EBD 學生能學習重要的內容、探索重要的想法、以複雜的方式思考、解決問題或處理在學科領域和世界上有意義的議題，並且創造作品或實作表現，以展現學業和智識上的成長。

- 針對這位學生的長處和興趣來教學。將課堂內容與 EBD 學生深切關注的事物連結起來，這將會開啟一條學習之路，讓這位學生與內容和技能產生關聯並投入其中，否則可能無法吸引學生的注意。

- 確保課程有「鏡子」、「窗戶」和「大門」。「鏡子」讓學生能夠更全面的了解自己和自己的經驗；「窗戶」提供學生機會，以重要、有意義的方式去了解那些生活和經驗跟自己大不相同的人；「大門」提供學生機會去連結和貢獻更廣大的社區。

- 根據學生的準備度／進入課程的起始點、興趣和學習方法，差異化處理內容、過程和成果，就像你對所有學生做的一樣。使用容易取得的素材和科技，設計接近學生近側發展區的學習經驗，這些是學生安全感、穩定感、成就感和成長的關鍵。「這項工作是可以達成的」，這個事實會減少學生的恐懼和緊張。支持學生在他需要幫助的領域獲得成長，精熟過去幾年應具備的技能或知識，讓學生能夠向前邁進。這應該可以增強學生身為學習者的信心（以及對你的信任）！

- 盡可能給予這位學生選擇權（例如，決定要做兩項作業中的哪一項、選擇表達的方式、決定要單獨工作還是和一位夥伴一起工作、選擇要讀哪

一本書或探究哪個主題）。選擇不要完成這項作業並非學生的選項之一，但是，讓 EBD 學生感受到自己可以掌控作業的一些面向，對這位學生（以及其他學生）來說，會產生一種培力增能的自主感。

- 建立明確的學習目標，以學生需要精熟的知識、理解和技能（KUDs）來陳述這些學習目標。確認學生在一系列學習歷程的任何時間點都知道和理解這個單元的 KUDs 是什麼。

- 從一開始就計畫要讓學生參與學習。運用類比、需要移動的活動、影片、圖像、問題、引用文句、討論、辯論、表態光譜（opinion line）和其他參與投入的策略，可以吸引學生的注意力和想像力，並幫助他們將正在學習的內容連結到自己的生活，以及教室外的世界他們所關心的議題和問題。

- 確保學生大部分的學習都聚焦在理解組成一個學科的重要想法或概念和原理原則上。像是平等、疏離／異化、探索、正義、公平、衝突與和平等等的概念，讓 EBD 學生（以及其他學生）在學習的學科內容裡看到自己的生活。概念為本的教學也有助於大腦組織資訊，讓學生能夠更容易記住、提取和應用資訊。

- 教學要仔細且一致地結合 KUDs。

- 在教學裡包含能夠讓 EBD 學生（以及其他有學習困難的學生）和全班一起參與的學習活動，例如，以回應卡來表示學生目前對於他們正在學習的概念和技能之滿意程度、全班一起回答、讀者劇場、引導式筆記（guided notes）。

- 提供機會給這位學生做選擇。從兩個或三個選項開始是有幫助的，學生可以從中選擇一個選項。讓學生知道他們有多長的時間來做出選擇，和學生一起檢視這個選擇，好讓你們雙方都清楚這個選擇是什麼，以及這個選擇的成功標準是什麼。

- 透過提出反思型的問題，回顧上一課的關鍵知識、理解和技能。

- 為即將要上的這一課提供清楚明確的目標。

- 以聚焦個人需求、支持成功和減少挫折感的方式進行差異化教學（例

如：學生個人專屬的目標、將較長的作業任務分成幾個小部分、允許學生依照自己的步調來完成較長的作業任務，以及將任務難度調整到學生能夠做到的難度）。

- 使用可提供相同閱讀素材不同複雜程度的 app 應用程式（例如：Newsela、Smithsonian 學會的 Teen Tribune、Tween Tribune、TT Jr.、TT Español、Storyworld 和 CommonLit）。可汗學院（Khan Academy）可以提供有用的數學支持資源。
- 使用視覺圖像化的描述來顯示一項流程的各個步驟、一個故事的一連串事件，或歷史上的一個事件。概念地圖、流程圖、圖解和故事板（storyboard）都是有助於實現此目的的工具。
- 經常停下來，給學生一個跟上進度的機會。允許學生延長時間和獨立工作的時間來完成未完成的工作，也是有所幫助的。
- 使用小組教學來教導學生目前落後的技能，以及若沒有直接教學，他們就不太可能精熟的技能。個別教學和小組教學最常發生在「出口匝道」時間，讓學生能夠鑽研練習對他們的持續成長最重要的學習面向（請參見如第 60 頁的圖表 4.4）。
- 只要可行就規劃小組參與的活動，讓 EBD 學生成為小組的一份子，其中包含成熟和體貼的成員，以支持協助這位學生建立團體意識，並共同為班級學習工作做出貢獻。
- 如果這位學生適應小組有困難，讓他先從觀察小組開始，接著進行兩人配對的學習。當這位學生漸漸習慣兩人配對之後，接著以三人或四人一組的方式進行短時間的學習活動。
- 考慮使用記憶術來幫助這位學生提取知識。
- 在一天當中，寫一些簡短的便條給這位學生（也許是用餐廳點餐簿、便箋或印有學校名稱和吉祥物的便條紙）。便條內容可以是問候、肯定學生的正向行為或完成任務，或提出一個要求。這只是一種表示你的陪伴、關注和支持的方式。
- 確認學生是否正在接受藥物治療，用藥時間表是什麼，以及在用藥和不

用藥的情況下，藥物對他在課堂上的表現產生什麼影響。然後進行相應的調整。

- 諮詢特教老師、學校的心理師或諮商輔導員等專業人員，討論能夠幫助學生變得更擅於管控情緒和行為的有效策略。

- 偶爾與家長或照顧者聯繫，以符合他們生活需求的方式來交談。與他們分享正向的訊息，他們可能也和學生一起掙扎痛苦著，並且擔心孩子現在的狀況及未來的前景。傾聽他們的擔憂，深思熟慮地做出回應。詢問他們在家裡所找到的對學生有助益的方法和沒效果的方法，一起討論你可以如何跟他們合作，協調出可以使孩子受益的作為。定期與他們聯繫，以互相學習和一起計畫。

確保評量對 EBD 學生是一個正向且富有成效的過程

- 評量方式緊密結合你所設定的學習目標（KUDs）。
- 敏於覺察學生對評量的不同面向的反應。
- 要求學生製作學習歷程檔案（portfolios），收集他們的各種作品實例（小考、課堂作業任務、方案計畫、實作表現評量），展現學生在一個課程單元裡學到的內容。比起考試結果，學習歷程檔案通常能更加有效地展現學生的進展（如果有學生無法獨自發展出學習歷程檔案，請和他一起累積和組織作品集）。
- 了解一位學生可能有的、會對測驗造成不利條件的特殊需求，並視其需要來調整測驗情境（例如，學生可以在比較小的房間裡考試，需要時可有監考代謄人員在場協助，使用有阻隔板的小閱覽桌或降噪耳機來阻擋外界的干擾）。
- 經常對學生進行形成性評量，這樣你就可以在課程單元或學習歷程的早期就發現他們的學習問題，並在為時已晚之前解決問題。
- 在學生完成作業任務或測驗以後，儘快提供他清楚、具體、可行的回饋，一定要指出學生哪些地方做對了，以及需要額外注意的幾個地方。
- 幫助學生反思這些學習回饋，決定有助於他目前工作向前推進的下一步

行動,以及建立時間進度表,規劃如何採取這些行動,並跟你約好時間定期檢核、討論工作成果。

- 考慮在形成性評量和總結性評量的最後,加上一題這樣的陳述:「請和我分享關於這個主題你所知道但這次測驗裡沒考到的任何其他內容」。這對許多學生可能都有幫助,而不只是對那些有學習困難的學生。

教導 EBD 學生邁向成功的技能

- 提供 EBD 學生持續和行為正向的學生合作的機會。
- 提供 EBD 學生在教室裡負責的機會。當老師給學生一個負責行動的機會時,他們通常會負起責任。
- 和學生一起擬定計畫來面對特定的行為挑戰。確保學生寫下書面的計畫,並找出方法記錄成功達到目標的程度。
- 教導和解釋特定的目標行為(包括學業和社交行為)應該是什麼樣子,為什麼它們很重要,學生可以採取哪些步驟來發展能達成目標行為的技能。
- 針對這位學生在班上某個部分的表現,和他一起擬定具體計畫,用正向行為取代不適當的行為。後續追蹤和進行對話,強調學生做到了什麼,並展望接下來的行動。持續進行計畫、教學和檢討的過程。
- 考慮使用「讚美箱」("Kudos to You" box)來幫助所有學生辨識和強化彼此的正向行為。學生們注意同學互相幫助、遵守班規、付出額外努力、幫忙解決問題等等的行為,把他們看到的事蹟寫在一張紙條上,並將紙條放進老師桌上的「讚美箱」裡。然後老師可以向個人或全班表揚這些讚美及肯定。這個過程幫助學生注意「做對的事」的同學,同時也給自己「做對的事」的動機。
- 教導所有學生協同合作的技能(例如,確定每個人都理解任務內容和成功標準、仔細傾聽、尊重地表達反對意見、善用小組成員的長處、每隔一段時間就做摘要總結以確保每個人都有共同的理解,以及在小組成員感到不確定時相互支持)。

有效處理學生的行為

- 在一天當中安排幾次小休息時間，EBD 學生通常缺乏長時間保持專注的情緒平衡力、耐力或成熟度。
- 在教室裡設定一些空間，讓學生可以在緊張或不斷升溫的情勢變得更加不穩定之前，走到這些地方以避開衝突。幫助學生學習認出這些時刻，並運用這些安全空間重新冷靜下來。
- 和這位學生一起建立提醒信號，用來表示他需要改變或停止一項行為（例如：眼神接觸、站在學生的桌子附近、在學生桌上放一張紙條、做一個手勢，或從你的桌上拿起某個物品並維持一、兩分鐘）。
- 請記住，EBD 學生通常缺乏老師所期望同年齡或同年級學生應有的判斷力和自制力。他們的不當行為不是預先計畫的，也不是故意操控的。很多時候，正向有效的行為根本超出他們的能力範圍，而這就是他們被診斷為情緒行為障礙的起源。老師在教導 EBD 學生時，一個主要目標應該是幫助這位學生理解他的情緒，並且以對這位學生及其周遭的人比較無傷或更有成效的方式來處理這些情緒。
- 當學生犯下輕微的違規行為時，使用「刻意忽視」策略。如果這個不當行為沒有擾亂班級或造成傷害，那麼忽視它通常是明智的做法。不斷糾正或責罵 EBD 學生會加劇學生的排斥感和焦慮感。此外，教師介入輕微違規行為的做法本身也會中斷課堂的教學。
- 請記住，就長期效益來看，獎勵正向行為最終要比懲罰負向行為有效得多。通常，EBD 學生將懲罰視為人身攻擊，因此，懲罰常常會使已經存在的問題變得更加嚴重。
- 慶祝 EBD 學生的成功。當他們獲得正向的回饋和獎勵時，他們開始意識到良好行為有正面的好處，也更有可能將你視為盟友而不是敵人。因為 EBD 學生在學校經常有很多負面經驗，所以強調正向積極面可以成為他們投入學習工作的有效動機。
- 當學生違反規則時，保持冷靜。EBD 學生通常是無法冷靜的！
- 當負向行為需要承擔後果代價時，確認學生理解他的行為與這些後果之

間的關係。

- 在你對班規採取零容忍政策之前，請仔細思量。雖然零容忍的想法很有吸引力，因為這種方法會讓紀律管教看起來公正公平，但這種方法要求老師忽視一些學生所面臨的深層和棘手的問題，而且這些是他們生活中一直沒有能力克服的問題。沒有老師想要一個零容忍的朋友；沒有人想要一個零容忍的老闆或鄰居。在我們的法律系統裡，零容忍政策經常造成與犯罪行為不成比例的痛苦磨難。Mendler 和 Curwin（2007）建議教師在需要時盡可能強硬，但不一定要施行預先規定的懲罰，應該要先好好考慮這位學生的狀況。當我們未能正視造成學生做出破壞行為的情境條件，等於是剝奪了學生和我們自己的人性。差異化教學和融合教育呼籲教育者將學生視為獨特的個體，並且視孩子的需求做出適當的回應，重要的是我們不能放棄這個目標。

隨著情緒行為障礙學生漸漸學會有效管理自己的行為，他們會更有能力在學業和社交上取得成功。在這條路上，他們需要老師看見他們的前景、相信他們有能力成長、認真努力地擔任教室經驗的建築師，以支持學生達成有效管理自己行為的首要目標。當然，學業學習還是很重要，但是 EBD 學生能夠越來越有自主能動性和自信心之前，行為和情緒的成長仍應放在首位。對於這些學生，目的是幫助他們了解自己是促成生活境況改善的貢獻者，而非只是那些生活境況的產物（Solar, 2011）。

註解

本章參考了以下文獻，完整的出處引用請見書末的參考文獻。Bryant et al., 2020; Centers for Disease Control and Prevention, 2021; Council for Exceptional Children & Council for Children with Behavior Disorders, 2020; Desautels, 2017; Gobir, 2021; Greene, 2014b; Karten, 2017; Loveless, 2021; Lukowiak, 2010; McKibben, 2014; Mendler & Curwin, 2007; National Science Teaching Association, n.d.; Positive Action, 2021; Psych-Guides, n.d.; Resilient Educator, 2018; Smith et al., 2020; Solar, 2011; Woolf, n.d.

第 15 章

教導多元文化背景學生

教育必須不僅是文化的傳遞，更要提供不同的世界觀點及強化探索這些觀點的意願。

——Jerome Bruner

引言

「文化」指的是一群人共有的假定、價值觀和信念，造成這群人別具特色的行為（Storti, 1999, p. 5），它是一種感知世界以及與世界互動的方式。文化可視為透過一個群體獨特的社會模式培養出來的群體身分認同感的成長，這些模式涵蓋宗教、我們穿的衣服、穿著的方式、音樂、是非對錯的信念、我們用餐的方式、什麼時候我們會或不會眼神接觸、對話時和對方站的距離有多遠、我們如何看待周遭的世界、我們如何定義家庭角色——**以及我們在教室裡如何學習**，僅舉幾個例子，說明我們的文化是如何影響、塑造了我們。

文化有看不見的層面（例如：假定、價值觀、信念）和看得見的層面（行為）。我們說的話和做的事源自於我們的假定、價值觀和信念，而這些假定、價值觀和信念是透過群體成員關係而學習形成的。換言之，在文化看不見的層面和看得見或行為層面之間存在著因果關係。

一個孩子的文化同化過程從出生開始（如果不是出生前就開始的話），而且可能非常細微、非常自動，以至於這個孩子甚至可能沒有意識到自己是濡化（enculturation）的產物。這個年輕人只是跟著做周遭環境裡其他人做的事——像

其他那些人一樣行動——以及學習「我們這裡是怎麼做事的」。

在遇到來自不同文化，其價值觀、信念和行為和我們顯著不同的人時，我們開始觀察、注意到文化差異，而且我們回應這些觀察的方式經常是想著：「她為什麼**那麼**做？沒有道理！」但事實上，根據那個人的成長文化背景所代表的信念和價值觀來看，這個行動或行為完全是合情合理的。

我們越有機會遇到來自其他文化的人，就越有可能意識到文化差異不僅是必然的，而且是有趣的，而非愚蠢或錯誤的。經常和來自多元文化的人互動的人，相較於沒有這樣的互動經驗，會更強烈覺察到自身文化裡那些視為「理所當然」之處，而且因為他們有機會透過不同的鏡頭來看待生活，所以生命也會變得更豐富。

然而，許多美國人成長的地方，幾乎遇見的每個人或多或少都和他們有共同的信念、認同他們的價值觀、行為模式也和他們一樣。對於身處主流文化的人來說尤其如此。那些人很容易做出這樣的結論：所有教室都是、也應該像他們的教室一樣運作——總是認為在上歷史課的時候，他們就是要學習美國人的歷史和觀點；在英語課閱讀的故事和小說，則要提供合理展現了存在於美國和世界的重要思想和經驗。雖然並非總是如此，但對我們大多數人而言，我們很難想像截然不同於我們長久以來習慣的生活方式。

文化多樣性並非只是前往另一個國家旅行，或是在國內認識來自其他國家的某個人。在任何一個國家裡，除了由移民引入該國的文化之外，還有眾多的文化，像是美國原住民、阿拉斯加原住民、非裔美國人、南方人、新英格蘭人、住在鄉村地區的人、源自阿帕拉契山脈的人以及有身心障礙的人，這些只是幾種文化的例子，他們的信念和行事做法，在許多方面都截然不同於「主流」美國人或「主流文化」（雖然如果沒有包括那些過去到現在繼續形塑我們身為一個民族的身分認同的許多文化，要定義「主流」或「主流文化」其實是很難的）。

文化是我們在學校所做一切的核心。在美國歷史上的這一刻，有一個重大問題特別突顯：身為教師的我們能否開創出歡迎、敏於覺察和回應我們所教的多元文化背景學生的教室——或者，我們是否還是繼續以我們過去所知道的方式來「辦學」。

當一個年輕人的文化與他的教室文化同步一致時,這位學生會覺得這個地方相當友善。反過來,如果教室文化不同於學生家庭文化的信念、價值觀和做法,那麼它會讓人感到困惑、反感,甚至有敵意。舉例來說,老師的角色在不同文化之間差異很大,學生的角色也是如此,對於家長和學校的關係角色的期望也有很大的不同。此外,一種文化以何種方式呈現小孩／大人的關係、對權威的崇敬、時間的意義、情意感受 vs. 知識資訊的相對重要性、個人 vs. 團體的優先順序,都會顯著影響教室的運作方式。

舉例來說,請看看圖表 15.1 一系列的行為連續光譜。在某些文化中長大的孩子,濡化過程可能是以左欄呈現的方式來學習、工作和溝通,而在另一些文化中成長的孩子,濡化過程則可能是以右欄呈現的方式來學習、工作和溝通。當然,在一種文化裡的個體之間仍然會存在差異,所以,對於處於左欄文化規範的一些人來說,他們的某些特質會偏往連續光譜的中間移動,或甚至一直移到光譜的右端。相反的,處於右欄文化規範的某些人,在一個或多個行為連續光譜的表現可能更靠近中間——或甚至一直移到光譜的左端(修改自 Dack & Tomlinson, 2015)。

圖表 15.1　文化行為的連續光譜

跨文化顯著行為的連續光譜	
關注個人	關注團體
多為外在獎勵動機	多為內在滿足動機
需要觀察事物如何運作	需要試驗事物如何運作
需要外部的結構	創造自己的結構
競爭的	合作的
應他人要求立即回應	自己深思熟慮後回應
挑戰權威	尊重權威
服從一致	創新多元
拘謹含蓄	外放愛現
固定的時間觀	彈性的時間觀
資訊導向	情感導向

如果你是在美國的主流學校中長大，想想你認為這些學校反映的通常是左欄或右欄？很有可能，左欄裡的價值觀、信念和行為在你的學校是占主導地位。與此同時，許多第一文化來自美、英和幾個歐陸國家以外的學生，以及生在美國但其文化規範與一些主流規範不同的學生，可能更強烈認同右邊欄的價值觀、信念和行為。

美國的學校運作上仍傾向於連續光譜的左欄，因為左欄代表的是美國的主流文化。許多來自於右欄文化傾向的學生，而且其中越來越多人就讀那些左欄文化的學校，會發現美國的教室讓人迷失方向。他們可能會想：「團體福祉和團體貢獻看起來明明『正常』很多，為什麼這所學校這麼強調個人？」、「聆聽明明是比較有禮貌、有收穫的，為什麼這麼多學生老是說這麼多話？」、「協同合作才能建立團體，為什麼學校和班級這麼強調競爭？」、「如果某些學生有機會花多一點時間來完成作業，他們的作業品質會更好，為什麼每個人都必須在同一時間完成作業呢？」

當**任何一位**學生成為教室裡的一份子，而這間教室裡的價值觀和行為似乎與這位學生的價值觀和行為相衝突時，他可能會感覺自己彷彿置身於一間鏡屋，每一件事物都扭曲變形和令人迷惘。毫不意外的，這位學生的學習可能會減少。

許多來自美國國內外的多元文化學生在教室裡可能會遇到文化錯配（cultural mismatch）的問題，同時還加上這些現實狀況：這位學生可能是美國少數文化族群的一員，說的主要語言或母語可能不是教室使用的主流語言，也許生活在低收入家庭，可能有其他的學習困難。當你把這種種的狀況合併起來，對這位年輕學子來說，通往學業成功的道路會顯得無比漫長和孤獨。

相較於過去，這個時代似乎世上的每一個人都可能移居到別的國家，世界各國之間的關係也交織得越來越緊密，我們比以往任何時候都更加迫切需要回應多元文化需求的教室，如果未能提供這樣的教室，要付出的個人和社會代價將難以估量。

回應多元文化需求的教師熱愛他們所教的學生，決心教好來自不同文化背景的學生，懷抱的目標是持續思考學生個人在學習環境中看、聽、感受和經歷到什麼，由於有老師的陪伴和置身在這位老師的教室裡，而能時時肯定他們自己是誰

以及能夠成為什麼樣的人。在這樣的環境中，多元文化背景的學生既學習課程內容，也學習了解自己。他們發掘自己是誰、自己的能力和自己的潛力。他們正在發現自己的價值和意義，發展自己的想法和聲音（Kafele, 2021）。

向年輕學子介紹各種文化的做法和觀點，並廣納各種文化背景學生所做的貢獻，這樣的教育對所有學生都是好的。有效實行這種教育的教室為所有學生提供了「鏡子」，讓他們能更完全地看到自己和了解自己；提供了「窗戶」，讓他們逐漸了解其他人和其他文化；也提供了「大門」，邀請他們和社區產生連結，並為社區做出貢獻。學生在獲得比自己原本更為寬廣的觀點之時，也學習更深入和批判的思考。他們學到接納與自己背景截然不同的人和尊敬這些人對自己的成長發展的貢獻之重要性。未來幾年，教育者面臨的其中一個重大挑戰和機會是了解文化的差異，並轉化為促使所有來到教室的學生都能成功的教學做法，以及身教示範尊重文化的特質。

不過，有一點必須在引言中再次提醒，正如本書每一章都有這樣的提醒：沒有所謂「典型的美國」學生或「典型的拉丁裔」學生，沒有任何一個人能代表「亞洲文化」或甚至「日本文化」，也沒有任何一個形象能接近到可以代表來到美國的「一位移民」、「有特殊需求的個人」或「一位女性」。文化不僅因時間和地點而異，而且在任何時間和地點都不存在真正同質的文化。個人的氣質、個人的情境條件和個人的經驗會居中影響文化的作用，以至於沒有哪兩個人會以完全相同的方式體驗一種文化，或將它的信念轉化成相同的做法。因此，提醒大家注意的是，不要將個別學生概括為群體，而是要提供機會和支持，讓來自各種文化的不同個體能夠在你帶領的教室裡舒適、持續、自信地學習和成長。

雖然文化差異性可能帶給我們挑戰，但文化相似性卻給了我們共享的理解和經驗，讓我們從中找到共同點的基礎。有些老師設法創造出尊重和肯定每位學生的教室氛圍，在他們的教室裡有時會反映出這樣的理念：「我們的相似性使我們成為人，我們的差異性使我們成為個人。」這個理念也適用在思考文化的相似性和差異性。身為教育者，我們需要深入了解這個理念，全然相信、忠實體現並且每天向我們教導的年輕學子示範這個理念。

以下是一些指引，提供給那些希望創造出回應多元文化的教室、課堂能吸引所有文化背景的學生並支持他們成功的教師作為參考。目標不是要用上所有這些策略，更不是假定每個策略都適用於來自特定文化的每位學生，或對跨文化的各種學生都同樣有效。相反的，目標是將這些原則和做法視為資源庫，你可以從中斟酌選用對某個學生在某個時間、某種情境下可能有幫助的策略。

教導多元文化背景學生的一些原則和做法

為多元文化背景學生創造一個安全、友好邀請型的學習環境

- 對你自己的種族和文化認同有越來越清晰的認識。哪些信念、價值觀、傳統和行為對你來說是核心？你是如何發展出這些信念和做法的？這些信念和做法顯示你是什麼樣的人以及你如何對待生活？從你的文化經驗可能產生什麼偏見？
- 想想你個人對於促成所有學生獲得公平教育的投入程度有多少，以及你相信自己有能力讓學生的生活產生正向改變的信念。
- 檢視你的心態（mindset）。當我們全然相信每位學生都有能力學習他們被要求學習（以及更多）的內容時，我們會以支持他們成功的方式來教學。當我們把學生視為有能力的學習者，並像教導有能力的學習者一樣的教導他們時，他們幾乎都能展現出這樣的能力。要以資產本位（asset-based）的正向視角，而非缺陷本位（deficit-based）的負面視角來看待多元文化背景的學生（和所有學生）。
- 以無條件正向關懷來看待你的每一位學生──亦即，保證你會接納和重視他們本來的樣子，不需要他們改變什麼或做任何事情來得到你的關心（Gobir, 2021）。
- 持續致力於和每位學生建立強力的連結關係。建立每位學生都能感受到彼此尊重和相互連結的學習環境，讓包容、尊重及同理心的文化成為「我們在這間教室裡待人處事的方式」。幫助學生了解為什麼這種待人處事的方式很重要，始終如一地為他們示範這些特質。

- 從第一天開始就正確發音學生的名字，這是表達尊重最簡單又有意義的一種方式。當內心脆弱的學生聽到自己的名字被錯誤發音時，可能會造成嚴重的傷害。
- 詢問學生希望別人如何稱呼他們。避免用「美國式」綽號或簡稱來代替學生的姓名，除非學生明確表示更喜歡綽號或簡稱。
- 避免將多元文化背景的學生視為「另類／他者」。當這種觀點盛行時，那些不同於你本身或大多數學生文化的學生，他們對待學校和學習的方式會被視為有缺陷、造成困擾，甚至是「錯誤」的。
- 幫助學生理解和尊重彼此之間的共同點和相異處。
- 幫助他們學習在教室內外都對彼此負責。
- 教導學生在新文化中常見的行為和舉止，讓他們有所準備，能成功應對不同的情境，像是教室、午餐餐廳、社區和家裡。
- 在多元文化背景學生學習學校文化的過程中，同時也要留意協助他們保持文化自豪感和身分認同。幫助他們學習成為雙文化者，並將雙文化主義視為自己的一種優勢，能夠提供他們理解周圍世界的新方式、解決複雜問題的新途徑，以及成功融入世界的新可能性。
- 創造一種安全的方式，讓學生可以提問文化背景的問題：學校（或社區）裡是如何／為什麼用某種方式來做事情，或是他們可能不熟悉的字詞彙。可以在教師的桌上或附近設置「這是一個好問題」箱，讓學生將他們想請教老師的問題放進去，老師可以私下回覆個人或對全班回答問題。
- 辨識並努力消除學生、同事和你自身的文化刻板印象。
- 構建協同合作的環境，讓學生（包括特殊需求學生和英語學習者）經常和各式各樣的同儕一起工作，並教導學生有效協同合作所需具備的技能〔例如：探究、合作解決爭議、拼圖法合作學習、思考—配對—分享、循環輪流和派代亞式研討（Paideia seminars，針對一個文本做開放式問題的探討）〕。這能讓學生分享經驗、互相支持，並為團體的成功做出貢獻。

- 盡可能在學習的各個方面給予學生發言權和選擇權，經常請他們回饋關於班上哪些做法對他們有效、哪些做法沒用的意見。徵求他們對於如何讓班上變得更好的建議，就算班上看來已經運作得挺好。針對學生的建議採取行動，並諮詢學生這些改變對他們是否有效。
- 歡迎多元文化背景學生的父母或照顧者拜訪你的教室，一定要對他們以及他們帶來的信仰和傳統表示尊重。將聚會時間安排在家長最有可能參加的時間。必要時，找到翻譯人員來協助對話交談。
- 盡可能多了解父母或照顧者對教師在教室裡的角色有何期望，以及家長在幫助孩子學習上所扮演的角色有何期望。
- 了解父母或照顧者對他們孩子有什麼理想抱負，邀請他們和你分享有關孩子學習、才能和興趣的資訊，這會幫助你更有效地教導這位學生。
- 幫助家長或照顧者了解更多與你合作的方法，以支持孩子的學習。支持他們在做出有關孩子教育的決定時扮演關鍵的角色。
- 設法了解學生所住的社區。參加那些社區裡的活動，讓你能夠看見學生在他們最重視的地方和最重視的人們相處時是什麼樣子。

回應多元文化背景學生需求的教學

- 從資產本位而非缺陷本位的視角來教導每個孩子。
- 教學上要確保多元文化背景學生不僅能在教室裡**維持**他們的文化自豪感和做法，更要透過課堂學習機會和經驗，**增長**他們對自己文化傳統的理解和自豪感。
- 往上教！透過言語和行動傳達你對每位學生成功的高度期望，你相信每位學生都能成功，並堅持不懈地支持學生取得成功。做他們的夥伴，一起發展出優質學習所需的知識、理解和技能。確保學生也投入交互教學法（reciprocal teaching），像團隊般一起合作，支持、協助團隊所有成員成功。
- 進行差異化教學以滿足學生在課程起始點、興趣和多元學習方法上的需求，這是促進學生成長、激發動機和信任教師的一個關鍵要素。

- 提供所有學生具有學業挑戰度的課程,要求他們理解和應用所學內容,並且發展更高層次的認知技能。
- 教學核心放在許多文化和情境中都有關聯的「大概念」或概念和原理原則(例如:權力、衝突、友誼、社區/社群、發聲/倡議、改變、包容/排斥、貧窮/富足、人權、公平、正義)。幫助學生理解不同的文化在不同的時間、地點如何經歷和理解這些想法/概念,以及其間的共同點和差異性。
- 確保學習目標(KUDs)清楚明確,而且學生知道和理解這些目標。
- 在教學和設計課程時,運用多種方法和方式來觸及你教導的所有學生。隨著你日益擴展有效又包容的教學方法,你會看到越來越多的學生投入學習和成功。
- 讓學生發聲表達他們想學什麼和用什麼方式來學。確保學生在學習內容及方式上有選擇權,讓他們能夠學習並努力試著理解在他們生活中具有重要意義的想法。
- 教導自主能動性或獨立學習的技能,好讓學生能夠逐步掌控自己的學習成功。
- 運用高速公路和出口匝道時間,確保所有學生都能學習豐富又有意義的想法,而且有時間和支持協助來練習必要的技能,以完成複雜、富有意義的學習工作。
- 強調學生正在學習內容的人文目的,解釋它可以如何改善人們和社區的未來前景,以及它和學生的經驗之間有什麼關聯。
- 在學生需要時給予鼓勵,讓學生知道你相信他們能成功完成任務。詢問學生你可以怎樣幫助他「擺脫困境」。指導學生採取這些步驟,而不是替學生做完工作。
- 運用有助於學生理解所學內容的教學方法(例如:批判提問、引導式同儕交互提問、發現問題、做決定、定義的調查研究、歷史調查研究、實驗探究、體驗式學習、創造發明、藝術、模擬和質性研究方法)(Wlodkowski & Ginsberg, 1995)。

- 運用遊戲作為學習工具，以吸引學生的注意力，協助他們主動處理學習內容，建立連結關係和協同合作。遊戲能激發許多學生的學習動機，對於來自具有濃厚口述傳統（oral traditions）文化和遊戲活動傳統（active traditions）的學生，遊戲特別能有效幫助他們學習。
- 利用學生帶到學校的文化資源，幫助他們連結到具有挑戰度的課程，並且找到成就。例如，許多多元文化學生來自具有濃厚口傳文化背景，因此他們很容易使用口說、有節奏韻律和互動式的學習方法。因此，當老師使用（並要求學生使用）押韻、呼叫回應（一唱一和）、齊聲朗讀、讀者劇場、音樂、詩歌或謎語等方式來記憶和處理資訊時，對這些方法感到自在且精熟的學生就能夠更輕鬆自在地學習。
- 利用多元文化學生帶進教室的知識資源。來自鄉村地區的學生可能擁有比城市學生更豐富、更詳細的自然知識；來自不同國家的學生可以針對美國經常教授的主題分享他們祖國的例子（例如：汙染、疾病、自然資源、藝術、貧富差距和人權）。在這些主題中，納入存在於各種文化當中的經驗和觀點，不僅擴大了所有學生對這些主題重要性的了解，而且在運用學生的文化經驗和觀點來檢視這些主題時，也會讓他們覺得這些主題的學習和自己更有關聯性。透過學習一個主題在他們家鄉文化裡（包括美國）是如何進行與發展，以及透過和同學分享他們的學習所得，來自各種不同文化的學生都能夠成為該主題的專家。
- 將來自各種文化的藝術融入教室裡的教與學當中。
- 提供這堂課的課程預覽／預告，幫助學生對將要學習的內容建立方向感；在課堂結束時運用摘要總結，幫助學生聚焦在課堂種種活動最重要的部分。
- 以故事形式分享學科內容和想法。幾個世紀以來，口述文化都是透過故事傳遞學習。所有的學科內容都在講述一個故事，無論是數學、藝術、歷史、科學、音樂，當然也包括文學，甚至文法也有故事可講。以故事形式分享學科內容〔人物／主角／反派角色是誰、問題是什麼、情境或場景是什麼、故事的上升動作（fising action）和下降動作（falling action）

在哪裡、結局是什麼、重點主題是什麼）。或者，將學科內容融入關於學生或你的故事裡。請學生創造故事，將大概念、字詞彙、重要資訊等等編入故事裡，並且分享故事。

- 規劃教學活動，重點是學生在互動及合作的環境裡一起建構學科內容的意義，讓學生漸漸看到小組成員的多元貢獻是非常正向、有用的資源。這個方法利用和持續發展許多文化都有的集體群策群力的特質（communal nature），並幫助所有學生逐漸欣賞、了解從不同角度看待想法和問題所帶來豐富的學習。

- 使用多種形式的小組團體合作，一起完成作業（例如：同儕教學、和老師一對一的時間、技能為本的小組、興趣為主的小組）。對於許多學生而言，全班教學通常不是最好的教學方式。在文化友善的教室裡，學生在一個學習週期的不同時間點，能夠在不同類型、基於文化習俗和學生學習發展程度來分組的小組裡學習，這對所有學生都有助益。許多文化都相當強調團體的成功更勝於個人的成功，對於來自這些文化的學生來說，團體合作有雙重的好處：支持他們的學業成長，並且幫助他們像在家一樣舒適自在地學習。

- 將學生的家庭文化融入課程當中，好讓他們能夠在學習內容裡看見自己，並且以他們帶進教室的經驗為基礎繼續擴展學習。

- 邀請多元文化背景的演講嘉賓來到教室演講。

- 邀請學生在課堂上使用他們的母語——包括有機會先用他們的母語寫下回應，然後再將這些回應翻譯成英語。

- 盡可能提供以學生母語寫作的閱讀材料和其他資源，好讓學生在使用英語資源的同時，也可以用對他們而言「更有意義」的語言來閱讀。

- 閱讀能反映多元文化學生的經驗的書籍（教師讀給全班聽、全班一起讀、個別讀）。

- 確保課程裡經常納入不同文化族群的貢獻和觀點，包括代表你班上學生的文化族群，以及其他在社會上具有代表性的文化族群。

- 鼓勵學生用他們的母語學習，讓他們能以具有智識挑戰的程度來學習。

當學生被要求只能用英語學習，幾乎不可避免地會降低英語學習者的學業挑戰程度，而且也減少學生保持和發展其家庭文化語言優勢的機會。

- 鼓勵學生在小組對話和班級討論中使用家鄉方言，並且教導他們何時該切換使用比較正式的語言。
- 提供真實的閱讀和寫作經驗，讓學生能立即將他們在全班教學裡學到的內容應用在自己的閱讀和寫作中。這會強化新的學習，同時也告訴學生他們所學的內容和他們自己的生活息息相關。
- 考慮運用同儕回饋、同儕輔導、研究小隊、「今日專家」（experts of the day，指定幾位學生擔任專家，其他同學可以請教他們）、家長或社區志工和其他的方式，為多元文化背景學生（包括需要額外協助的特殊需求學生和其他學生）提供持續不斷的支持。請記得先訓練這些將要與多元文化學生一起學習的協助者和學生做好準備，讓他們能夠有效地合作。

確保評量對多元文化背景學生是一個正向且富有成效的過程

- 使用多種形成性評量策略來幫助你更了解每位學生，包括他們的學習方法、進入不同單元或技能的起始點、和其他學生互動的特質，以及他們的長處。你越完整了解學生，就越可能有效地規劃教學，促進他們成長。
- 確保所有評量方法緊密結合單元的學習目標（KUDs），而且學生也理解作業任務的成功標準。
- 發展真實的任務和評量——換言之，學習任務要能反映這個學科的專業人士從事的工作，聚焦在真正的問題和困境，並連結學生的生活與經驗。
- 使用形成性評量和總結性評量來支持整個班級和個別學生的教學決定。
- 考慮使用那些善用和強化內在學習動機的程序和結構，例如形成性回饋、真實評量任務、學習歷程檔案和過程作品集、剔除偏見（critiqued for bias）的測驗和測驗形式、自我評量、敘事評鑑（narrative evaluation）、學分／無學分制和評分契約書（Wlodkowski & Ginsberg, 1995）。

- 教導學生自我評量的技巧，並提供機會和支持，讓學生在整個學習週期中都能夠對自己的工作進行形成性和總結性的自我評量。
- 指導學生學習那些成功學習所特有的技能和心智習性（例如：明確建立預定目標與個人目標以及成功的標準、提出能夠推進思考的問題、在閱讀／運用資源時能檢核自己的理解程度、從回饋中學習、了解犯錯是學習的一種途徑、修改作品以提高品質、堅持不懈的毅力等等）。
- 提供清楚、聚焦且可行的回饋。讓學生知道他們做對的地方，並指出他們可以採取下一步行動以繼續成長進步的兩、三個地方。和學生一起規劃這些接下來的步驟，讓學生不僅知道下一步該**做什麼**，還知道該**怎麼做**。
- 鼓勵學生依據他們的經驗、價值觀、需求和長處來選擇評量方法，好讓他們能用最適合的方式來展現知識、理解和技能，盡其所能地分享自己的學習。
- 確保公平和明確的成功標準。廣納學生一起發展出全班和個人目標的成功標準。
- 將評量過程和學生的世界、文化參考架構與價值觀連結起來。
- 在教室生活的各個方面強調表現、過程和進步（performance, process, and progress，簡稱 3-P 評分；Guskey, 1994, 2000）。報告學生的學習成果時，在成績單上分別列出這三項指標──而非只給平均分數。如果成績單上不允許記錄這三項指標，使用附錄或直接溝通的方式，確保家長和學生了解學生在每個元素的學習狀態。
- 另請參閱第 7 章所討論的如何教導正在學校裡同時學習英語和學科內容的學生。

隨著老師們更加了解和重視生活周遭及世界各地的多元文化，我們擴展了自己的視野和知能，能夠有效促進我們教的所有學生成長。當我們教導學生欣賞不同文化之間的相似和相異處時，我們也擴展了他們的視野和知能，讓他們具備更好的知能去生活在今日的世界──能與鄰居、同事甚至對手一起相處合作，用合

宜的方式改善我們所有人的生活條件。事實上，欣賞文化多樣性，增加了我們的知識和智慧庫，加深了我們的同理心，使我們的合作更富有成效，從而有助於達成學校支持年輕學子的智識、情緒和社會發展的使命。

註解

　　本章參考了以下文獻，完整的出處引用請見書末的參考文獻。American University School of Education, 2020; Bryant et al., 2020; Cole, 1995; Collaborative Classroom, n.d.; Dack & Tomlinson, 2015; Ferlazzo, 2021a, Feb.; Ferlazzo, 2017; Gay, 2018; Hammond, 2015; Kafele, 2021; Ladson-Billings, 1994; Lindsey et al., 2018; McGraw Hill, 2019; Miller, 2019; Pesce, n.d.; Storti, 1999; Teacher Vision, n.d.; Tomlinson & Imbeau, 2010; Zimmerman, 2017.

第 16 章

教導有色人種學生

身為一個問題是什麼感覺？
——W. E. B. Du Bois，《黑人的靈魂》(*The Souls of Black Folk*)

引言

非裔美國學生約占美國公立學校總入學人數的 15%，西班牙裔學生約占 27%，亞裔／太平洋島裔學生約占 6%。美洲印第安人和阿拉斯加原住民學生占公立學校學生人數的 1%，混血學生約占美國學生總人數的 4%（National Center for Education Statistics, 2020）。這些學生現在構成 K 到 12 年級公立學校學生的大多數，種族不應該成為阻礙他們學習的因素。當然，這世界往往不是它該有的樣子，所以在美國的實際情況是，因為種族而被定位為「少數族群」的學生通常面臨很大的風險，總是遇到阻礙，無法獲得公平的學習機會和充分的支持來開啟實現他們所有潛能的道路。

在公立學校裡有許多不利於有色人種學生的系統性阻礙、政策、做法和刻板印象，包括：許多學校裡持續存在種族隔離政策；不平等的學校資源；不平等的學業學習機會；比較少優質教師可供有色人種學生選擇；缺乏社交人脈網絡和校外學習機會；許多有色人種學生的課程品質比較低；過多學生被安置在特教班和後段班，太少學生被編派到資優班和前段班的高階課程，像是大學先修課程（Advanced Placement）和國際文憑課程（International Baccalaureate），以及受到比

較嚴厲的紀律管教和懲罰。

這些以學校為中心的阻礙和其他的社會阻礙同時存在，像是缺乏優質住所、醫療保健、高等教育、就業機會、薪資平等和司法制度正義等，所有這些阻礙都會顯著削弱學習。未能確保有色人種學生的教育成就，會導致影響深遠、長期的不良後果，而且幾乎不可避免地會反映在學生未來參與世界社群的機會。

始終要牢記這個重點：我們不應該假定任何一個標籤所代表的是一個同質性的群體——儘管一個標籤暗含的假定應該是這樣。有些非裔美國、西班牙裔、亞裔和原住民學生，他們的父母是醫生、科學家、教師、企業家等等，可以預期的，他們的生活會受到機會、資源和充足的成人支持的影響。也有許多有色人種的年輕學子，在成長過程中飽受種族偏見、不平等和敵意仇恨的嚴重影響，但他們仍然成功地克服困難，過著有經濟保障並為社會貢獻的生活。有些有色人種學生一出生就住在美國，有些學生則是最近才移民到美國，或者是第二代或第三代移民。有些學生有 ADHD，有些有特定學習障礙（SLD），有些被鑑定為資優生，有些經歷過創傷，有些身分認同是 LGBTQ；他們住在城市、小鎮和鄉村地區；當然，他們的天賦才能、興趣和經驗有各式各樣的可能性。有些人只會說英語；有些人完全是雙語；有些人對新家園所使用的語言則是全然陌生的。當我們認為任何群體都是單一的——或認為某個學生就是某個群體或標籤的「代表」時，我們就辜負了學生和我們自己。有影響力的教學必然是要看見學生個人、了解這個學生，並且回應這個學生的需求來進行教學。相較於學校裡其他被貼上標籤的群體，這個提醒可能更加適用於有色人種學生。努力堅持做到這個提醒，是優質融合教育和差異化教學的基石，如此才能成就「每個人的教室」。

許多有色人種學生來到學校時，身上帶著自己在社會上是否安全的恐懼以及社會不公不義的意識。在他們逐漸成長的過程中，從他們自身經驗得到的結論是老師、同學和校方經常以負面的眼光看待他們，於是這種社會不公不義的意識也會逐漸增強。其中許多學生在學校也持續遭到霸凌或嘲笑，在教室裡，他們可能會感覺自己被拒絕、被懷疑、被刻板印象化、被視而不見，而且在他們被要求學習的學科教材內容裡總是沒有自身族群的存在。

舉例來說，穆斯林學生遭到霸凌的比例遠高於全國各群體遭到霸凌的平均

數。穆斯林女孩戴著頭巾時，特別容易成為霸凌的目標，因為這使得她們的族群身分明顯可見。根據 2019 年的報告，23% 的非裔美國學生、23% 的白人學生、16% 的西班牙裔學生和 7% 的亞裔學生在學校曾遭受霸凌。但在 2020 年，由於公眾輿論指責亞洲人將 COVID-19 傳入美國，導致以亞裔學生為目標的霸凌事件發生率急劇上升。雖然霸凌對任何被霸凌者都有傷害，但種族方面的霸凌顯著與負面情緒和影響身體健康有關聯性（PACER's National Bullying Prevention Center, 2020; Russaw, 2019）。

對非裔美國學生來說，這些阻礙學習的因素包藏在美國歷史長久、痛苦的種族和奴隸制度當中。拉丁／西班牙裔、亞裔和從其他地方舉家來到美國的學生，將自己視為歧視移民的歷史長河的一部分。美洲印第安人和阿拉斯加原住民繼續經歷著幾世紀以來的壓迫、漠視和文化抹殺（cultural erasure）。雖然 51% 的 K 到 12 年級學生是有色人種的孩子，但 80% 的老師是白人，這也是沒有幫助的。這種不平衡意味著，許多有色人種學生很少（如果有的話）擁有能夠真正理解他們生活經驗的老師，這代表許多這些學生在求學過程中幾乎沒有同種族的模範人物（role model）。

到最後，許多（當然不是全部）來自這些族群的學生在開學第一天就感到沮喪、害怕和憤怒。他們也帶著希望、才能和豐富的經驗來到學校，這些是成功的元素。雖然這些學生對學校保持著適當且合理的警戒心，但如果有看見他們的前景潛力並願意採取行動的老師陪伴著，許多學生將會蓬勃發展。

有色人種學生需要的是為了他們全心全意致力於公平和卓越原則的老師，他們不需要那些口口聲聲說自己在教學時是色盲、看不見種族的老師。有色人種學生每一天都看見種族，也與種族共存，那是他們身分認同很核心的一部分。他們既為自己的種族傳承感到自傲，卻也受其限制。他們需要能了解此一現實的老師，認同、重視和讚揚學生種族的老師，幫助這些年輕學子對自己的膚色感到全然安全、賦權增能和舒適自在的老師（Kafele, 2021）。

以下是一些有效教導有色人種學生的指引。當然，目標不是要使用所有這些策略，而是將它們視為一個工具箱，你可以從中細想和選用對某個學生在某個時間、某種情境下可能有幫助的策略。

教導有色人種學生的一些原則和做法

為成功的教學建立基礎

- 反思你的成長型心態。你相信有色人種學生能夠學到與白人學生相等的程度嗎？你相信每位學生都擁有極大的潛藏能力，只要提供適當支持就能被激發出來？你是否了解在每天的教學中，你對每位學生的潛能所抱持的心態會影響並塑造學生對自身潛能的心態？你投注多少程度的心力提供各類支持協助給有色人種學生，讓他們能夠看見自己是有能力、成功的人，從而培養出關於自己的成長型心態取向？

- 反思你的公平心態（Kafele, 2021）。教室裡的公平心態意味著老師認清學生並非都是從相同的起跑點開始，因此必須調整我們的教學方式來處理學生起始點不同的問題。具有公平心態的老師會辨識對一位學生的學習造成阻礙的有意和無意的因素，並且堅定地尋求克服之道，讓需要不同對待和支持的學生能夠擁有與他人相同的學習機會。

- 反思你本身的文化和傳承。除非了解我們過去的經驗、觀點和假定是如何形塑**我們的**生命，否則我們無法理解別人的經驗、觀點和假定是如何形塑**他們的**生命。

- 研究你所教的學生的文化，更深入地了解形塑那些文化的艱苦奮鬥、優勢長處、勝利果實和貢獻。如果不了解學生的文化，也不了解種族和文化在他們生活裡的角色與作用，就不可能以有意義的方式理解他們。

- 審視你學校的做法和結構，看看是否反映出偏見、刻板印象和不公不義。為有色人種學生提出倡議，努力用公平的做法和結構取代之。

- 了解我們有機會教導有色人種學生達到超乎他們原本想像的成就，同時也要了解，如果我們讓他們失望的話，這些年輕人、他們的社區、這個更廣大的社會以及世界所要付出的代價。

為有色人種學生創造一個安全、友好邀請型的學習環境

- 以無條件正向關懷來看待每位有色人種學生，讓每位學生了解他不需要改變或做任何事情來贏得你的尊重和支持（Gobir, 2021）。
- 持續致力於創造包容的文化，讓學生學習尊重、同理和欣賞班上每位成員的貢獻。老師經常身教示範並向學生表彰這些特質的話，可能也會看到學生表現出這些特質。
- 幫助學生學習對彼此的身心福祉有一份責任感。
- 和每位學生建立信任關係，並注意不要破壞這種信任。如果你覺得自己破壞了學生對你的信任（這可能發生在任何老師身上），和學生談談發生了什麼事情，向他道歉，並表明你想做得更好的意圖。
- 確保你的有色人種學生覺得自己被看見、受重視、被賦權增能，從開學第一天就有種歸屬感，而且這種歸屬感在整個學年當中持續發展。這對所有學生而言都是不可或缺的，但對於那些（經常）感覺被邊緣化甚至在這世上隱形的學生來說尤其重要。
- 努力創造「單純天真的教室」（innocent classroom）（Pate, 2020）——一個讓有色人種學生覺得沒有負面期望、沉重的評判壓力、刻板印象和不公平的地方——一個他們可以自由成長而非只求生存的地方（Love, 2019）。
- 讓你的教室成為所有學生分享故事、經驗和歡笑的地方——一個他們共創正向、美好回憶的地方。
- 視每位學生為獨特的個體，在文化身分認同、社會情緒發展、學業知識背景和生活經驗等方面都很獨特的人，而非只是有色人種學生、移民、非裔美國人、拉丁裔、美洲原住民或亞裔人士等等。
- 請注意要將每個學生視為多面向的人。雖然苦痛掙扎是許多有色人種學生生命裡的一個元素，但他們的生命裡也充滿了喜悅、友誼、歡欣慶祝、天賦才能、志向抱負和其他許多重要的面向。這些面向應該置於教與學最優先的位置。

- 如果可能的話，在開學第一天之前就先認識每位學生的姓名及其正確的發音。
- 理解許多有色人種孩子來上學時就已經非常清楚失敗的滋味。努力確保他們來學校時會學到如何成功（Collins, 1992），而且老師會肯定和慶賀他們的成功。
- 重視學生的母語和方言或社區語言，允許他們在教室裡使用這些語言。教導他們要在更大的社會向前邁進所需要的語言慣例（conventions of language），但也要確定他們理解這些慣例是他們家庭、社區和朋友圈的重要溝通慣例之外的額外補充，而不是要取代之。幫助他們認識到自己是會說多種語言的人，而不是語言有缺陷的人。最重要的是，尊重母語和社區語言，好讓來自不同文化的學生也能全然接受它們。
- 支持學生發展正向的種族和文化認同。有色人種學生和貧窮學生需要體驗一些解方，來對抗他們在世界上經常遭受的貶低和蔑視。我們的教室需要尊敬學生所代表的文化，並且特意指出這些文化的人士在體育、音樂和表演領域之外的成就。有色人種學生需要增長對自身文化背景的了解，當作了解學校所教的歷史、藝術、音樂、語言、文學和其他學科領域的一部分。學校和教師也需要提供機會和支持讓學生深入了解自己的文化。
- 持續努力更加了解學生的感受、情緒和需求。更善於傾聽和觀察，不是只停留在表面。回應式教學的根源是我們對學生的認識，而這種認識的根源是傾聽和觀察。
- 展現「真誠的關懷」，這種關懷是持續的、尊重的、信任的、互惠的。不只是關心、在乎（care about）你的學生（享受他們的陪伴、當你不在學校時會想想他們、出席對他們而言很重要的活動），更要關愛（care for）他們（盡你所能地確保他們獲得成長茁壯所需要的一切，藉此展現你的「關愛」）（Gay, 2018）。
- 確保教室裡隨時備有可供學生看見自己的書籍。對於有色人種學生來說，很常見的是在學校多年，讀過的繪本、故事和小說以及看過的視覺

圖像資料裡，從來沒有出現聽起來和看起來像他們一樣或是有類似自己的經驗的人物、演員或作者。例如，2015 年一項兒童文學調查發現，73.3% 的書籍以白人為主角，12.5% 的書籍以擬人化的卡車或動物為主角，7.6% 的書籍以非裔美國人為主角，只有極少的 2.4% 主角是拉丁裔（Minkel, 2018）。

- 與家庭聯繫。請有色人種學生的家長和照顧者與你建立合作夥伴關係，以確保他們的孩子在學業、社會和情緒方面得到成長。請他們和你分享他們對孩子的期望，以及對學生的興趣志向的洞察。和他們分享你對孩子未來一學年的計畫和期望。定期和他們聯繫，分享學生在家裡和在學校的進步，一起設定目標，解決擔憂的問題，並邀請他們主動和你聯繫。

- 提供許多不同的機會讓學生一起工作，以強調教室團體的重要性。教導協同合作的技能，好讓他們建立欣賞和信任的人際網絡。許多有色人種學生來自於強調團體的重要性高於個人主義的文化，而美國的學校常常強調個人主義而犧牲團體。在教室裡建立團體能使所有學生都受益，也會讓這個學習環境對有色人種學生和貧窮學生更加友善。

- 幫助學生看到在你的教室裡犯錯是安全的，而且事實上，錯誤對於成長是必要的。和他們分享你的錯誤，解釋你從錯誤中學到了什麼，以及錯誤如何幫助你做得更好。

- 邀請教室裡的少數族群學生以及可能自覺和被視為少有貢獻的學生，和全班分享讓他們在某次討論或探索中變成專家的經驗或興趣。例如，老師可以閱讀或指定一本故事背景是班上某位學生的家鄉祖國的書籍，這位學生也許能夠解釋書中人物正在玩的遊戲、為什麼這個人物對於即將到來的事件如此興奮，或故事裡的民族英雄是誰。我認識的一位老師偶爾會為小組提供完成作業所需的關鍵材料，其中使用的語言是小組裡只有一、兩位學生會說的語言。在這些情況下，老師「翻轉了專家」，讓可能總是退居幕後的某位學生變成同學資訊和獲致成功的源頭。

- 與你的學生及其家長或照顧者分享社區中可用的資源，以支持這位年輕人的學習和正向發展，同時也以多種方式幫助他們家裡的成年人。

回應有色人種學生需求的教學

- 有色人種學生如果沒有阻礙學習的障礙或異常，他們應該使用同年齡／年級學生的指定課程來學習。這裡要提醒的一點是，使用的「標準」課程應該要吸引學生投入，聚焦在學生對主題或學科的關鍵概念和想法的理解，而且需要批判性思考、問題解決及後設認知（覺察自己的思考）。遺憾的是，許多學校的課程並不符合這個描述，導致大部分 K 到 12 年級學生沒有受到他們所需要的良好教育，因此對學習也比較不感興趣。平淡無趣、死記硬背、考試導向、與學生生活脫節的課程，對有色人種學生和貧窮學生的破壞性影響甚至比對學校其他學生更大，因為它也會反映有色人種學生在學校生活中經常遇到的低期望。

- 要求有色人種學生應用所學和解決問題。為需要額外支持才能成功完成這些作業的學生提供鷹架協助，提供組織圖表；運用不同複雜程度的資源；鼓勵學生使用自己母語的資源；分享各種學生作品範本，和班上不同表現水準的學生相近程度的作品，讓學生可以看到略高於自己目前表現水準的優質作品；鼓勵和支持同儕合作；讓學生選擇如何表達學習的方式；提供清楚且聚焦的回饋；和學生在小組裡會談，以聚焦在共同的需求等等。

- 以清楚、對使用者友善易懂的語言來撰寫學習目標。確保學生充分了解他們的學習目標和成功標準，而且始終明白這些要素與他們目前正在做的事情之間的關係。致力於確保學生覺得他們「擁有」自己的目標，而不是老師擁有那些目標。

- 對你所教的內容和學生的學習充滿熱情，這將成為激發學生熱情的催化劑。

- 將每位學生都當成哈佛或耶魯大學畢業生的子女一樣來教，無論其背景、種族或社會經濟背景如何（Collins, 1992），並且支持有色人種學生發展有助於成功的心智習性和學習工作習慣，以及精熟複雜的學習內容。相較於其他的學生群體，甚至更有必要往上教有色人種學生和貧窮學生（Tomlinson & Javius, 2012），因為他們的學校教育常常是以補救為

重點，鮮少幫助他們趕上進度或超前邁進，而且會強化有色人種學生和貧窮學生對自己的低期望感。往下教有色人種學生是會造成侵蝕傷害的（有關往上教的更多資訊，請參閱第 17 章〈教導資賦優異學生〉）。

- 在教室裡創造成就（achievement）的文化。那不應該是一種競爭的文化，而是一種學生支持和慶賀彼此的長處與成功的文化。

- 在有色人種學生的各方面學習強調讀寫能力的發展，例如，盡量經常讓學生掌控他們想要讀和寫什麼、給不同學生提供適合其挑戰程度的作業、為作業任務設定清楚的目標、快速提供讀寫相關作業的可行性回饋、確保閱讀和寫作跟學生的興趣和生活經驗有交集，以及積極支持學生學習和應用讀寫技能。對非裔美國男性特別重要的是，他們要經常在虛構的故事小說裡讀到榮耀、表彰非裔美國男性的人物和議題，也要有很多機會閱讀非虛構的知識類書籍，這些書籍能教他們新知識，還能幫助他們理解和認可男性的經歷（Tatum, 2005）。

- 確保學生所學的內容和學習這些內容的方式能夠支持、協助他們發展正向的種族和文化認同。尊敬並表彰班級、學校和更廣的社區所代表的文化，幫助學生了解出身於他們文化背景的人士在各種領域的成就，提供學生機會更深入學習自己的文化和他人的文化。

- 常常和學生談論上大學及其他有趣又有意義的途徑，可以通往美好、對社會有貢獻的未來。幫助他們了解準備上大學、申請大學的程序，有哪些可用的支持資源能幫助他們通過這個程序，以及如何為他們可能還不知道的一些現代職業做準備。要了解，雖然許多學生似乎生來就知道高中畢業以後就是上大學，但還有些學生並不知道。至關重要的是，後者這群學生有機會看到大學和尖端工作也可能成為他們生命故事的一部分。

- 指導學生了解品格、同理心以及合作和領導技能的發展，在他們的生命中其實跟學習歷史、音樂、數學或科學一樣重要。

- 幫助你的有色人種學生和所有學生發展必要的知識、技能、個人特質和聲音，成為積極主動為所有人（包括他們自己的社區和他們自己）倡議社會正義的人。

- 強調理解事件和想法的多元觀點能夠獲得豐富的學習，確保你的學生在有意義的討論裡貢獻自己觀點的過程中，逐漸發展出自己的聲音。
- 了解成功是一步一步循序漸進的過程。努力幫助每位學生每一天都從前一天的位置往前進，幫助他們認清努力工作和聰明工作之間的連結關係──以及與成功之間的連結關係。實行差異化教學，使學生持續進行稍微超出他們目前能力範圍的工作，並在老師及同學的支持下取得成功。同時也利用這些機會來發展他們的天賦才能，連結他們的興趣，並且提供多種方式讓學生可用以學習和表達他們的學習。
- 經常和有色人種學生一對一會談（如同其他學生一樣），以建立和培養連結關係、評量學生的長處和需求、判斷班上哪些做法對某位學生有效或哪些無效，了解更多你可以將學業學習跟學生的興趣、經驗和抱負志向連結起來的方法。
- 經常讓學生參與規劃自己的成功計畫，包括建立個人目標，以及具體說明在某項作業、評量或實作表現成功的話，看起來會是什麼樣子。
- 鼓勵學生利用他們的先備知識來準備新的學習內容。當學生能夠將新知識與他們的已知或經驗相連結時，新學習的效果最好。
- 幫助學生發展身為學習者的自主能動性。漠不關心、格格不入和缺乏自尊心，這些導致學生脫離和放棄學校的行為是學習而來的行為。透過告訴學生如何掌控自己的成功，讓他們重新回到控制主導的位置。幫助他們紓解因為持續的歧視、不平等或貧窮而產生的負面情緒，轉化為能夠改善自己和他人生活的正面行動。
- 確保課程有鏡子、窗戶和大門。鏡子能讓學生看見自己以及和他們相同文化的其他人，讓他們建立更深的文化根源。窗戶提供機會讓學生看見、學習和了解自己以外的文化和觀點，幫助他們重視不同的文化和觀點。大門給了他們機會運用目前的學習來造福他人，並且讚賞人類生命裡的學習力量，使他們能夠讓世界變得更安全、更公正、更人性化。
- 確保有色人種學生學習的歷史學科內容有包含他們種族，而且準確呈現他們過去的歷史；有敘述他們文化經驗的故事、音樂和藝術；數學提供

機會讓他們改善自己社區和世界各地人們的生活；科學與他們的日常生活和社區有關聯，也和他們想要接手傳承的世界有關聯；還有他們自己的故事。這能讓學生培養出身為他們種族或族群一員的正向身分認同，**並且**選擇卓越和成功作為未來前行之路。

- 將課程裡的概念／大概念與學生的生活和社區結合起來，使他們的學習更有情境脈絡和關聯意義。以跨文化和跨生活例子來解釋說明的「大概念」或概念為教學出發點，例如權力、系統、正義和不正義、匱乏、文化、壓迫、公平和不公平。直接和學生討論諸如正義、公平和權力等艱難的議題，幫助他們面對糾結的過去，展望未來更積極正向的改變。幫助學生看見他們課堂上學習的內容對於現在的學校、社區或國家有何重要意義。利用你和學生一起探討的概念來創建研究計畫或實作表現任務，讓學生能夠平行比較自己的生活、文化、歷史和這個概念——並在真實情境中應用和遷移他們所學到的知識。

- 將必要的課程標準嵌入富有意義、積極參與、動手實做的活動和真實評量當中，激發學生的興趣和想像力。讓學習變得快樂——或至少令人滿意。將課程簡化為只是要求學生精熟一套脫離情境脈絡的課程標準，會澆熄學習的動機。

- 在選擇給學生使用的文本、輔助教材和媒體時，留意有色人種的代表性和呈現方式。在媒體中，有色人種出現在前台角色和幕後領導角色的比例往往偏低；文本、其他教材和媒體持續造成有色人種的負面及刻板形象，或者在相關教材裡，大多省略了某些種族和文化群體。

- 在上課時，經常檢視學生的理解。

- 運用高速公路和出口匝道的時間，讓你可以處理全班學生的需求，並且提供機會與個人和小組一起工作，指導他們下一步該怎麼做。

- 在可行的情況下，盡可能經常讓學生選擇獨立完成作業、和一位同學合作或在小組裡完成作業。

- 運用多元廣泛的教學策略，能將所有學生的不同教學、社會和情緒需求納入考量，也讓學生有機會發聲和選擇他們要學習什麼內容以及如何學

習的方式。

- 使用指出過去和現在的非裔美國人、拉丁裔、亞裔和原住民文化對社會有諸多貢獻的教材。在教學裡納入班上所有年輕學子的文化所涉及的歷史、文學、音樂和藝術——整個學年，而不只有在指定的某一週或某個月。

- 邀請有色人種嘉賓到教室來演講（包括第一代上大學的學生，不管你的學生年紀多大），讓學生親自見證翻轉媒體經常塑造的有色人種刻板形象的人，所有學生都需要有這樣的經驗。

- 做一位「溫暖的要求者」。這樣的老師對所教的每一位學生都非常關心——而且學生也知道這一點。他們也不太容許學生為自己的行為或學業找藉口或「瞎混胡鬧」。證據顯示，教育愛加上對學業和行為的高度期望，對於促進有色人種學生成長是非常成功的催化劑。溫暖的要求者對學生有同理心，但從來不會同情學生。他們明白，讓學生有藉口逃避真實學習的嚴格要求，就是讓那些負面影響學生生活的困難和問題持續延伸到未來。

- 對你所教的內容充滿熱情，學生也因此而變得熱情。

- 教導學生反思自己的學習，讓他們能夠找出自己學習工作裡的優點和落差，並且能夠擬定計畫讓自己有越來越好的學習成果。

確保評量有助於學生成長

- 持續不斷地運用形成性評量來幫助你持續了解學生不同的學習路徑。依據你從形成性評量得到的了解來規劃教學，從學生目前的位置開始並幫助他們往前進。

- 確保形成性評量、總結性評量和教學，都能緊密結合你在課程裡預定的學習目標（KUDs）。

- 盡可能經常提供學生在形成性和總結性評量時要如何表達學習的選擇，並邀請他們提出其他選項。

- 使用能支持學生合作和用多元模式表達學習的 app 應用程式（例如 Flipgrid、Nearpod、Explain Everything、Soundtrap、Seesaw 等等）。

- 將評量重點放在理解和應用所學上，而不是大部分放在重複資訊上。
- 盡可能經常使用實作表現評量和真實觀眾來進行這些評量。比起繳交作業給老師，對真實的個人和團體分享想法、才能和見解，更能「擴展能力」和激發動機。
- 強調回饋而非分數，重視成長而非競爭。
- 教導學生如何提供有效的回饋、幫助彼此修改作業、互相鼓勵、共同學習。
- 和學生一起依據學習目標和成功標準來分析他們的評量結果，並且教他們成功學習者的技能，好讓他們在學習中持續發展自主能動性。
- 使用表現、過程和進步的 3-P 評分（Guskey, 1994, 2000, 2019），讓學生、家長或照顧者和其他關鍵的利害關係人能了解學生目前在學習目標（KUDs、課程標準）上面的**表現**水準或精熟程度、他們的學習**過程**或心智習性和學習工作習慣，以及從去年的成績單到現在的**進步**情形。這三個 P 以及其間的交互關係，對於培養成長型心態及面對困難時仍然堅持不懈的動機至關重要。如果成績單或其他格式無法同時放入三個分數（**不應**只取平均值），請建立附錄；寄送一封電子郵件或信函給家長／照顧者，說明這三個分數並解釋它們對於了解學生發展的重要性；或是在會議或電話交談中與家長進行溝通。當然，一定要在課堂上以及和個別學生的對話中經常強調這三個 P 的重要性，而且務必要讓學生追蹤和分析他們在這三個領域的狀態。

處理行為挑戰

- 了解許多有色人種學生身上的憤怒來源。學校對有色人種學生處罰停學的比例超過白人學生的兩倍，而且統計數據顯示，被停學或開除的學生在接下來的一年裡接觸少年司法系統的可能性增加了三倍。請認清，不當行為是一個年輕人遭遇到理所當然會引發憤怒的情況的一種外顯徵兆，不當行為是一種表達和抗議。也要了解，當任何民族或種族團體的學生格外嚴重地被當作「問題」來看待和處理時，這種現實就是在助燃另一種形式的不公不義和引發憤怒。

- 在學生破壞規定、對另一位學生犯下錯誤行為或對老師不敬時，與其立即施加懲罰，不如考慮使用共同解決問題的策略或修復式紀律管教。這兩種方法都是由一位成人和學生一起討論、達成共識，確定發生了什麼事，並且找到一種更有教育意義而非懲罰的前進方式。修復性正義的目標是回答這些問題：「誰受到了傷害？」、「他們的需求是什麼？」、「誰有責任要修復這些需求和處理已經造成的傷害？」在持續且適當運用這些方法的學校裡，提報轉介行政處室和停學處分的情況大幅減少，教室和學校環境也變得不那麼緊張，更適於學習。
- 避免零容忍政策。雖然某些違反規定或政策的行為可能需要教育者施加嚴重的後果處分，但主張在所有情況下都要對任何人給予相同的懲罰，會讓教育者無法考量到這個孩子生命裡有怎樣的極端狀況才會導致違規。事實證明，司法體系裡的零容忍政策往往弊大於利，它們常常不成比例地被施用在有色人種身上。
- 幫助學生學習抒解憤怒，將之導向有建設性的方向，讓他們能夠解決不公平的問題，並且對教室、家庭、社區和世界做出積極正向的改變。

繼續學習，繼續做得更好

- 與想要成為有色人種學生生命裡的正向力量的同事組成團隊，一起努力了解在你們學生的生活裡，種族和學校教育之間有何連結關係——以及常常幫助有色人種學生成功的老師。成為彼此的「批判諍友」（critical friends），共同努力調整教學，讓教學更能夠滿足你們所教的每一位學生的需求。
- 當你聽到同事們發表不恰當或種族歧視的言論時，請站出來說點什麼。「就算你臉紅了，或者脫口說出一些結結巴巴的話，或者要花個半天才想出你希望當時能說出口的話，都沒有關係。重要的是小小的干預、介入他們的對話，讓那些言論不會被忽視或不受質疑挑戰。」（Minkel, 2018）
- 持續主動學習有關種族的知識，擴大了解種族差異在你的社區、國家和世界的起源。和因為自身種族經驗而有深刻理解的同事交談，了解種族

對有色人種學生的教育、健康和未來前景方面會產生哪些複雜且常常是毀滅性的影響，聆聽他們的故事。閱讀相關書籍，尋找優質的專業學習機會。參與那些對你所教學生的生活和社區產生正面影響的團體。

很久以前，德國詩人歌德（Johann Wolfgang von Goethe）觀察到，如果我們按照一個人現在的樣子來對待他，他就會保持現在的樣子；如果我們按照他可能和應該成為的樣子來對待他，他就會成為他可能和應該成為的那個人。在教育裡有大量的證據證明，當我們按照學生很聰明的樣子來對待他們的時候，他們就有可能展現出這樣的能力。我們知道，當我們提供教學鷹架時，學生可以從他們已經知道的前進到他們需要知道的知識。我們知道，為了達成此目標，我們教室的焦點必須是讓每位學生的學習都是持續具有挑戰性、動態變化、重要相關和複雜的學習。我們知道，有效的教學要求我們對所教的學科內容和個別學生都要有深入的認識和了解，而且我們也知道如何讓這些事情發生。至於我們是否有意志力去實踐這些原則，使其成為教室裡的實際，這個問題就因人而異了。

值此歷史時刻，學校最重大的機會（和義務）就是重新劃定有色人種學生的機會界限、重新建構我們對這些學生的潛能的看法、找到實踐的意志力並發展必要的技能，為這些年輕人創造一個充滿機會和前景的歷史。如果我們繼續辜負他們，就是辜負社會、世界、我們的專業——以及身為一個人的我們自己。

註解

本章參考了以下文獻，完整的出處引用請見書末的參考文獻。American Psychological Association, 2017; Annie E. Casey Foundation, 2006; Anti-Defamation League, 2021; Berger et al., 2014; Burnham, 2020; Cole, 1995; Collins, 1992; El-Mekki, 2017; Gay, 2018; Gobir, 2021; Greene, 2014, 2016; Guskey, 1994, 2000, 2019; Horn et al., 2021; Kafele, 2021; Kam, 2020; Ladson-Billings, 1994; Love, 2020; Milner, 2006; Minkel, 2018; National Association of Colleges & Employers, 2021; PACER's National Bullying Prevention Center, 2020; Pate, 2020; Randolph, 2021; Russaw, 2019; Tatum, 2005; Tomlinson & Javius, 2012.

第 17 章

教導資賦優異學生

我們如何創造和支持學習團體,幫助所有學生相信自己是聰明的?

—— Karen Economopolous,課程與專業發展研究中心

引言

在本書的前半部分,我經常使用第一人稱,有兩個原因。首先,我分享的是過去五十多年來,我在不同情境研究差異化教學模式所得來的想法。換言之,這些得到研究支持,並經過許多人應用和改進的差異化教學想法,是我的專業重心。其次,使用第一人稱讓我能夠說故事,而這些故事反過來又提供了說明想法的例子,將想法埋藏在故事裡,相較於純粹描述說明想法,通常更能幫助我們產生共鳴、記住和應用這些想法。

本書的第二部分到目前為止,我基本上盡量避免使用第一人稱,同樣有兩個原因。首先,我引用了很有經驗的專業領域專家的知識,他們啟發了我的思考,讓我對教室裡需要特別關注才能成長茁壯的學生有更深入的了解,因此這部分的想法通常不是我主要的專業重心。其次,第二部分旨在提供簡明易懂的「怎麼做」的建議指引,而不是詳細闡述或舉例說明想法,所以故事的寫作方式並不適合這個簡明易懂的目標。

在本書的第二部分,唯一使用第一人稱的例外是這一章(第 17 章),我會經常使用第一人稱來寫作。在這一章,我會再次分享過去幾十年來居於我的工作核

心的想法，以及反映其他研究者和實踐者工作的想法，我也會再次分享我身為老師的案例或故事。

這一章合理的標題本應是「支持被鑑定為資優的學生」或「支持學業或智能資優的學生」，然而，這些標題都無法反映出我思維裡隨著時間而演變的觀點。我的希望是分享我對這個主題的觀點，能夠激發你個人持續思考，同時也促進同事之間對話討論這個重要、複雜且具爭議性的教育實踐領域。以下簡要概述我的思維，也藉此說明這一章的原則和做法所採取的方向。

- 我相信，我們的學校現在還不是理想中能夠或應該成為的樣子，除非每位學生都能信心滿滿地上學，相信自己每天都會得到充分的支持，讓他們從目前的發展點繼續前進。如同 John Hattie（2012）所創的術語「＋1 教學」（plus-one teaching），它要求教師規劃教學，讓每位學生每天**至少**向前邁進一步（一個區塊、一個技能、一個想法、一個洞見……），超越那位學生當天的起始點。這不是要求完美，而是要求有目標的工作（work from intention）。

- 我相信，我們學校裡有許多學生並沒有「每天進步＋1」的機會。我們總是覺得教完官方要求的課程標準和試著讓每個人都同樣做好準備，是應付高度標準化測驗必定要做的事，這種想法進一步強化了我們「一體適用所有人」的教學傾向。這種「必定要做的事」的想法導致了大量的教學是制式、低層次和匆忙的教學。

- 我相信，對許多學生來說，學校往往沒什麼挑戰性和吸引力、不太有變化、不刺激有趣，而我們所認為的智能或學業資優學生，也屬於這種學生。就像所有的學生一樣，這些學生應該要能夠常常遇到有挑戰性和吸引力、有變化、刺激有趣等特點的學習——以及＋1 的成長。

- 不過我認為，試著鑑定誰是「真正的資賦優異」，然後將他們分到獨立的課程或班級裡教學，這種在公立學校裡行之有年的資優教育方法在幾個方面是有問題的。

  » 我們用來鑑定資賦優異學生的衡量標準通常代表的是狹隘的能力概

念，忽略了諸如創造力、其他才能領域、洞察力和領導能力。

» 很少學校有足夠的時間或人員來支援此類評估過程。要讓相關利害關係人對這個鑑定過程有高度信心，這是必須要做的事。

» 一般常見的鑑定過程確實會發現一些表現優秀的學生（也就是，或許沒有太多「偽陽性」的假資優生）。然而，這個制度卻充斥著「偽陰性」（也就是，排除考慮一些有能力達到高成就水準的學生，因為這個過程忽略或拒絕認定他們符合鑑定資格）。舉例來說，有些學校或學區是以切截分數來鑑定資優學生，他們通常決定不將性向測驗（aptitude test）得分低於切截分數標準 1 分、2 分或 5 分的學生鑑定為資優生，但並沒有證據顯示這 2 分或 5 分，或甚至是 10 或 15 分，能夠預測那些未達標準的學生比得分稍高並接受資優教育的學生在學習資優課程內容上能力較差，或比較無法從資優教育學習機會中受益。

» 令人擔憂的是在許多鑑定程序中，被鑑定為資優的有色人種學生、貧窮學生、第二語言學習者和有學習困難（但沒有認知功能限制）的學生人數很少。雖然過去幾年來，人們越來越關注來自不同群體的學生被鑑定為「資優學生」的數量不成比例的低，因此剝奪了他們獲得「資優」學習機會的權利，但是到目前為止，要解決這個問題還需要很多的努力。

» 當我們將某些學生鑑定為聰明學生時，未被鑑定的學生常常會做出自己並**不**聰明的結論。許多這類學生認為這種排除是另一個證據，證明他們不會讀書。

» 令人難過的是，普通班老師也很容易感到如釋重負，不需要再為資優學生做教學規劃，因為經過鑑定的資優學生通常有很多時段（而且通常很短暫）會從他們的普通班教室抽離出去，好讓特教老師教導他們。一個常見的結果是，很少普通班老師有機會或動機去發展出教導資優生必備的理解和技能，能夠以高層次的教學來協助學生進行複雜的學習。當這種情況發生時，他們教室裡**所有**學生的學習都會因此更貧瘠。

> 一旦學生被鑑定為有資格接受資優教育服務，提供給他們的課程方案通常會使用以下三種問題方法當中的一種或一種以上的方法：
> 1. 學生被要求「更快速地學習更多相同的學科內容」。
> 2. 學生被教導「較高層次的思考技能」，但脫離了有意義的學科為本的內容情境脈絡，而這是養成這些技能和學生能夠遷移應用這些技能所必須有的情境脈絡。
> 3. 學生進行許多「有創意、充實」的活動，這些活動可能很有趣，但通常與真正的創造力和學科為本的學習沒有什麼關係。

在設計資優學生的課程與教學的第四種方法中，學生持續投入的學習確實以學科為本，著重在學科架構的大概念或概念和原理原則，要求學生解決問題並以類似學科專家的方式來思考，幫助學生培養有助於他們進一步發展能力的技能和心智習性，也確實要求學生為有意義的觀眾創造真實的產品或表現，以展現他們的學習。

這第四種方法與資優教育領域專家倡導給資優學生的教育方法是一致的。然而，這種課程方案在提供給資優學生的服務當中似乎不是主流。即使它成為主流，仍然會有至少兩個難以克服的問題：

- 第一，許多或大多數為資優學生開設的班級，教學方式都是將班上全部學生視為基本相同，忽視學生的能力有多種形式和多種發展時間線的事實。提供給任何學生群體──包括高能力學生──的教育服務，若不能為他們各種不同的長處、需求、背景和發展點（學業、社會和情緒的發展）預留空間，就是辜負群體裡的許多學生。此外，被老師認定「無法在這些資優班輕鬆學習」的學生，常常被視為「不是真正的資優」，而從這些課程方案中被移除。這對那些不像資優班上許多富裕學生那樣擁有高度學習機會和學習支持的學生來說，傷害特別大。這兩個因素，加上鑑定過程在鑑定有色人種學生、貧窮學生、不同文化背景學生和學習差異學生的能力方面不夠健全，使得現實中資優教育仍持續在與「精英主義導向」的觀念奮戰。

- 第二，在被鑑定為資優學生經常投入以學科為本、著重在學科架構的大概念或概念和原理原則等等學習的課程方案裡，還存在另一個很難克服的問題。那些廣受教育、心理學和神經科學專家讚揚的課程和教學特色，其實不僅適用於學校裡絕大多數的學生，而且也是重要的基礎（例如參見 Borland, 2003, 2018; Erickson, Lanning, & French, 2017; Fullan, Quinn, & McEachen, 2018; National Research Council, 2000; Schlechty, 2011, Sousa & Tomlinson, 2018; Wiggins & McTighe, 2005）。

因此，**即使**現有思考學生能力的方式得到擴展，**即使**資優學生的鑑定機制更加全面，**即使**為資優學生設計的多數課程方案能以現在所認定的教導資優學生最好的方式來運作，**即使**這些課程方案能夠根據各種年輕學子的不同能力表現進行回應式教學，這當中仍然存在一個令人大惑不解的問題：學校經常鎖定尋找一小群「值得」或「需要」這種課程與教學的學生，但事實上，**如果**學校採用的是研究和經驗表明（應該）屬於大多數學生的課程與教學，那麼學校理當提供給大多數學生這種課程與教學。

Dylan Wiliam（2011b）指出，學校的運作往往很像才能精煉廠（talent refinery），亦即，當學校看到學生有明顯的天賦才能時，就會提供機會進一步發展這種才能——提供機會給這些學生參加資優班或參加資優學生的課程方案。然後，學校將學生分為不同等級（難過的是，我曾聽過一小群教育者把學生分為「絕對成功」、「也許成功」和「沒希望成功」）。也許成功和沒希望成功的學生很少被督促要追求卓越，他們可以選擇退出那些似乎「不是他們專長」的課程。但就像 Wiliam 透過一個類比所指出的，教練們可沒有這種奢侈品，不管誰在隊上，他們就必須跟這些人一起贏球，他們不能說：「今年的四分衛很弱，所以我們不參加比賽。」教練的工作是讓這名四分衛盡可能成為最好的四分衛——有可能比他們倆原先想像的都還要更好。教練不能只是精煉明顯的才能，他們必須孵化才能——不只要培育，甚至要製造才能。

在我教育生涯的這個階段，我認為學校和教師需要承擔起 Wiliam 所描述的教練角色，也就是，學校應該要發揮才能孵化器的功能。在我們生活的這個時

代，我們的村莊、城鎮、城市、州、國家和世界需要每個年輕人都發展他的潛在才能，長大成為最好的成年人。我們不能只尋找和試著擴展少數年輕人身上明顯的才能。我們不應該一開始就說：「讓我看看誰看起來非常聰明、有才能、有創造力，這樣我才能確保**他們的**能力得以擴展。」相反的，我們需要一開始就這樣聲明：「進入我教室的每位學生都擁有比他們或我所看到的更多的潛能。我將盡我所能、盡我所知、盡力學習，提供機會和支持來激發並擴展他們的能力——包含那些在學習上遠遠超前同學的學生」（改寫自 Tomlinson, 2021）。

明確地說，我認為，讓明顯擁有資優能力的學生花費大部分在校時間等待同學學習技能和累積知識——那些他們早已精熟的技能和知識，非但不明智，也是不符合專業道德的做法。要求資優學生做比其他學生更多的學習任務，當作是「挑戰他們」或「滿足他們的學習需求」，這是沒有成效而且通常會造成疏離感的做法。雖然，在我看來，教師應該努力創造一個環境，讓所有學生真正學會尊重和支持彼此，但是讓資優學生將一天**大部分**時間花在教導同學上，**並不是**運用他們在校時間的適當方式。同樣的，將一些學生安排在只服務被鑑定為資優學生的「特殊」教室，但學生的特質無法在其中得到有意義的擴展，或是慣常地將資優學生安排在特殊教室進行**有**適度挑戰的學習，卻排除其他許多學生擁有這種學習並因此受益的機會，這樣的做法似乎也是不適當的。

這提醒我們不要當才能精煉廠，而要成為才能孵化器和才能製造者（Wiliam, 2011b）。我相信，透過在「大帳篷型的教室」有效的往上教，基本上我們就能達成這個目標。在這樣的教室裡，教師得到大力的支持去學習如何往上教，並且可以與專業人士合作，包含專精於如何有效教導資優學生的人士，以及專精於其他領域、能夠協助教師往上教各種學生的人士。這不是一蹴可幾的事情，但絕對可以透過以願景為導向、循序漸進、持續進行的全校性成長和變革過程來實現（Tomlinson et al., 2008; Tomlinson & Murphy, 2015）。

正如有些學生的學習困難太大，以至於無法在融合教室中有效解決一樣，也有一些學生的發展已經遠遠超越同儕，以至於普通班教師，即使和一位資優教育專家合作，也無法充分幫助他們擴充發展。在這些情況下，學校或學區可以透過長年來一直在使用的多元方式為這些學生提供有意義的替代方案。

老師應該密切關注的學生特質和需求

有一些通常被認為是「資優」學生的特質，教師應該在**所有**學生身上尋找這些特質，並且鼓勵他們發展這些特質。一旦開始關注這些特質，我們可能會看見它們出現在我們很早就認定是資優學生的身上，也會出現在我們原先並未真正期望會有這些特質的學生身上。當我們在任何一位學生身上觀察到這些特質時，這是一個信號，提醒我們要繼續觀察這位學生，更重要的是要創造學習機會讓這位學生能夠聚焦和發展這些特質。更關鍵的，我們應該將這些特質放在思考、規劃課程與教學的第一位，以提煉、孵化和製造重要的技能、態度和心智習性，幫助各種類型的學生發展其最大潛能。

就像所有其他「類型」的學生一樣，很重要的是教師要了解沒有所謂「優秀」或「資優」學生的存在。他們可能在某些學科上面表現出大有前途的潛力，但其他學科就沒有；他們可能是謹慎、遵守規則的人，也可能非常蔑視規則；他們可能在聚斂式任務上表現出色，但在發散式任務上卻表現平庸或稱不上平庸（或反之亦然）；他們的注意力廣度在同年齡的孩子而言可能非常優異，也可能在學校裡很難集中注意力；他們可能擁有發展良好和直覺的社交技能，也可能在這方面相當笨拙；他們可能有特定學習障礙，或自閉症類群障礙，而且在閱讀、寫作或溝通方面有很大的困難，但在幾個領域卻擁有豐富的知識和洞見；他們的社會和情緒方面可能成熟，也可能在其中一個或兩方面都不成熟；他們可能因為苦於性別認同、種族主義、創傷或貧窮，導致能力被遮蔽、隱藏起來。以下是我們認為資優學生會擁有的一些特質，不過，這絕不是一份完整的清單，如果這其中的許多特質出現或沒出現，也不足以證明一位學生擁有或缺乏資優能力。

這位學生：

- 是獨立思考者；
- 是抽象思考者；
- 是獨創性／有創意的思考者；
- 喜歡創作獨創性的作品；

- 對問題產出多種解決方案；
- 善於處理複雜的概念和資訊；
- 善於觀察；
- 好奇心強；
- 有洞察力；
- 對新點子感到興奮，渴望學習新事物；
- 願意在智識上冒險、挑戰未知；
- 在各種想法、跨學科領域以及自己的經驗之間建立連結關係；
- 是理想主義者，擁有高道德標準；
- 快速精熟、掌握技能和知識；
- 記得快；
- 容易理解；
- 擁有很強的溝通技能／高階語言能力；
- 承擔責任；
- 容易看出因果關係；
- 擁有很強的問題解決能力；
- 對自己和他人有很高的期望；
- 堅持不懈；
- 擁有豐富的字詞彙和精細的語言發展；
- 擁有敏銳的幽默感；
- 熱切地追求個人的興趣；
- 是做事主動的人；
- 精力旺盛；
- 深受同儕喜愛；
- 挑戰同儕和成人的思考及想法。

想一想在生活貧窮、來自不同文化背景、正在學習課堂語言、有特定學習障礙等等的學生身上，上述這些特質可能會如何展現出來或被偽裝隱藏，這樣的思

考會很有幫助。例如，一位英語學習者可能沒有我們認為合乎其年齡層的精細英語溝通技巧，但相較於學英語時間相同或更長的同齡學生，她精熟、掌握英語技能的速度快很多。一位有色人種學生在解決同儕之間的人際關係問題上表現出色，但在解決數學應用問題上可能就沒那麼出色，反之亦然。又例如，一名生活貧窮的學生可能擁有平庸的科學背景知識，但實際上，考慮到學生在校外學習的機會如此有限，他所擁有的知識已經非常可觀了。一個有特定學習障礙的學生可能在閱讀方面有困難，閱讀書面文本容易感到挫折，但卻可以輕鬆又深入地理解口語文本。

再者，沒有一位學生會表現出所有這些特質（或甚至大多數特質），當然也不是在所有情境中都會表現出所有特質。此外，資優學生的一些特質也可能成為這位學生或其他人的問題，他們可能沒耐心、追求完美、過度自信、缺乏人際技巧等等。在一間教室裡，所有學生的目標應該是幫助這位學生發展而後改善正向的特質和心智習性，同時也更加了解要如何因應或減少缺乏正向助益特質的負面影響。

關於精煉、孵化和製造才能的思考（往上教）

大約四分之一個世紀以前，美國國家／各州資賦優異學生領導能力培訓學院（National/State Leadership Training Institute for the Gifted and Talented, N-S/LTI）架構出發展資優學生課程時應該使用的標準。適當的課程應該：

- 聚焦在大概念、核心問題和主題，並組織安排更精細、複雜且深入的探究，整合學科內和跨學科的知識。
- 提供機會發展和應用高效的思考技能，讓學生重新概念化現有的知識並生成新的知識；
- 讓學生能夠探索不斷變化的知識和訊息，並了解在開放的世界裡追求知識的價值；
- 鼓勵接觸、選擇和運用專門及適當的資源；
- 促進自動自發和自我導向的學習與成長；

- 支持學生發展自我理解，以及理解自己與他人、社會機構、自然、文化之間的關係；
- 根據以上這些原則評鑑他們在課程裡的學習，並且強調高層次的技能、創造力、優秀卓越的表現和成果（Hertberg-Davis, 2018）。

這些基本原則仍是為資優學生發展的大多數課程的基礎。然而，從 N-S/LTI 原則制定到現在，對於這些原則和因此而產生的課程，是應該專屬於經過鑑定的資優學生，還是幾乎所有學生的課程都應該以相同的原則制定，已經引起不少對話和辯論。普遍的共識是，所有學生都應該有機會接觸符合 N-S/LTI 原則的課程，也應該受到這種課程的支持——亦即，以概念為本、由原理原則驅動、要求培養複雜的思考技能和強調理解的課程，聚焦於真實世界的問題，發展解決這些問題的產品或實作表現，反映學科的本質，指導學生發展出學科領域專業實踐所需的心智習性和學習工作習慣，以及教導獨立學習的技能（Hertberg-Davis, 2018）。

希望你在閱讀本書的第一部分、探討為所有學生提供差異化教學的基本原則和做法之時，辨識出這些原則，也在本書第二部分有關教導各種「類型」學生的建議當中，看到這些原則。在 1979 年，N-S/LTI 發表這些原則時，認知心理學領域處於其專業演進很早期的階段，當時心理學和學習的主流方法以行為主義為根基，推崇反覆訓練、練習和記憶為主要的學習途徑。相對的，認知心理學的研究揭示了思考、意義建構、在有意義的脈絡中應用知識與技能等等的重要性。N-S/LTI 的這些原則反映了認知心理學早期的信念，認為認知取向的方法比行為主義的方法更加適合資優學生。隨著時間演進，證明了認知心理學模式比行為主義模式更有效，能為大多數學生創造持久且可遷移應用的學習——而這種學習，在這個新世紀，在這個越來越複雜和不確定的世界，是許多教育領袖推崇應該給所有學生的學習。

當然，學習裡還是有某些方面需要反覆訓練、練習和記憶，但認知心理學和神經科學建議，這些知識與技能應該應用在有意義且相關的情境裡，而不只限於習作本或學習單上。以認知心理學的原則和做法當作課程與教學設計的基礎，已經實證證明是更有效的方式，而在最近幾年，隨著新興的神經科學領域不斷了解

更多有關大腦運作的知識，也顯示出認知心理學的原則為何及如何有利於學習。

隨著人們越來越清楚 N-S/LTI 提出的課程設計原則應該應用於所有學生的課程中，大多數的資優教育支持者也同意，所有學生都應該受益於這些曾經專屬於資優學生的「充實」課程與教學。他們提出，給資優學生的課程和所有學生應有的課程之間，區別的指標在於深度、複雜度、步調和問題的模糊性（Hertberg-Davis, 2018）。

這帶我們回到了 Wiliam（2011b）關於才能精煉廠與才能孵化器的想法——這兩種思考教師和學校在發展學生能力上的角色的可能方式。融合教育（和差異化教學）傾向於盡可能優先選擇才能孵化器的取向。才能精煉廠致力於發現已經存在而且至少已發展得相當完善的明顯能力，而才能孵化器則是遵循這樣的邏輯：所有學生都有隱藏、不可見的能力。在適當的支持下，學校和教室不只可以讓這種能力清楚展現，而且也能繼續擴展與發展能力的各個面向。孵化器教室也能確保擁有可見或明顯資優能力的學生同樣繼續擴展與發展他們的能力。實現這些目標的教學計畫方法就是往上教。

簡而言之，這代表我們要為所有學生創造、提供符合 N-S/LTI 和「21 世紀學習」及「深度學習」支持者提出的原則的課程。換言之，這樣的課程會期望所有學生成為思考者和問題解決者，能夠理解他們所學的學科概念和原理原則（或大概念），讓他們的學習和學生的經驗及真實世界產生關聯與連結，並且學習有助於成功的技能和心智習性（包括獨立學習、合作學習和自我評鑑的技能）。所有學生都可以在挑戰和支持下，持續不斷從他們目前的發展位置向前推進。

圖表 17.1 的「等化調音器」（The Equalizer）呈現的是一種機制，用以指引教師運用充實、複雜的課程，讓所有學生能夠依照適合自己的不同挑戰難度來學習。它指引教師思考如何改變一項任務的難度，你可以在心裡想像，將「等化調音器」上的按鈕向左移動一點點或更多，來降低作業的難度，或把它們往右移動到不同的程度，以增加任務的難度。透過往右移動一個或多個按鈕，教師可以寫出最初的「高期望」任務，其深度、複雜性、問題模糊性、多面性等等的程度傾向於創造出更高階的挑戰。再透過將一個或多個按鈕向左移動到不同的程度，可以將這同樣的「充實」任務安排成不同的挑戰等級，適合班上不同發展程度的學生。

>>> **圖表 17.1　等化調音器：根據學生的準備度來設計差異化教學的工具**

等化調音器

左	中（調整項目）	右
1. 基礎的	訊息、想法、素材、應用	轉化的
2. 具體的	圖像表徵、想法、應用、素材	抽象的
3. 簡單的	資源、研究、議題、問題、技能、目標	複雜的
4. 單一面向	指導、問題、應用、解決方法、策略、學科連結	多元面向
5. 小躍進	應用、洞見、學習遷移	大躍進
6. 更結構化	解決方法、決定、策略	更開放式
7. 低獨立性	計畫、設計、監控	高獨立性
8. 慢	學習步調、思考速度	快

資料來源：改編自 *How to Differentiate Instruction in Academically Diverse Classrooms*（3rd ed.）, by C. A. Tomlinson, 2017, ASCD. Copyright © 2017 ASCD。經授權同意使用。

「等化調音器」的設計看起來就像音響設備上的「調音器」（tuners），使用者可以用調音器來調整音量、音色、淡入淡出、音調等等，這種設備稱為「等化器」，這個名稱啟發了圖表 17.1 呈現的抽象化設備的命名。

就教學計畫而言，「等化調音器」當然是一種比喻，而不是一個硬體設備，但它有助於教師理解如何針對一項原本對學生要求相當全面的任務，校正、調整出不同的挑戰程度。這是一種思考和規劃如何讓具有多元不同背景和經驗的學生公平獲得優質學習機會的方式。

「鷹架」一詞源於在建築物周圍搭建支撐結構，直到建築物能夠安全無虞地獨立而無需支撐結構。鷹架這個術語包含一系列的工具，可以創造出不同難度的學習經驗，讓許多學生以適當的挑戰等級來學習和工作，同時也參與引人投入、有關聯性、刺激思考和真實的課程。在教學中，「搭建鷹架」是一種支持協助，讓學生得以在一個或多個學科領域更加成長茁壯，直到學生能夠在這些學科領域獨立學習為止。教師可以使用許多種搭建鷹架的方式來幫助學生接觸和學習略微超出他們目前能力範圍的任務工作，圖表 17.2 列出了一些搭建鷹架的方式。

任何正在挑戰略微超出自己目前舒適圈的學習任務的學生，包括那些明顯比多數同齡者優秀的資優學生，在學習過程中都可能需要搭建鷹架的協助，理解這一點是很有用的。讓這樣的成長進步發生，應該是我們教學計畫的首要目標，這也包含那些在學習程度比多數同齡者優秀許多的資優學生。

>>> **圖表 17.2** 搭建鷹架，支持學生完成略微超出目前能力範圍的作業任務

搭建教學鷹架的一些例子

- 相對於書面的指示，使用錄音或口頭方式來說明作業指示。
- 用比較簡單的語言撰寫說明指示。
- 以項目符號列點，而不是用段落形式來書寫說明指示。
- 請學生一次一步、循序漸進地完成作業，而不是一次完成所有部分。
- 指定學生擔任「今日專家」，協助同學解答有關作業的問題。
- 提供以學生的母語呈現的資源。
- 提供明確的成功標準，並確保每個學生都了解這些標準。
- 提供各種複雜程度等級的優質學生作業範本，好讓學生可以參考以適合他的挑戰等級完成的有效作品。
- 在整個單元或探究過程中，為學生的學習或作業提供清楚、可行的回饋意見。
- 讓學生在小組中合作，互相支持彼此的學習。
- 鼓勵學生在截止日期之前，先繳交作業給老師看過幾次並提供回饋意見。
- 給予任務工作說明指示，或解釋這項工作所需的複雜想法或技能，並將影片發布到班級網站或其他地方，好讓學生在工作時能隨時參考你的解釋說明。
- 在直接教學、小組合作和學生／教師會談的過程中，騰出時間跟學生討論他們的作業和提問問題。
- 給予學生選擇他們想要如何展現自己的學習成果的方式。

事實上，在差異化教學和每個人的教室裡，一個核心的目標就是讓每位學生在大部分時間裡，都能略微超出他的舒適圈或近側發展區，在教師或同學提供的支持協助或搭建鷹架之下，能夠擴展能力，最終成功完成任務。

下一章將提供兩個「往上教」的教學例子，在這兩個例子裡，全班學生都有機會獲得符合以下標準的學習經驗：

- 提供給經過鑑定的資優學生的適當課程與教學（我們應該視之為絕大多數學生都有權獲得的課程）；
- 使用「等化調音器」上面的概念來微調或校正作業任務，讓調整後的作業任務對班上各類學生都具有適當的挑戰度和可及性；
- 搭鷹架協助學生以高品質來完成作業；
- 在提議／設計替代選項時，鼓勵學生選擇和發聲，看看他們想要用哪些方式來展現作業任務的學習目標所要求的知識、理解和技能。

在檢視這兩個例子和思考一些讓你回到本書重要想法的問題時，你應該會意識到，創造「每個人的教室」代表的意義是什麼，要如何設計才能同時滿足全體學生的共同需求以及個別學生或一小群學生的特殊需求。這兩間教室都是圍繞著本書第一部分所探討的基礎想法而建立起來的，好好打造教室的基礎，使它能夠更自然地容納和照顧廣泛多元的學生每天帶到學校的學業、社會和情緒需求。

註解

本章參考了以下文獻，完整的出處引用請見書末的參考文獻。Azano et al., 2018; Borland, 2003, 2018; Bryant et al., 2020; Callahan, 2018; Erickson et al., 2017; Fullan et al., 2018; Hertberg-Davis, 2018; Horn et al., 2021; Imbeau, 2020; S. Kaplan, 2018; National Research Council, 2000; Schlechty, 2011; Smith et al., 2020; Wiggins & McTighe, 2005.

第 18 章

每個人的教室：兩個例子

我記得有一次，我們班正在分析越戰時期抗議歌曲的歌詞。當我們進行任務時，您在教室裡走動巡視，在每個小組坐下來，看我們怎麼合作，問我們問題，激發我們思考。當時，我並沒有發現，您是根據我們當前的需求和知識，給不同小組提供了不同的歌曲和指令。我只知道在小組討論結束後，我們全班針對我們的想法進行了一次精彩的討論……我現在才開始了解，您的教學是如何改變了我身為學習者和未來教師的模樣。您所創造的班級，或許是我高中生涯裡唯一真正滋養、培育我的班級。您將我當成一個獨立的人來認識我，而非只是每天經過您課堂的眾多學生當中的一張模糊的臉孔。

——出自維吉尼亞大學一位師培生寫給之前教過他的老師的信

接下來的例子，首先呈現和描述一間教室裡的學習順序，然後邀請讀者將自己想像成臨床教室觀察者，並分析這些教學例子和「往上教，讓多元不同的學生能有公平的管道和支持，以成功學會豐富又複雜的學習」之間的關係。第一個例子是一所國中的英語課，持續的時間大約是一次段考期間的一半。第二個例子則是檢視一年級班級的一節數學課，因此規模比較小。

第一個例子：國中英語課

當學年第三次段考期間開始時，巴拉德老師和她的七年級學生正要開始小說

的文學圈討論。這裡介紹的教學例子來自她第二節課的班級。圖表 18.1 提供了這些學生在學習小說時要達到的學習目標（KUDs）。

圖表 18.1 巴拉德老師班上學生學習小說的 KUDs

在我們探討小說和小說家的工具之後，學生應該：			
知道		理解	能夠做到
文學術語： 虛構小說（fiction）、長篇小說（novel）、傳記（biography）、自傳（autobiography）、情節（plot）、場景（setting）、人物（character）、人物塑造（characterization）、情緒氛圍（mood）、語氣（tone）、措辭（diction）、分析（analyze）、支持證據（supporting evidence）		好的小說也與讀者息息相關。 透過好的小說，讀者可以嘗試不同的生活，看看是否適合自己。	運用支持證據來解釋作家如何讓人物栩栩如生。 運用支持證據解釋作家如何利用文學的元素來創造主題（theme，或小說的「大概念」）。 將小說的元素（包括情節、場景、人物、人物塑造和主題）與你個人的生活連結起來。

核心問題：好作家如何將讀者變成思考者？

　　巴拉德老師會給全班觀看五部由學生所製作介紹五本小說的預告片，在每部預告片之後都會進行簡短的討論。接下來的三天，學生會有幾次機會翻閱每一本小說，最後，巴拉德老師要求學生選出他們個人最想閱讀的兩本小說，並告訴她書名。如果有學生在選擇小說方面需要一些協助，她會單獨跟這些學生談談，並且和其中一些學生討論他們選擇的小說有紙本書和有聲書的版本，其中還有兩本小說有西班牙語版本可供選擇。

　　接下來，她進行文學圈小組的分配，選擇同一本小說的學生分到同一個小組。她的目的是根據學生的首選小說來分組，除非她強烈感覺到某位學生的首選書籍遠遠超過或低於該學生的閱讀和回應準備度，這樣的選擇就無法支持學生成長。在這些情況下，她會和這位學生討論，然後一起決定哪一本小說可能是對學生最有益的選擇。這五本書在文類、文化焦點、閱讀程度和思想複雜性上各不相同，書名分別是：

1. *A Place to Belong*（Cynthia Kadohata）
2. *The Westing Game*（Ellen Raskin）（中文版：繼承人遊戲，小麥田出版）
3. *The Crossover*（Kwame Alexander）
4. *Touching Spirit Bear*（Ben Mikaelsen）（中文版：遇見靈熊，台灣東方出版）
5. *The School for Good and Evil*（Soman Chainani）（中文版：善惡魔法學院，方言文化出版）

在大約 12 到 14 天的文學圈討論裡，巴拉德老師分配學生擔任文學圈討論活動慣有的角色：

- **討論主持者**。歡迎小組成員；提醒小組成員當天的閱讀內容；鼓勵小組成員分享他們喜歡、疑惑或想要進一步了解的內容等等。提醒同學要扮演好自己的角色，在同學發言時要注意和支持他們。擬定四到五個問題，在討論當天提出來，讓小組成員繼續討論。注意掌控時間。
- **文學觀察者**。找出文學寫作手法的例子，例如隱喻、明喻、擬聲詞、頭韻等等；找出幫助建立小說主題的段落例子；找出人物塑造的好例子等等。
- **摘要總結者**。準備當天閱讀內容的簡要總結，以及四到五個要點或事件，與小組分享。
- **想像繪圖者**。想像或視覺化當天閱讀的內容，畫出來，在圖畫裡面或周圍添加細節。準備說明圖畫和添加的細節，並且解釋你為什麼這麼畫。
- **字詞彙偵探**。在隔天的閱讀內容裡，選擇三到四個你不知道意思的字詞彙，查詢它們的意思。和小組分享這些新字詞彙及它們的意思，談談你認為作者為什麼使用這些字詞彙而不是其他的同義詞。
- **建立連結者**。將閱讀內容裡的事物、段落、人物和想法，跟你的經驗、其他書籍、電影、學科、歌曲和世界連結起來。

巴拉德老師提供簡要說明角色任務的角色卡，並舉例說明學生在準備文學圈討論時可能需要聚焦在哪些類型的東西上面。這是她的學生今年第三輪參與文學圈討論，所以他們已經很了解這些角色和討論過程。這一輪循環的說明指令幫助小組領袖將焦點放在作者如何運用人物塑造和場景來幫助讀者思考小說裡可能潛藏的訊息、主題或大概念。一般而言，學生在一輪循環裡會維持同一個角色四或五天。在這一輪當中，巴拉德老師根據學生的長處優點來分配他們各自適合的角色，前幾次則是由學生自行選擇或隨機抽選角色。這整個學年，巴拉德老師和學生一起探討成功合作的原則和做法，包括尊重個人的學習需求、個人觀點和支持彼此的成長。

當學生在理解或執行角色遇到困難時，巴拉德老師可能會和個別學生或小組學生討論，幫助他們產生想法。有時候，她會要求需要額外協助的學生晚上和她聯繫，進行簡短的 Facetime 視訊討論，或透過電子郵件傳送想法給她，以便她能及時回覆並提供幫助。其他時候，她會請最近成功完成角色任務的一位學生和現在扮演該角色的學生談談。教室後方有一個小區域，那裡有一張舒適的椅子、幾個懶骨頭沙發、一座經常更換書籍的書架，以及一些舒緩壓力的「玩具」，學生有時會坐在那裡閱讀或寫作，但當學生感到焦慮或煩躁而想與小組分開時，也可以待在那裡。需要暫時離開小組的學生，或巴拉德老師邀請到那裡與她討論一下的學生，都可以使用這個區域。

當學生在進行文學圈討論時，巴拉德老師會巡視每個小組，聆聽他們的討論，記錄小組的運作情形以及個人的貢獻，有時會提出一些問題來促使學生思考單元的 KUDs。在大部分的課堂裡，巴拉德老師都會預留十分鐘和學生進行一對一的對話，在對話過程中協助有不同學習困難的學生。他們可能聚焦在學生有問題的技能、行為或社交挑戰、目標設定，或只是聊聊學校或一般生活的情況。她發現這些時間很珍貴，可以幫助她了解學生，這樣她就能更有效地教導他們，並且建立相互信任。有時候，這些對話交流時間很重要，為那些在小組裡難以控制情緒和行為的學生提供了休息的機會。

在一節課的最後 10 到 12 分鐘，她會分享一些觀察筆記，既指出她所看到具體的長處優點（亮點），同時對學生小組分析和討論過程的下一步工作提出建議

想想巴拉德老師的教學思考

巴拉德老師第二節課的班級是「大傘型的教室」，其中兩位學生有明顯的閱讀困難，三位相對而言是剛開始學英語的學生，兩位是已經在美國至少五年但仍在努力提升英語能力的學生，一位學生有注意力和行為方面的問題，幾位學生來自低收入家庭，還有幾位學生在學業方面是資優生（但社會或情緒方面未必是）。班上的幾位有色人種學生展現出一些掙扎於公平正義和「學校與校外公平性」相關議題的跡象。然而，她經常說：「據我所知，我的每一位學生都有特殊的需求，他們每一個人都需要我的關注，而且關注的方式在整學年當中都在變化。我對自己的挑戰是：假想整間教室裡都是特殊學生——許多方面都很特殊的學生，我會怎麼教學。」請運用以下的提示，分析她在上述例子裡的教學：

- 使用螢光筆或便利貼，標示出這些文字描述裡有哪些部分顯示她正在運用你在本書學到的原則或做法，有助於成功創造「每個人的教室」。在螢光筆畫線附近的頁邊空白處或便利貼上，簡略記下這個原則或做法是什麼。
- 回顧圖表 5.3，在表格所列的各項指標中，找出你尚未用螢光筆標示的指標，並且在描述巴拉德老師教學的文字裡標示出那些指標。
- 在這本書裡，選擇有關 EBD、ADHD、特定學習障礙學生、英語學習者、有色人種學生、貧窮學生和學業資優學生的一章或幾章，回顧其中的原則和做法部分（這些是巴拉德老師說她的第二節課班級裡的學生類型，也是本書第二部分所探討的學生類型）。
- 對照你選擇的那一章後半所列的原則和做法，你看到前述巴拉德老師的教學裡實踐了哪些原則和做法？
- 對照你選擇的那一章後半所列的原則，哪些原則並未清楚顯現在巴拉德老師的教學描述裡，但是你可以推論它們是存在的？因為有關她教學做法的特質的描述，暗示著這些原則可能正是她對不同類型學生的思考和教學方式。

（成長）。此外，她向小組提出一、兩個問題，供他們思考和回應，這些問題不是只針對某一本小說，而是適用於所有小說。在這一輪的文學圈討論裡，她的問題通常集中在引人入勝的寫作特質、情節和人物如何引導讀者理解主題，以及小說的元素與學生自身的經驗有何關聯。

在某些日子，巴拉德老師會要求學生用書寫或錄音的方式回答簡短的問題或提示，看看學生如何思考和理解作者運用場景和人物來發展主題的手法，作為形成性評量的證據。她利用學生的回答來幫助她了解如何在短期內調整全班、小組和個人的作業。

在學期的第二階段，巴拉德老師和學生繼續閱讀和分析小說，但也會運用攝影來研究詩，練習幾種建立字詞彙的策略，根據班上不同學生目前的學習需求來調整和運用，並且經常寫作，將重點放在全班和個人的寫作目標。在以上這些方面，全班、小組和個人的學習時間會保持平衡，這樣學生就可以分享他們學到的有趣、重要的相關研究，同時也有時間專注於自己的長處和需求。當他們個別進行閱讀或寫作時，有些學生可能會戴上耳機以隔絕外界的聲音，移到教室後面的小「客廳」或三張站立式工作桌旁去工作。這個階段會持續大約三週。

當第二階段開始時，巴拉德老師再次要求學生選擇一本他們有興趣閱讀的小說——這次是從班級圖書館或學校圖書館裡選書，這兩個圖書館都有大量吸引各種不同興趣的青少年小說可供選擇。學生可以選擇任何文類——懸疑小說、科幻小說、奇幻小說、動物故事、冒險小說、圖像小說等等。她甚至也將傳記和自傳納入學生可選的書籍當中，因為就像她說的：「好的傳記和自傳必然是偉大的故事，也提供絕佳的機會讓讀者去體會真實人物的生活。」在學生選好書以後，她發給他們一張思考九宮格（Think-Tac-Toe，或作井字格）作業單，作為這一季的實作表現評量（見圖表 18.2）。在作業單裡，學生要分別選擇有關人物塑造、場景設定以及主題的一項挑戰任務。

每項作業都要求學生展現他們對於作者如何運用人物塑造和場景來產生主題的理解，並將他們在這個單元的兩大理解（大概念、原理原則）應用到不同於他們課堂所學的情境中。

▷▷▷ **圖表 18.2　巴拉德老師的小說家及其手法分析單元期中實作表現（總結性）評量**

小說思考九宮格評量（第一版）

說明：從每一橫列當中，選擇並完成一項任務，以幫助你和其他人思考你的小說。記住要讓你完成的作品思慮周詳、有獨創性、有洞察力，並以流暢優美的方式表達。運用我們的評量規準來引導你的寫作。

人物	寫一首關於你自己的「我來自……」詩，再寫一首關於你選讀的書中主角的「我來自……」詩，讓讀者看到你和這個人物之間的相同及不同之處。務必在每首詩裡寫出最重要的特質。	在這本小說完成的二十年後，裡面的某個人物被寫成一篇新聞專題報導。請寫出這篇報導。命運把他（她）帶向了何方？為什麼？現在，為二十年後的你自己，同樣寫一篇報導。務必讓兩篇文章都是具有啟發性的專題報導文章。	你是「側寫師」（profiler），請為書中一個有趣的人物撰寫並繪製完整且有用的側寫檔案，強調出他（她）的個性特質和行事方式。在此過程中，也請完成你自己的側寫檔案。
場景	研究一個你認為與小說場景設定的城鎮／地點相當類似的城鎮／地點。利用地圖、素描、人口統計圖和其他人口統計數據來幫助你進行比較和對照。	製作模型或地圖，呈現你生活裡的一個關鍵場所，以及小說裡的一個重要地方。找出一個方法幫助觀眾理解這兩個地方的樣貌，以及為什麼它們在你和小說人物的生活裡很重要。	人們找到自我和事件發生的時間與地點，以重要的方式影響、形塑了這些人和事件。運用你選讀的小說，找到令人信服的證據和方式，來支持這個論點。
主題	找出歷史上或時事中的名人，他們的經驗和生命反映了你選讀的小說的核心主題。讓我們知道你學到了什麼。	製作一份多媒體報告，充分探討這本小說的關鍵主題。在你的探討當中，至少使用三種媒體（例如：繪畫、動畫、音樂、詩、攝影、戲劇、舞蹈、雕塑）。	找到幾首你認為能反映出書中重要訊息的歌曲，準備歌曲片段，剪輯成拼貼式音樂，並製作一張展示卡，幫助聽眾了解你認為這些歌曲如何表達出這本書的意義。

知　　道：主題、場景、人物塑造。
做　　到：將小說的元素與一本小說連結起來；將小說的元素與你自己的生活連結起來。
理　　解：好的小說也與讀者息息相關，好的小說幫助讀者嘗試不同的生活。
核心問題：好作家如何將讀者變成思考者？

小說思考九宮格評量（第二版）

說明：從每一橫列當中，選擇並完成一項任務，以幫助你和其他人思考你的小說。記住要讓你完成的作品思慮周詳、有獨創性、精確、詳細。運用我們的評量規準來引導你的寫作。

人物	請創作兩幅拼貼畫，比較你和你選讀的書裡的一個人物。比較和對照身體特徵與個性特質，並在拼貼畫上面標註，讓觀眾能夠理解你的思考。	寫一首關於你自己的傳記詩，再寫一首關於你選讀的書中主角的傳記詩，讓讀者看到你和這個人物之間的相同及不同之處。務必在每首詩裡寫出最重要的特質。	寫一張處方或一組指令，說明你會如何解決一個問題；再寫一張處方或一組指令，說明書中主角會如何解決相同的問題。你條列的項目應該幫助我們知道你和這個人物思考與解決問題的方式。
場景	設計並撰寫一張問候卡或電子問候卡，吸引我們進入書中某個重要部分的場景和氛圍。務必讓你寫的詩句幫助我們理解場景裡最重要的是什麼，以及為什麼重要。	製作模型或地圖，呈現你生活裡的一個關鍵場所，以及小說裡的一個重要地方。找出一個方法幫助觀眾理解這兩個地方的樣貌，以及為什麼它們在你和小說人物的生活裡很重要。	畫出兩條時間線。第一條時間線應該說明和描述書中至少六個場景的轉換。第二條時間線應該解釋和說明氛圍如何隨著每次場景的轉換而產生變化。
主題	運用諺語格言或名言語錄的書籍或網站，找到至少六到八個你認為能反映小說重要主題的句子。找到至少六到八個對你的生活有同樣作用的句子。展示這些句子並解釋你的選擇。	訪談書裡的一位關鍵人物，找出他（她）認為我們應該從書裡的事件學到什麼教訓。運用部落格、網站或雜誌上的訪談形式與風格。務必詳盡寫出訪談的內容。	找出三到四首你認為能反映出書中重要訊息的歌曲，準備歌曲片段，剪輯成拼貼式音樂。寫一張展示卡，幫助聽眾了解你認為這些歌曲如何表達這本書的意義。在展示中放入一首你認為能反映你的生活主題的歌曲，並解釋它的意義。

知　　道：主題、場景、人物塑造。
做　　到：將小說的元素和你自己的生活連結起來。為觀眾而寫作。
理　　解：好的小說也與讀者息息相關，好的小說幫助讀者嘗試不同的生活。
核心問題：好作家如何將讀者變成思考者？

在圖表中，你會注意到作業單有兩個版本，分別標示為第一版和第二版，這些標示**不會**出現在發給學生的作業單上，這裡增加標示是為了幫助讀者了解這位老師創造這兩個版本的過程。你也會注意到，兩個版本在九宮格下方都包含了相同的 KUDs，而且在九宮格上方都包含了品質指標的說明。兩個版本的品質指標略有不同，第一版的品質指標難度比較高。

學生會在一組評量規準的引導下進行他們的任務，重點聚焦在這次段考期間著重的小說元素和所謂的「作品品質」。他們首先會在小組裡討論，然後跟巴拉德老師一起發展出作品品質的指標，並將這些指標寫在九宮格上方（思慮周詳、有獨創性、精確、詳細、有洞察力、以優雅的方式表達），以確保大家對這些用語有共同的了解。請注意兩個版本的作業單都包含了「思慮周詳」和「有獨創性」，也請注意第一版有三格任務也包含在第二版當中。巴拉德老師在第二版放入了第一版裡三個比較不複雜的任務選項，因為她認為一些學生可能會想「兼顧」兩個版本，所以在當中放入一些相同的任務，可以讓這些學生順利銜接兩個版本。她也指出，剛剛步入青少年階段的學生有時會覺得和朋友做相同的任務是很重要的事，如果兩個朋友最後選擇了不同版本的作業單，他們仍然可以決定選擇兩個版本都有的三個相同任務。

巴拉德老師為非常高階的讀者和思考者創造了第一版，接著創造第二版供班上其他同學使用，她調整了「等化調音器」上的一些連續光譜（例如：複雜度、抽象程度、思考和理解的躍進幅度），以降低第二版的作業難度。換言之，她做了「往上教」的教學計畫，從單元的 KUDs 和高度期望開始，要求所有學生理解他們正在學習的內容，並且成為思考者和創造者。然後，她開發了第一版的作業，相對而言比較複雜、多元面向、抽象、開放式、需要洞察力的顯著躍進等，好讓它對於寫作和文學理解分析方面優秀的學生來說，會有點艱難、具有挑戰性。第二版作業維持相同的 KUDs 和期望，學生必須理解他們閱讀的內容，成功分析它，並將他們的知識和理解遷移應用到課堂上研究使用的小說以外的不同情境當中。然而，組成第二版作業的任務（除了兩個版本共有的任務之外），在等化調音器的某些連續光譜上比第一版更偏左一些。兩個版本都為學生提供一些選擇，讓不同學生可以善用他們的興趣和偏好的學習方法來分享他們的學習成果。

想想巴拉德老師如何運用往上教和等化調音器

- 花幾分鐘時間檢視圖表 18.2 兩個版本的小說思考九宮格作業。
- 從每個版本的「場景」列,選擇一格或一項任務(但不是兩個版本的情境列都有的任務)。
- 運用等化調音器來比較你所選擇的兩格任務。你能否看到等化調音器上的一個或多個指標看起來更偏向右邊(也就是,第一版的指標相較於第二版的同一指標,是否調到難度更高的位置)?
- 現在,從第一版的「主題」列,選擇一格任務。
- 從等化調音器選擇一個指標,用來思考你所選擇的第一版主題任務,想想你會如何稍加修改任務內容,讓它變得比現在更加複雜、抽象、開放和多元面向等等?
- 從第二版的「主題」列,選擇一格任務。
- 從等化調音器選擇一個指標,用來檢視你所選擇的第二版主題任務,想想你會如何稍加修改任務內容,讓它變得比較不複雜、不抽象、少一些面向、要求比較小的思考躍進或遷移應用等等?
- 巴拉德老師搭建什麼鷹架,讓學生更有可能做到任一版本或兩個版本的九宮格任務?
- 想想你某個班上的幾位學生,有特殊的學習需求、情緒或社交上的困難、學業優異或有高度的創造力等等的學生。考量這些學生的需求,就你選擇的一格任務重新撰寫任務內容,讓它的難易度處於適合學生的「挑戰區」。
- 現在,再次看看等化調音器。你在修改這項任務時,調整了哪些按鈕(即使你當時並沒有看著等化調音器)?

請記得,等化調音器是一種啟發法(指引),而不是一種公式(處方)。它可以指引你朝一個合理的方向前進——提供一些對你的思考和計畫有用的詞彙,但是,思考本身仍然必須是你自己的思考。

清楚和高度的期望+等化調音器的連續光譜+搭鷹架=各樣的學生都能公平獲得高品質、有意義的學習機會。

巴拉德老師會進一步搭建第二版作業的鷹架，包括：在學生決定了要選擇哪三項挑戰任務之後，和學生對話討論如何著手進行任務；提供計畫表格（planning grids），讓學生可以在開始工作之前列出他們的想法、工作步驟和時間表；安排幾個檢核日期選項，讓她能夠提供學生早期的回饋；將作業翻譯成英語學習者的母語；運用學習分站，讓學生可以找到與不同作業組成任務有關的素材，並且獨立或與一位夥伴一起研究這些素材；在為期三週的作業期間，多次舉辦寫作工作坊；以及在課堂作業時間和學生會談討論。此外，她也利用電影和電視節目的片段與全班討論相關的想法，像是在小說、電視節目或電影裡，如何引入、複雜化和解決一個問題；音樂如何有助於營造氛圍；以及學生如何將小說（或傳記、自傳）裡的事件和他們自己的生活連結起來。

使用任一版本作業單的學生都可以取用巴拉德老師教室和美術教室裡提供的美術材料及文具用品。學生可以跟巴拉德老師登記借用筆記型電腦，他們可以在筆記型電腦上或透過班級內部網站使用班上經常使用的應用程式，讓他們能夠透過多種模式來溝通交流他們的學習，有幾個應用程式能夠讓學生和同學協作，並且貼出草稿讓同學提供回饋意見。

第二個例子：一年級數學課

明克爾老師在一所 Title I 學校（根據美國《中小學教育法案》的第一章[Title I]，聯邦政府補助經費給貧窮及弱勢兒童的學區學校）教導一年級 24 名學生，這所學校大約 80% 的學生是英語學習者，而且大多數學生有資格接受免費和減免午餐費計畫的補助。除了基於語言、文化和貧窮而產生不同學習需求的學生之外，他還教導可能有特定閱讀障礙和 ADHD 的學生，以及經歷過或正在經歷創傷的兒童。有幾位學生雖然剛接觸英語，但學習速度很快，思考流暢敏捷，尤其是在數學方面。

今天開始上課後，這位老師的教學方法展現出兩個明顯的特點。第一，他從剛開學的幾天就教導學生各種教室常規和例行做事流程，這樣當他發出轉換科目、作業任務或工作安排的信號時，學生就會採取相應的行動，無縫進入接下來

的活動。當這節數學課開始時,他才剛剛要求學生們移到教室一側的彩色地毯上,學生聚精會神地坐著,看著前方坐在旋轉椅上的老師,他們對這些常規的熟悉度使得這天的行事變得可以預期,並且讓他們在這個環境中有一種自主能動感。

第二個特點是教室環境平和,有安全感。他對著年幼學生說話,彷彿他們已熟悉英語一樣,但同時也使用許多策略來強化關鍵字詞彙,並且在語文課本身和數學課裡示範句子結構。教室的牆上有字詞彙表、學生的作品,以及成長型心態的特質和如何相互尊重地交談的提醒。他持續教導學生成功合作所需的技能,並且強調學生可以透過促進大腦發展的方式來學習——這會使他們變得更聰明。教室裡有一種「老師信任孩子,孩子也信任老師」的感覺存在。

在今天的數學課上,他和學生繼續研究「陣列和群組」(arrays and sets)的概念,並開始探究與「陣列和群組」算式表示法有關的乘法。圖表 18.3 提供了這節課的 KUDs。

明克爾老師已根據兩次學前評量觀察,規劃了今天的上課內容。一次是上週他有目的地觀察一項活動,第二次是有目的地觀察學生怎麼玩一個名為「圓與方」的遊戲。在今天上課之前,學生們已經有過許多關於等值群組(equal sets)和分組計數物件(counting sets of things)的經驗。隨著學生所處理的陣列數字變得越來越大,他將介紹「乘法是重複的加法,也是更經濟有效描述陣列／群組的方式」的概念。

▶▶▶ **圖表 18.3　明克爾老師一年級「陣列和群組」單元一節課的 KUDs**

透過對「陣列和群組」的研究,學生應該:		
知道	理解	能夠做到
陣列是由行和列組成。 群組是幾組物件的集合。 描述組合的算式可以有三種方式來表示。	數字(Numbers)可以用不同的方式分解。 數量(Quantities)不是靜態的。 數學家會用多種方式分解數量。	用兩種或更多種不同的方式來排列物件的群組。 以三種不同的算式寫出陣列的表示法。

在他歡迎學生來到今天的數學課之後，他指著椅子旁的掛紙白板（flip chart），要求學生和他一起讀出這個單元的「大問題」。他一邊短暫地指著每個字，學生一邊讀出：「我們要怎樣把群組分解成不同的陣列？」

明克爾老師指著網格圖，第一個圖有 4 行和 5 個格子；第二個有 2 行和 3 個格子；接著開始簡短的複習：「誰可以告訴我，這是不是一個陣列？」大部分學生不是搖頭就是回答：「不是！」

「好，來看看這個例子。」他指著掛紙白板上的另一個網格圖說：「這是陣列嗎？」這次學生熱烈地點頭或說「是！」。

「那，我們怎麼知道是不是陣列？轉身跟旁邊的同學說說你的想法。」

明克爾老師暫停了一下，讓學生對話討論，同時仔細觀察學生之間的互動和回應，然後他提問：「這個圖為什麼是一個陣列？」

學生回答：「它的列和行有相同數量的方格。」

「用你的手比給我看哪個是列。」

所有學生用手比出從上到下的動作。

「對！」老師說：「現在，比給我看哪個是行。」

這次，學生用手「畫」出了一條水平線。

「看看這個陣列，」他一邊說，一邊指著掛紙白板上的另一個網格圖。「分解這個陣列的這幾個方式，哪一個是正確的？」

他一一讀出和指出三種算式表示法：「5＋5＋5＝15。3 組 5 是 15。3×5＝15。」

在暫停一陣子，讓學生和一位夥伴討論哪一種是正確的表示法之後，許多學生回答說這三種方法都是正確的。接下來，他請學生分解「一個常見的數字」而不是一個陣列，學生提出分解 8＋4 的幾種方式。

「環顧我們的教室，看看你能不能找到一個陣列。」

大約 15 秒後，他請學生告訴一位夥伴他們的發現。一位學生說牆上的數字圖表是一個陣列，並且解釋他為什麼這麼認為。另一位學生指著他們坐的彩色幾何地毯，明克爾老師一邊點頭一邊微笑著對學生們說：「你們知道自己坐在一個陣列上面嗎？！」

學生們低頭看著地毯，微笑或咯咯地笑了起來。他請學生告訴他地毯上的列是哪個方向，然後行是哪個方向。學生再次用手「畫」出上下和左右的方向。既然學生已經想到教室裡兩個正確的陣列例子，他延長他們找尋其他陣列的時間，然後讓幾位學生分享他們的發現。

在仔細觀察學生的時候，他偶爾會輕聲地說：「米格爾，那聽起來對嗎？」或「你正在和我們一起想嗎，索菲亞？」這些問題問得非常輕柔，而且自然無痕地體現他所分享的想法：只有當老師說出學生的名字時，學生才會意識到老師是在對他們說話。

完成複習以後，他告訴學生今天他們要一起把群組分解為一個陣列。「你們會很神奇地變身成糖果工廠的員工，而且你們要找出辦法，用陣列的方式來包裝你們製造的糖果。」

他從書桌抽屜裡拿出一盒心形巧克力，解釋這是一位學生送給他的情人節糖果。他打開盒子，指出製造這個盒子的糖果工廠的人決定將糖果包裝成心形。

他用手指畫出心形，讓學生們看到，然後問：「他們用陣列的方式包裝糖果嗎？」

學生們搖頭：「不是。」

明克爾老師表示同意。

「今天，在你們的糖果工廠裡，設計師希望用陣列的方式來包裝巧克力以節省空間，這樣他就可以在每個盒子裡裝入更多的巧克力。」明克爾老師指著心形盒子裡可以用來放置巧克力的位置，如果設計師想要使用陣列而不是心形，就可以在這些位置放置巧克力。

他請學生神奇地變身為糖果工廠的員工，他們立即回答：「快變！」同時也比出共同的手勢使出魔法。

在簡要解釋了學生接下來要做的事情，再舉另一個 4×4 陣列的算式表示法為例之後，明克爾老師要學生和他一起到教室的另一側進行魚缸式討論示範。在他請凱拉當他的夥伴，一起解決問題時，其他學生迅速移動並圍在一起觀察。「當我只是口頭說明指令時，我的一年級學生通常未必聽得懂，但是當他們看到示範，通常就準備好可以開始行動。」

他交給凱拉一個裝滿亮藍色木頭方塊的袋子，同時手上拿著一張滿是方格的紙張，方格的大小和木塊一樣。他說，凱拉會用袋子裡的所有木塊來排出一個陣列。當她完成排列，而且學生都認為這個樣式真的是一個陣列時，凱拉把這個陣列的形狀從大方格紙上剪下來，然後他用學生同意是正確的三種方式寫出算式表示法。接著，如果他們不是只做示範，而是真的在進行整個活動的話，他們就會交換角色，他要排出另一個陣列，換成凱拉寫出大家都同意的算式表示法。他指出：「這個活動需要小組中兩個人一起搞清楚每一個部分。」

凱拉認為她有一個關於陣列的好主意，但是行不通。袋子裡沒有足夠的木塊，沒辦法讓第三列排到正確的長度。「哦，這樣不行，」明克爾老師對大家說：「我應該放棄嗎？」

學生們用力搖頭：「不行！」

「沒錯！」他說：「數學家總是堅持不放棄！」

經過幾次嘗試後，凱拉和明克爾老師成功排出了一個陣列，凱拉剪下陣列的形狀，明克爾老師寫出算式表示法，為班上同學示範這整個過程。明克爾老師很常將學生分組和重新分組。在學生先前完成的一個研究計畫中，他們是根據對共同主題的興趣來分組；有時在閱讀課，他們會根據特殊的需求，例如閱讀流暢度或理解能力來分組。

在今天的數學課，他們是根據老師上週兩次觀察評量、仔細筆記注意到的不同準備度來分組合作。他把一袋袋的木塊分發給兩兩配對的學生，一邊點名，一邊把袋子發給每一對學生。今天上課採用的是分層式作業，雖然所有小組的任務都是相同的，但有些小組的袋子裡有 12 個木塊，有些組是 18 個，有些組是 24 個。對於仍在努力精熟加法的學生來說，12 個木塊比較容易計數、排成一個陣列和正確寫出算式表示法。

學生們自動移動到教室的一個區域，那裡有足夠的桌面空間可以鋪放木塊。方格紙和剪刀就放在每張桌子中間，學生走到座位旁就會看到這些工具。他們一對一對坐下來，彼此之間留下了一些空間，立即開始研究糖果工廠的工作。明克爾老師在教室裡走動巡視、聆聽對話、做筆記和提問。

有時候，他會坐下來指導小組學生。有兩個男孩在如何排出正確的陣列上遇

到了困難,所以老師坐在他們身邊提出問題,給他們充足的等待時間來想一想下一步該怎麼做。在指導這對學生一段時間之後,他拿走幾個木塊,請兩個男孩再想想如何排列這些木塊,讓每行和每列都有相同數量的木塊。再經過幾次嘗試以後,他們搞清楚了,明克爾老師轉身去指導另一對學生時,兩個男孩正在討論算式表示法。

他看到兩個女孩能夠迅速排出幾個陣列,但也看到排出來的是她們熟悉的模式,這對她們來說並沒有太大的挑戰。他和她們討論了他的觀察,認為她們看起來已經有能力用更多的木塊或不太熟悉的形狀來排出陣列。在接下來的幾分鐘裡,這兩個女孩苦苦思考怎麼分解群組,但是當明克爾老師繞了一圈再回到她們的桌子時,他看到兩人咧嘴大笑,擊掌慶祝完成了挑戰。但算式表示法是另一個挑戰,不過在老師說「你們已經完成了第一個目標,我相信你們也能解決這個問題」之後,她們繼續堅持努力。

到了明克爾老師示意一年級學生該準備收拾他們的工作時,他翻翻在學生小組合作期間所做的幾頁筆記,以決定在這節數學課結束時他要提出哪些重點。然後,他指著白板上方的一張圖表,要求學生想一想他們有多認真投入剛剛的活動,是整個活動期間都認真投入,還是大部分、部分或少部分活動期間?所有學生都對第一個回應豎起大拇指。

「我同意。」明克爾老師說:「今天每個孩子都非常認真投入。所以,這代表你們今天變聰明很多,聰明一些,聰明一點點,還是沒有變聰明?」

這些學生很熟悉成長型心態的連續光譜,他們都同意由於他們的認真投入,他們變聰明很多。

接下來,老師要求一年級學生進行「畫廊漫步」,到處走走、看看同學排出來的陣列和他們的算式表示法。然後,當學生聚集在課程開始的地毯上時,明克爾老師和他們討論了他在他們工作過程中觀察到的正向表現,以及他們會繼續一起努力學習的想法。

以先前「乘法是更經濟有效描述陣列的方式」的重點作為課程的結束,他在掛紙白板上的陣列旁邊寫下了一個算式:$3+3+3+3+3+3=18$。在下方,他寫了 $6 \times 3 = 18$。他請學生跟他一起讀出第一個算式,他緩慢指著每一個數字,費

力地讀出來,並且在他們讀完時說:「呼!這是描述這個陣列的正確算式嗎?」

學生們都點頭:「是的,這**是**正確的。」

然後他請他們讀出第二個算式,這次讀得比較快。「**這個**算式是正確的嗎?」他問。

學生們再次點頭。

「對,你們又說對了。兩個答案都是正確的,只是第二個算式快很多。這就是數學家寫算式的方式。」

明克爾老師再次指著第二個算式,然後再指著比較長的算式,詢問學生這兩個算式的答案,哪一個的數字比較大。許多學生回答:「它們一樣大。」

「你們都很認真,也學得很好。」他邊說邊微笑。

接著他請學生讓他知道他們有多了解今天上的數學概念。「如果你覺得你完全了解這些概念,請豎起大拇指。如果你基本上了解但還需要一些練習來確定,請豎起大拇指。如果你現在有點疑惑,請豎起大拇指。」

不同的學生對不同的選項豎起大拇指。

「如果你有點疑惑,這樣可以嗎?」他問。

學生們點頭說**可以**。

「當然可以。」他回應:「我常常感到疑惑,但只要繼續學習,就會變得越來越清楚。」

這節課結束時,明克爾老師再次請學生使用他們的魔法,把自己變回一年級的學生。

想想明克爾老師的數學課

- 你認為，明克爾老師用什麼方式往上教他的學生？
- 他在全班教學時間（高速公路時間）做了什麼來支持學生在學科準備度、語言、貧窮、情緒需求和興趣／長處等方面的不同需求？
- 他在全班教學時間（高速公路時間）做了什麼來處理學生的差異？
- 他對於教與學的信念和方法，以何種方式為這些學生提供公平獲得複雜和多面向學習的機會？在其他教學情境中，可能無法獲得這樣的學習機會。
- 在出口匝道時間，他做了什麼來處理不同學生對於群組、陣列、算式表示法的理解，以及乘法的基本理解？
- 他的形成性評量方法是什麼？你認為他為什麼會以這種方法進行？
- 他如何收集有關學生發展的資料？他如何利用他從資料中學到的？
- 思考等化調音器，明克爾老師做了什麼，讓全部學生都學習群組、陣列和算式表示法，但是又能以適合他們目前數學發展位置的挑戰難度來學習？
- 你認為，哪些個人特質和專業特質有助於他成功擔任教師並且幫助他的學生成功學習？
- 如果有機會，你想問明克爾老師什麼問題？

結論

　　在我任教的大學裡剛讀完第一年的博士生，皺著眉頭對我說：「我覺得自己一遍又一遍重複閱讀著相同的想法，無論我讀的是什麼。」

　　「請再多說一點。」我說，不確定她的意思和明顯的困擾是什麼。

　　「嗯，」她停了很久之後說道：「我閱讀課程文獻的時候，裡頭的想法似乎和我閱讀教學文獻時發現的想法是相同的。」停頓了一下。「而且，我閱讀評量相關的文獻時，發現其中也有一些相同的想法。」更長的停頓。「然後，在我閱讀差異化教學的文獻時，這些想法又再次出現了。」

　　我完全明白她在想什麼。比她早幾年之前，我也曾經有這樣的體驗。我知道我的博士生正在閱讀哪些作者的著作，也完全能理解她從一本書到另一本書所聽到的回音是如此相似。我也知道，她最終會發現和我一樣的發現，因為我走過的旅程與她非常相似。

　　「我覺得你正在做一件很重要的事情。」我說：「繼續閱讀，而且，在你閱讀時，請想想根源。」

　　近半個世紀以來，為我們的教學思維、研究、計畫和實施提供養分的根源系統已經穩固健全。因為各個學術領域持續探究、演進所帶來的發現，以及相對新興的教育神經科學領域的發現，使得這些根源隨著時間的進展而變得更加強大。

　　例如，我們知道了很多關於人類如何學習；關於大腦需要什麼條件才能產生持久的學習；關於情意發展、社會發展與學業或智能發展之間的相互依賴關係；關於對學習造成阻礙的因素（無論是短期和長期）以及如何繞過這些阻礙來進行教學。我們知道學習團體的力量可以改善團體成員的學習，也知道教師／學生之間的信任和關係居於學生成功的核心。我們知道，如果學科內容缺乏和學生之間的關聯性，那它們就鮮有機會對孩子的生命網絡產生助益。

因此，當我在撰寫這本書，首次重讀和參考數十本書籍的時候，發現那些成功教導貧窮學生的建議，在很多情況下，和教導英語學習者、有特定閱讀障礙、ADHD 或 EBD 學生的建議是相同的，這並不令我感到意外。那些研究經歷創傷學生的專家，和那些研究多元種族文化學生（包括發現自己的種族背景成為阻礙自己獲得卓越學習機會的學生，以及各種文化背景並非美國主流文化的學生）的專家非常相似，也不足為奇。

在我完成這本書的初稿，再回頭檢視和修訂，然後補充內容又重複整個寫作過程時，我再次體認到，對任何類型學生的優質教學都是根源於我們對所有學生的優質教學的認識和了解。有些主題對於某位學生可能比對其他學生更為重要，對於某一類型的學生可能比另一類型的學生更重要（包括這些提醒：沒有哪兩個學生是完全相同的，一體適用所有人的教學並不在優質教學的原則裡面）。這一次我的結論是，當優質學習的基礎搖晃不穩的時候，受到傷害最重的學生，是那些因各種原因而導致生活上長期或暫時處於弱勢的學生。

有望成功的融合教育並非始於教室教師變成多種特殊學習障礙的專家，而是始於這些教師能夠受到支持去「建構」自己、對所教學生的信任和尊重、彈性的學習環境、他們的評量方法和運用、他們的教學模式，以及領導和激勵年輕學子的能力。這個根源系統運用的是我們這個行業對於成功教與學的最佳知識。這個根源系統屬於每一位學生，而且它既歡迎融合教育，也使得融合教育成為可能。

在我撰寫這本書的結論時，我重讀的一本書是 Alfred Tatum（2005）的 *Teaching Reading to Black Adolescent Males*（書名暫譯為《教導男性黑人青少年閱讀》）。我的書上滿滿都是過去超過十五年來不斷重讀所畫的底線、螢光標示、打勾符號和註記方框。這本書的書名聽起來好像是為一個特殊群體——青少年，而不是所有年齡；男性，而非女性；黑人學生，而不是其他種族的學生的教師所寫。的確，那個特殊的焦點**正是** Tatum 寫這本書的目的，他從實際經驗知道，他所寫的這類型學生經常因種族主義和無效教學而受到貶低。他了解這些學生，並且導正他們未來所需要的教學的特質，他幾乎在每一頁裡面都直接論及這些事情，強調男性黑人青少年公平獲得卓越學習機會的優先重要性和各種途徑。

儘管如此，因為這本書引用了關於如何接觸、了解學生和支持他們成長的教

學知識的根源系統，所以它也代表我們學校裡廣大的學習者發聲。當 Tatum 描述文化回應型教師的特質時，請想想有多少描述指標反映了本書第一部分討論到的教學基礎指引。然後再想想，有多少描述指標出現在本書第二部分各章占大部分篇幅的教導各種特殊類型學生的原則（我稍微改寫了 Tatum 的句子，並且省略了他所列出來的 27 個特質裡的一些項目）。Tatum 使用「文化回應型教師」作為這份清單的標題。

因為我針對這份清單所做的一些修改，以及根據這本書的焦點，我為這裡所列的清單定了如下的標題：

回應型教師

- 了解他們的學生和他們教學的學科內容。
- 將學習放在有意義的情境脈絡中。
- 幫助學生更了解自己和這個世界。
- 尋找方法幫助學生看到文本對他們的生活、未來和社群的意義。
- 提供能夠形塑和影響學生生活的教學。
- 運用與學生經驗有關聯而且引起共鳴的文學作品。
- 幫助學生定義他們想要成為什麼樣的人，無論社會對他們的觀感如何。
- 避免將學習侷限在考試所需的規定技能和知識。
- 以關懷和尊重學生及其文化的概念為基礎，建立教室團體。
- 建立信任關係和形同家人的親密感。
- 滿足學生對學業、文化、發展、情緒和社會學習方面的需求。
- 了解學生的親身經驗以及學生對這些經驗如何回應。
- 盡一切可能將學生在校內的生活與他們的校外生活連結起來。
- 了解他們身為教師的角色和功能，遠遠不止於幫助學生在考試中取得好成績。
- 在教學過程中，強調協同合作，而非競爭。
- 與學生共同承擔成功的擔子，而不是只將成功或失敗歸因於學生。
- 透過對學生全人的豐富觀察來規劃教學和評量。

- 對抗課程和教學環境裡的刻板印象。
- 了解讀寫能力和理性思考是反抗的工具。
- 抵制削弱學生權能的課程和課程取向。
- 尋求方法幫助學生在學科之內、跨學科之間以及與他們的生活建立連結。
- 將教學重點放在幫助學生發展策略,希望學生能克服學業和社會的阻礙,邁向成功。

雖然在調整 Tatum 的清單時,我選擇將「文化回應型教師」改為「回應型教師」,但我也可以直接採用 Tatum 的標題。我們都受到一種文化(或其實應該說是多種文化)的塑造。我們通常擁有一種國家文化,它在許多方面定義了我們的身分,但我們也帶著一個地區的文化、身為女性或身為男性的文化。我們也是運動員、詩人、音樂家或部落或雙胞胎或獨生子女文化的一部分。我們反映了創傷或非常規性別認同或貧窮的文化——盲人、自閉症或資優者的文化。因此,我們需要教師一天一天變得更有能力去創造文化回應型和學業回應型的教室。這兩種回應能力都根源於優質的教學,聚焦關注個別學生,確保每位學生都能公平獲得學習機會,最大限度地擴展他的學習能力,並將學習轉化為生活。

以下是最後一個長期以來一直迴盪在我的思考並傳進這本書裡的回音。大約三十年前,Grant Wiggins(1992)取材於教育實踐智慧的深厚根源,總結了教育領域以及我們身為個別教育者所面臨的挑戰:

> 只有當我們不再將學生的多樣性視為問題時,我們才能成功地將學校重新建構為有效的學校。我們的挑戰不是讓「特殊」學生更好地適應平常的生活……挑戰依然存在……即確保所有學生都能獲得他們應有的權利。他們有權接受激發思考又增長能力的學業,讓他們可以善用自己的心智,發現其中的樂趣,進而願意推動自己走得更遠。他們有權接受好的教學,要求老師像醫生一樣負起責任義務,在未見進展發生時改變策略。他們有權接受評量,為學生和老師提供對現實世界標準的洞見、

有用的回饋、自我評量的機會，以及和評量者對話，甚至挑戰評量者的機會——這是在民主文化裡的一項權利。直到這樣的時刻來臨，否則我們無法洞察人類的潛能。直到我們達成這個挑戰，否則學校將會繼續獎勵那些幸運或已經擁有許多裝備的學生，並且淘汰表現很差的學生。（pp. xv–xvi）

我認為，我那經驗更為豐富的博士生現在會了解這些迴盪在 Tatum 和 Wiggins 的著作、在這本書、在這篇結論後面的參考文獻書籍以及其他類似書籍裡的回音。我相信她現在會明白，這些出處的作者汲取了我們在教育領域已開發和發展中的最佳知識的深厚根源。我也有信心她會理解這些知識是教學之鑰，為所有學生開啟公平的教育機會。

這些是深植於「每個人的教室」的根源。它們呼應著哈瑞・鮑許（Harry Bosch）的情操，電視影集《絕命警探》（Bosch）系列就是以他的姓氏為名。他是正義的鬥士——他的稜角因為這些奮戰而變得堅硬又柔軟。他有一項指導原則非常適合當作「每個人的教室」的標語：「每個人都很重要，否則就沒有人重要。」

致謝

　　這本書並不是某項贊助或專案計畫的成果，也不是與某所學校持續合作、有個團隊聚在一起共同解決需求和學習的成果。在這些情況下，通常很容易直接指出哪些人的貢獻形塑了這個出版品。

　　這本書不一樣。形塑這本書的，是我這一生遇到的許許多多的教育工作者和學生，他們的貢獻往往是慷慨無私，有時根本不知道他們幫助了我，影響了我的生命以及我對有勇氣的教學和轉化型教學的理解。就算我認為我有能力可以一一指名感謝那一長串名單上的每一個人（實際上並非如此！），我仍然擔心不小心遺漏應該列在名單上的人，或者將那些不願與我或我的工作扯上關係的人納進來。不過，我是因為這一大群的「老師」而成為今日的我，做著我現在在做的事，我還是覺得有必要以某種方式向這些影響我的人致謝。

　　造就我的是我在學校時期和大學生涯的老師，他們在我看不見自己身上有任何希望之時，看見了我身上的希望——他們花時間表達對我的關懷，不辭辛勞地為我找到一些可能幫助我找到自己的「計畫方案」：我的四年級老師請我走到校園門口去接她年幼的兒子，他放學後會來我們學校，我在門口接他並護送他回到我們教室；一位國中老師知道我喜歡在筆記本上寫滿佳言美句，是我在公共圖書館等待母親參加會議時，閱讀各種書籍當中找到的美麗語言；一位高中老師請我擔任一個全州性語言會議的學生主席，然後和她一起到距離我家幾個小時路程的一所大學擔任暑期助教；一位高中老師不甘於我總是保持沉默和不引人注意的個性，每週放學後花好幾個小時陪伴我，幫助我找到自己的聲音和使用這個聲音的勇氣；一位高中老師問我想不想設計和執行關於學生是否擁有汽車與其成績之間的關係的研究；一位大學教授在美國歷史課上分派每個學生到社區裡進行為期一年的研究，研究與我們課堂上所學相對應的團體或組織的歷史時，他就是知道哪

個情境對我來說最適合；教我大二英語課的一位名詩人，總會在我寫出來的作品旁邊寫上「哇！」，但也會特別用心給我一些有時會令我難受的回饋，指出我的前方還有漫長的創作之路。這些老師，以及更多的老師，讓這個想法深深印在我腦海中：一位關懷有愛的老師擁有改變一個人生命軌道的力量。長久以來，我每天都試著將這樣的理解帶進我自己的教室，並且在我的著作中倡導看見、相信和關懷年輕學子的力量。

年輕初任教師時，我收到的一個建議也形塑了我的生命軌道。這個建議是要找到最擅長本職工作的同事，和這些人建立夥伴關係。那位顧問說，這將會成為師徒指導、同事合作和理想抱負的泉源。至少，在我的生命中，他是對的。有時我主動尋找那些老師，有時我們偶然認識了彼此。在我身為教育工作者的職業生涯中，是這些人邀請我進入他們的教室；是這些人和我一起在設備很差的教室裡搭建磚塊和架設書架；是這些人和我一起或坐或站地進行了無數正式和非正式的對話，一起發展出絕妙精彩和命運多舛的計畫；是這些人跟我分享並允許我跟他們分享笑聲、眼淚、委屈和喜悅。其中的一些夥伴組成了一個教師團體，在將近十五年的時光裡，一起發展、實施和完善了我們現在所謂差異化教學的種子。

四十多年來，也有一些作者和會議演講者激起了我求知若渴之心，想要對我們共同的專業學習更多、了解更多；是他們挑戰我由堅實的信念系統或哲學來進行我的工作；是他們始終明確地指出，老師的工作是幫助年輕學子有能力建立滿足和充實的生活。

而且從過去到現在，我最好也最有說服力的老師一直都是那些進入我們共同享有的教室的學生，而且他們必然會讓我精力充沛，更有能力去教學、和其他教育工作者分享想法。他們有人勝利得意，有人飽受創傷；有人成熟得嚇人，有人不成熟得嚇人；有人有明智的父母支持協助，有人在這世上漂泊不定。他們（大致上）對我坦誠相待，儘管誠實偶爾會造成痛苦，但那也是深入洞察的主要來源。他們希望學習是快樂的，他們幾乎總是勇於迎接挑戰。他們每一個人都需要老師看見他們個人本來的樣子，和他們一起夢想他們的夢想，並且成為幫助他們達成曾經認為遙不可及的目標的催化劑。透過回憶、探訪、通訊和社交媒體，他們仍然持續影響著我、形塑著我。他們是商店老闆、老師、律師、大學教授、心

理學家、辛勤流汗工作的勞工、社工人員、音樂家、藝術家、作家、演員、前鋼管舞者，以及古董飛機上的特技機翼行者。他們也為人父母，體驗著因這個角色而帶來的喜悅、疲憊以及吞噬靈魂的悲劇。他們就是一切。他們每天提醒我們：我們教學的方式具有非常深遠的影響力。

我非常感謝並深深感激所有這些在我每天的生活和工作中留下印記的人們，而他們的身影也交織貫串在這本書裡。

參考文獻

11 facts about education and poverty in America. (n.d.). DoSomething. https://www.dosomething.org/us/facts/11-facts-about-education-and-poverty-america

American Psychological Association. (2017). *Ethnic and racial minorities and socioeconomic status*. https://www.apa.org/pi/ses/resources/publications/minorities

American University School of Education. (2020, August 26). Teaching culturally and linguistically diverse students. https://soeonline.american.edu/blog/culturally-and-linguistically-diverse-students#:~:text=%20Teaching%20culturally%20diverse%20students%20entails%20the%20following,diversity%20in%20teaching%20styles.%20Making%20an . . . %20More%20

Annie E. Casey Foundation. (2006). *Race matters: How race affects education opportunities*. https://www.aecf.org/resources/race-matters-how-race-affects-education-opportunities

Anti-Defamation League. (2021, April 27). *U.S. antisemitic incidents remained at historic high in 2020*. https://www.adl.org/news/press-releases/us-antisemitic-incidents-remained-at-historic-high-in-2020

Applied Behavior Analysis. (n.d.). *30 things all teachers should know about autism in the classroom*. https://www.appliedbehavioranalysisprograms.com/what-all-teachers-should-know-about-autism-in-the-classroom/

Azano, A., Missett, T., Tackett, M., & Callahan, C. (2018). The CLEAR Curriculum Model. In C. M. Callahan & H. L. Hertberg-Davis (Eds.), *Fundamentals of gifted education: Considering multiple perspectives* (2nd ed., pp. 293–309). Routledge.

Bailey, E. (2019, April 2). *Creating a dyslexia-friendly classroom*. ThoughtCo. https://www.thoughtco.com/creating-a-dyslexia-friendly-classroom-3111082

Barile, N. (2017, August 2). 5 things you can do to support your LGBTQ students. *Hey Teach!*. https://www.wgu.edu/heyteach/article/5-things-you-can-do-support-your-lgbtq-students1809.html

Berger, R., Rugen, L., & Woodfin, L. (2014). *Leaders of their own learning: Transforming schools through student-engaged assessment*. Jossey-Bass.

Borland, J. (2018). Problematizing gifted education: Thinking radically about our beliefs and practices. In C. M. Callahan & H. L. Hertberg-Davis (Eds.), *Fundamentals of gifted education: Considering multiple perspectives* (2nd ed., pp. 71–82). Routledge.

Borland, J. (Ed.). (2003). *Rethinking gifted education*. New York: Teachers College Press.

Boroson, B. (2020). *Decoding autism and leading the way to successful inclusion*. ASCD.

Brandt, R. (1993). On teaching for understanding: A conversation with Howard Gardner. *Educational Leadership*, 50(1), 4–7.

Breiseth, L. (n.d.). *Getting to know your ELLs: Six steps for success*. Colorín Colorado. https://www.colorincolorado.org/article/getting-know-your-ells-six-steps-success

Bryant, D., Bryant, B., & Smith, D. (2020). *Teaching students with special needs in inclusive classrooms* (2nd ed.). Thousand Oaks, CA: Sage.

Burnham, K. (2020, July 31). *5 culturally responsive teaching strategies*. Northeastern University Graduate Programs. https://www.northeastern.edu/graduate/blog/culturally-responsive-teaching-strategies/

Callahan, C. (2018). The characteristics of gifted and talented students. In C. M. Callahan & H. L. Hertberg-Davis (Eds.), *Fundamentals of gifted education: Considering multiple perspectives* (2nd ed., pp. 153–166). Routledge.

Callahan, G. (2020, October 26). *Teaching methods & strategies for students with autism*. https://www.rev.com/blog/instructional-teaching-strategies-for-students-with-autism

Centers for Disease Control and Prevention. (2019). *Attention deficit hyperactivity disorder*. https://www.cdc.gov/nchs/fastats/adhd.htm

Centers for Disease Control and Prevention. (2020a). *ADHD in the classroom: Helping children succeed in school*. https://www.cdc.gov/ncbddd/adhd/school-success.html

Centers for Disease Control and Prevention. (2020b). *Data and statistics on autism spectrum disorder.* https://www.cdc.gov/ncbddd/autism/data.html

Centers for Disease Control and Prevention. (2021). *Data and statistics on children's mental health.* https://www.cdc.gov/childrensmentalhealth/data.html

Chaltain, S. (2016, March 14). *Restorative justice: A better approach to school discipline.* GreatSchools. https://www.greatschools.org/gk/articles/discipline-in-schools-moves-toward-peacemaking/

Cochran-Smith, M. (1991). Learning to teach against the grain. *Harvard Education Review, 61*(3), 279–311.

Cohen, E., & Lotan, R. (2014). *Designing groupwork: Strategies for the heterogeneous classroom.* New York: Teachers College Press.

Cole, R. (Ed.). (1995). *Educating everybody's children: Diverse teaching strategies for diverse learners.* ASCD.

Collaborative Classroom. (n.d.). *Collaborative literacy: Comprehensive ELA curriculum reimagined.* https://www.collaborativeclassroom.org/programs/collaborative-literacy/

Collins, M. (1992). *Ordinary children, extraordinary teachers.* Hampton Roads Publishing.

Conn, A., Nelms, S., & Marsh, V. (2020). Creating a culture of care. *Educational Leadership, 78*(3), 58–63.

Cooper, T. (2016, August 10). *You can teach children living in poverty.* The Educator's Room. https://theeducatorsroom.com/teach-children-living-in-poverty/

Coulombe, M., & Marquez, K. (2020, December 2). *Supporting multilingual students in the early grades.* Edutopia. https://www.edutopia.org/article/supporting-multilingual-students-early-grades

Council for Exceptional Children & Council for Children with Behavior Disorders. (2020). *Information about emotional/behavioral disorders.* https://debh.exceptionalchildren.org/behavior-disorders-definitions-characteristics-related-information

Dack, H., & Tomlinson, C. (2015). Inviting all students to learn. *Educational Leadership, 72*(6), 10–15.

Desautels, L. (2017, April 26). *Reaching students with emotional disturbances.* Edutopia. https://www.edutopia.org/article/reaching-students-emotional-disturbances-lori-desautels

DiPietro, M. (2012). Association of American Colleges and Universities. *Applying the seven learning principles to creating LGBTQ-inclusive classrooms.* https://www.aacu.org/publications-research/periodicals/applying-seven-learning-principles-creating-lgbt-inclusive

Dyslexia Help. (2021). *10 helpful text-to-speech readers for back to school.* http://dyslexiahelp.umich.edu/tools/software-assistive-technology/text-to-speech-readers

The Dyslexia Resource. (2020, March 23). *Top teaching strategies for students with dyslexia.* https://dyslexiaresource.org/top-teaching-strategies-for-students-with-dyslexia/

Earl, L. (2013). *Assessment as learning: Using classroom assessment to maximize student learning* (2nd ed.). Corwin.

ED100. (n.d.). *Poverty and race: How do students' backgrounds affect their school performance?* https://ed100.org/lessons/poverty

Education and Behavior. (n.d.). *Try these 14 strategies to help children with ADHD improve focus and behavior.* https://educationandbehavior.com/strategies-for-children-with-adhd/

Eide, F. (n.d.). *How to help a dyslexic student in a general education classroom.* Dyslexic Advantage. https://www.dyslexicadvantage.org/how-to-help-a-dyslexic-student-in-a-general-education-classroom-part-i/

El-Mekki, S. (2017, April 14). 9 things every educator should know when teaching Black students. *Education Post.* https://educationpost.org/9-things-every-educator-should-know-when-teaching-black-students/

Erickson, H., Lanning, L., & French, R. (2017). *Concept-based curriculum and instruction for the thinking classroom* (2nd ed.). Corwin.

Ferlazzo, L. (2016, November 3). *Do's and don'ts for teaching English-language learners.* Edutopia. https://www.edutopia.org/blog/esl-ell-tips-ferlazzo-sypnieski

Ferlazzo, L. (2017, July 6). Author interview: "Culturally Sustaining Pedagogies." *Education Week.* https://www.edweek.org/teaching-learning/opinion-author-interview-culturally-sustaining-pedagogies/2017/07

Ferlazzo, L. (2020, Oct. 28). Raising "the bar" for ELL instruction. *Education Week.* https://www.edweek.org/teaching-learning/opinion-raising-the-bar-for-ell-instruction/2020/10

Ferlazzo, L. (2021a, February 14). Ten culturally responsive teaching strategies for the science classroom. *Education Week.* https://www.edweek.org/teaching-learning/opinion-ten-culturally-responsive-teaching-strategies-for-the-science-classroom/2021/02

Ferlazzo, L. (2021b, April 11). Strategies for supporting LGBTQ students. *Education Week.* https://www.edweek.org/leadership/opinion-strategies-for-supporting-lgbtq-students/2021/04

Ferlazzo, L., & Sypnieski, K. (2018). *The ELL teacher's toolbox: Hundreds of practical ideas to support your students.* Wiley.

Fisher, D. (1917). *Understood Betsy.* Henry Holt Publishers.

France, P. (2019, May 31). *Supporting LGBTQ students in elementary school.* Edutopia. https://www.edutopia.org/article/supporting-lgbtq-students-elementary-school

Fullan, M., Quinn, J., & McEachen, J. (2018). *Deep learning: Engage the world change the world*. Corwin.

Gay, G. (2018). *Culturally responsive teaching: Theory, research, and practice* (3rd ed.). Teachers College Press.

Gillis, M., & Kessler, E. (n.d.). *Treating dyslexia*. Smart Kids With Learning Disabilities. https://www.smartkidswithld.org/getting-help/dyslexia/treating-dyslexia/

GLSEN. (n.d.). *Developing LGBTQ-inclusive classroom resources*. https://www.glsen.org/sites/default/files/201911/GLSEN_LGBTQ_Inclusive_Curriculum_Resource_2019_0.pdf

Gobir, N. (2021, May 25). How unconditional positive regard can help students feel cared for. *Mindshift*. https://www.kqed.org/mindshift/57646/how-unconditional-positive-regard-can-help-students-feel-cared-for

Gonzalez, J. (2017, Nov. 5). Making school a safe place for LGBTQ students. *Cult of Pedagogy*. https://www.cultofpedagogy.com/lgbtq-students

Gonzalez, J. (2014, December 11). 12 ways to support English learners in the mainstream classroom. *Cult of Pedagogy*. https://www.cultofpedagogy.com/supporting-esl-students-mainstream-classroom/

Gorski, P. (2018). *Reaching and teaching students in poverty* (2nd ed.). Teachers College Press.

Green, E. (2021, March 25). Shifting the climate for transgender and non-binary students. *ASCD*. .https://www.ascd.org/el/articles/shifting-the-climate-for-transgender-and-non-binary-students

Greene, R. (2014). *The explosive child* (5th ed.). Harper.

Greene, R. (2014). *Lost at school: Why our kids with behavioral problems are falling through the cracks and how we can help them*. Scribner.

Greene, R. (2016). *Lost & found: Helping behaviorally challenging students (and while you're at it, all the others)*. Jossey-Bass.

Guskey, T. (1994). Making the grade: What benefits students? *Educational Leadership, 52*(2), 14-20.

Guskey, T. (2000). Breaking up the grade. *Educational Leadership, 78*(1), 40–46.

Guskey, T. (2019). Grades vs. comments: Research on student feedback. *Phi Delta Kappan, 101*(3), 42–47.

Guskey, T. (2020). Breaking up the Grade. *Educational Leadership, 52*(2), 14–20.

Haap, J. (2020, April 9). The private logic behind a trauma-informed mindset. *ASCD*. https://www.ascd.org/el/articles/the-private-logic-behind-a-trauma-informed-mindset

Hammond, Z. (2015, April 15). 3 tips to make any lesson more culturally responsive. *Cult of Pedagogy*. https://www.cultofpedagogy.com/culturally-responsive-teaching-strategies/

Harmon, W. (2018). *5 concrete ways to help students living in poverty*. The Art of Education. https://theartofeducation.edu/2018/09/11/5-concrete-ways-to-help-students-living-in-poverty/

Hattie, J. (2012). *Visible learning for teachers: Maximizing impact on learning*. Routledge.

Hertberg-Davis, H. (2018). Defensible curriculum for gifted learners: Where the rubber hits the road. In C. M. Callahan & H. L. Hertberg-Davis (Eds.), *Fundamentals of gifted education: Considering multiple perspectives* (2nd ed., pp. 249–251). Routledge.

Horn, C., Little, C., Maloney, K., & McCullough, C. (2021). *Young scholars model: A comprehensive approach for developing talent and pursuing equity in gifted education*. Prufrock.

Hosier, D. (n.d.). *Twelve examples of traumatic childhood experiences*. Childhood Trauma Recovery. Retrieved December 19, 2021, from https://childhoodtraumarecovery.com/all-articles/twelve-examples-of-traumatic-childhood-experiences/

Imbeau, M. (2020). Teaching students with special gifts and talents. In E. Smith, E. Polloway, & T. Taber-Doughty, *Teaching students with special needs in inclusive classrooms* (8th ed., pp. 323–345). Pro-Ed.

Institute for Child and Family Well-Being. (n.d.). *Translating trauma-informed principles into trauma-responsive practices*. https://uwm.edu/icfw/translating-trauma-informed-principles-into-trauma-responsive-practices

International Dyslexia Association. (n.d.). Reading Rockets. *Accommodating students with dyslexia in all classroom settings*. https://www.readingrockets.org/article/accommodating-students-dyslexia-all-classroom-settings

Jensen, E. (2019). *The handbook for poor students, rich teaching*. Solution Tree.

Johns Hopkins Medicine. (n.d.). *Attention-deficit / hyperactivity disorder (ADHD) in children*. https://www.hopkinsmedicine.org/health/conditions-and-diseases/adhdadd

Johnson, C. (2013, November/December). Leading learning for children from poverty. *AMLE Magazine*. https://www.amle.org/leading-learning-for-children-from-poverty/

Kafele, B. (2021). *The equity and social justice education: 50 critical questions for improving opportunities and outcomes for Black students*. ASCD.

Kaplan, E. (2019, April 19). *6 essential strategies for teaching English language learners*. Edutopia. https://www.edutopia.org/article/6-essential-strategies-teaching-english-language-learners

Kaplan, S. (2018). Differentiating with depth and complexity. In C. M. Callahan & H. L. Hertberg-Davis (Eds.), *Fundamentals of gifted education: Considering multiple perspectives* (2nd ed., pp. 270–278). Routledge.

Kam, K. (2020). *Asian American students face bullying over COVID*. Web MD Health News. https://www.webmd.com/lung/news/20200820/asian-ameerican-students-face-bullying-over-covid

Karten, T. (2017). *Building on the strengths of students with special needs. How to move beyond labels in the classroom*. ASCD.

Kearney, M. (2021, February 5). *Child poverty in the U.S. Econofact*. https://econofact.org/child-poverty-in-the-u-s

Keels, M. (2020). Building racial equity through trauma-responsive discipline. *Educational Leadership*, 78(2), 40–45, 51.

Kelly, K. (n.d.). *The difference between dysgraphia and dyslexia*. Understood. https://www.understood.org/en/learning-thinking-differences/child-learning-disabilities/dysgraphia/the-difference-between-dysgraphia-and-dyslexia

Kids Together, Inc. (n.d.). *Benefits of inclusive education*. https://kidstogether.org/benefits-of-inclusive-ed/

Kiebel, M. (2017, December 18). Helping LGBTQ students thrive in school. *The Chalk Blog*. https://www.learnersedge.com/blog/helping-lgbtq-students-thrive

Kluth, P. (n.d.). *Supporting students with autism: 10 ideas for inclusive classrooms*. Reading Rockets. https://www.readingrockets.org/article/supporting-students-autism-10-ideas-inclusive-classrooms

Ladson-Billings, G. (1994). *The dreamkeepers: Successful teachers of African American children*. Jossey-Bass.

Learning for Justice Staff. (2017, August 2). *Six ways to stand behind your LGBT students*. https://www.learningforjustice.org/magazine/six-ways-to-stand-behind-your-lgbt-students

Lindsey, D., Thousand, J., Jew, C., & Piowlski, L. (2018). *Culturally proficient inclusive schools*. Corwin.

Love, B. (2019). *We want to do more than survive: Abolitionist teaching and the pursuit of educational freedom*. Beacon.

Loveless, B. (2021). *Emotional and behavioral disorders in the classroom*. Education Corner. https://www.educationcorner.com/behavioral-disorders-in-the-classroom.html

Low, K. (2020). *Teaching strategies for students with ADHD*. Verywellmind. https://www.verywellmind.com/teaching-strategies-for-students-with-adhd-20522

Lukowiak, T. (2010). Positive behavioral strategies for students with EBD and needed supports for teachers and paraprofessionals. *Journal of the American Academy of Special Education Professionals*, Winter 2010, 40–52. https://files.eric.ed.gov/fulltext/EJ1137055.pdf

McKibben, S. (2014, July 1). The two-minute relationship builder. *ASCD*. https://www.ascd.org/el/articles/the-two-minute-relationship-builder

McGraw Hill. (2019, April 24). *Supporting English learners with culturally responsive social and emotional learning: An interview with Aislinn Cunningham, ELA expert and manager of professional learning, StudySync*. Medium. https://medium.com/inspired-ideas-prek-12/supporting-english-learners-with-culturally-responsive-social-and-emotional-learning-7ed9d9f809a6

Mendler, A., & Curwin, R. (2007). *Discipline with dignity for challenging youth*. Solution Tree.

Merrill, S. (2020, Sept. 11). Trauma is "written into our bodies"—but educators can help. *Edutopia*. https://www.edutopia.org/article/trauma-written-our-bodies-educators-can-help

Mertz, J. (2016, April 19). *Why being a good observer matters*. https://www.thindifference.com/2016/04/good-observer-matters/

Miller, C. (n.d.). *What's ADHD (and what's not) in the classroom*. Child Mind Institute. https://childmind.org/article/whats-adhd-and-whats-not-in-the-classroom/

Miller, K. (2019, April 24). Culturally responsive and English learners. https://rpscurriculumandinstruction.weebly.com/tools-tips--tricks/culturally-responsive-and-english-learners

Milner, H. R., IV. (2006). *The promise of Black teachers' success with Black students*. https://files.eric.ed.gov/fulltext/EJ794734.pdf

Minahan, J. (2020). Maintaining relationships, reducing anxiety during remote learning. *Educational Leadership*, 78(2), 20–27.

Minkel, J. (2018, August 16). How can White teachers do right by students of color? *Education Week*. https://www.edweek.org/teaching-learning/opinion-how-can-white-teachers-do-right-by-students-of-color/2018/08

Mizerny, C. (2018, December 18). *We can do lots more for students with dyslexia. Middle Web Blog*. https://www.middleweb.com/39393/we-can-do-lots-more-for-students-with-dyslexia/

Namahoe, K. (2020, Dec. 2). *Natural-born hustlers: Combatting the school-to-prison pipeline through entrepreneurship education*. SmartBrief. https://www.smartbrief.com/original/2020/12/natural-born-hustlers-combating-school-prison-pipeline-through

National Association of Colleges and Employers. (2021). *Equity*. https://www.naceweb.org/about-us/equity-definition/

National Association of Secondary School Principals. (2019). *Poverty and its impact on students' education*. https://www.nassp.org/poverty-and-its-impact-on-students-education/

National Autistic Society UK. (n.d.). *What is autism?* https://www.autism.org.uk/advice-and-guidance/what-is-autism.

National Center for Education Statistics. (2018). *Number and percentage of public school students eligible for free and* reduced-price lunch. Selected years 2000-01 through 2016-17. https://nces.ed.gov/programs/digest/d18/tables/dt18_204.10.asp

National Center for Education Statistics. (2020). *Racial/ethnic enrollment in public school.* https://nces.ed.gov/programs/coe/indicator_cge.asp

National Child Traumatic Stress Network. (n.d.). *About child trauma.* https://www.nctsn.org/what-is-child-trauma/about-child-trauma

National Education Association. (2006). *Teaching students with autism in inclusive classrooms.* https://www.autism-society.org/wp-content/uploads/2014/04/Puzzle-of-Autism.pdf

National Research Council. (2000). *How people learn: Brain, mind, experience, and school* (Expanded ed.). National Academies Press.

National Science Teaching Association. (n.d.). *Behavioral disorders.* https://www.nsta.org/behavioral-disorders

New Brunswick Association for Community Living. (n.d.). *Inclusive education and its benefits.* https://nbacl.nb.ca/module-pages/inclusive-education-and-its-benefits/#:~:text=Inclusive%20education%20%28when%20practiced%20well%29%20is%20very%20important,other%20students%20their%20own%20age.%20More%20items . . . %20

Ottow, S. (2021, April 29). *What English learners need now.* Learning Forward. https://learningforward.org/2021/04/29/what-english-learners-need-now/

PACER's National Bullying Prevention Center. (2020). *Bullying statistics.* https://www.pacer.org/bullying/info/stats.asp

Paley, V. (1993). *You can't say you can't play.* Harvard University Press.

Parrett, W., & Budge, K. (2020). *Turning high-poverty schools into high-performing schools* (2nd ed.). ASCD.

Parrish, N. (2018, April 27). *Setting students with ADHD up for success.* Edutopia. https://www.edutopia.org/article/setting-students-adhd-success

Pate, A. (2020). *The innocent classroom: Dismantling racial bias to support students of color.* ASCD.

Pesce, A. (n.d.). *Cultural diversity in the classroom: 5 useful tips on how to teach students from different cultures.* Busy Teacher. https://busyteacher.org/17479-how-to-teach-students-different-countries-5.html

Peterson, J. M., & Hittie, M. M. (2005). *Inclusive teaching: Creating effective schools for all learners.* Allyn & Bacon.

Positive Action. (2021, February 26). *9 effective teaching strategies for students with emotional and behavioral disorders.* https://www.positiveaction.net/blog/teaching-strategies-for-emotional-and-behavioral-disorders

PsychGuides. (n.d.). *Behavioral disorder symptoms, causes, and effects.* https://www.psychguides.com/behavioral-disorders/

Public Schools First NC. (2020). *Facts on child poverty.* https://www.publicschoolsfirstnc.org/resources/fact-sheets/facts-on-child-poverty/

Randolph, D. (2021, April 15). Black lives ain't never gon' matter in the classroom until Black English does. ASCD. https://www.ascd.org/blogs/black-lives-aint-never-gon-matter-in-the-classroom-until-black-english-does

Rebora, A. (2020, October). Increasing awareness of student trauma in the COVID-19 era. *Educational Leadership, 78*(2), 10. http://www.ascd.org/publications/educational_leadership/oct20/vol78/num02/Increasing_Awareness_of_Student_Trauma_in_the_COVID-19_Era.aspx

Resilient Educator. (2018, May 30). *5 tips for handling EBD kids (Emotional Behavior Disorder) in an inclusive classroom.* https://resilienteducator.com/classroom-resources/5-tips-for-handling-ebd-kids-emotional-behavior-disorder-in-an-inclusive-classroom/

Riddell, L. (2020, July 2). *Three factors to focus on when teaching kids living in poverty.* Northwest Evaluation Association. https://www.nwea.org/blog/2020/3-factors-to-focus-on-when-teaching-kids-living-in-poverty/

Rojas, V. (2007). *Strategies for success with English language learners.* ASCD.

Russaw, J. (2019, October 16). Muslim students still almost twice as likely to face bullying at school despite "minimal improvement": Report. *Newsweek.* https://www.newsweek.com/cair-islamophobic-bullying-report-2019-1465490

Sandman-Hurley, K. (2014, Oct. 23). *Dyslexia in the general education classroom.* Edutopia. https://www.edutopia.org/blog/dyslexia-in-general-ed-classroom-kelli-sandman-hurley

Schlechty, P. (2011). *Engaging students: The next level of working on the work.* Wiley.

Scholastic. (n.d.). *10 common challenges and best practices for teaching students with ADHD.* https://www.scholastic.com/teachers/articles/teaching-content/10-common-challenges-and-best-practices-teaching-students-adhd/

Segal, J., & Smith, M. (2020). *Teaching students with ADHD.* https://www.helpguide.org/articles/add-adhd/teaching-students-with-adhd-attention-deficit-disorder.htm

Shaw, M., Hodgkins, P., Caci, H., & Young, S. (2012). A systematic review and analysis of long-term outcomes in attention deficit hyperactivity disorder: Effects of treatment and non-treatment. *BMC Med, 10,* 99. https://doi.org/10.1186/1741-7015-10-99

Smith, E., Polloway, E., & Taber-Doughty, T. (2020). *Teaching students with special needs in inclusive settings* (8th ed.). ProEd.

Smith, C. (2021, June 9). The benefits of speech-to-text technology in all classrooms. *MindShift.* https://www

.kqed.org/mindshift/57786/the-benefits-of-speech-to-text-technology-in-all-classrooms

Solar, E. (2011). *Emotional and behavioral disorders*. EBD for Everyone. https://ebdforeveryone.weebly.com/for-teachers.html

Sorrels, B. (2015). *Reaching and teaching children exposed to trauma*. Gryphon House.

Sousa, D., & Tomlinson, C. (2018). *Differentiation and the brain: How neuroscience supports the learner-friendly classroom* (2nd ed.). Solution Tree.

Star Autism Support. (n.d.). *Supporting students with ASD in general education*. https://starautismsupport.com/supporting-students-asd-general-education

Storti, C. (1999). *Figuring foreigners out*. Intercultural Press.

Tatum, A. (2005). *Teaching reading to Black adolescent males: Closing the achievement gap*. Stenhouse.

Teacher Vision. (n.d.). *Strategies for teaching culturally diverse students*. https://www.teachervision.com/teaching-strategies/strategies-for-teaching-culturally-diverse-students?

Thiers, N. (2020, October). Nadine Burke Harris on responding to human trauma. *Educational Leadership, 78*(2), 12–13.

Thorne, G., Thomas, A., & Lawson, C. (n.d.). *15 strategies for managing attention problems*. Reading Rockets. https://www.readingrockets.org/article/15-strategies-managing-attention-problems

Tomlinson, C. (2017). *How to differentiate instruction in academically diverse classrooms* (3rd ed.). ASCD.

Tomlinson, C. (2021). *So each may soar: The principles and practices of learner-focused classrooms*. ASCD.

Tomlinson, C., Brimijoin, K., & Narvaez, L. (2008). *The differentiated school: Making revolutionary changes in teaching and learning*. ASCD.

Tomlinson, C., & Imbeau, M. (2010). *Leading and managing a differentiated classroom*. ASCD.

Tomlinson, C., & Javius, E. (2012, February). Teach up for excellence. *Educational Leadership, 65*(9), 28–33.

Tomlinson, C., & Murphy, M. (2015). *Leading for differentiation: Growing teachers who grow kids*. ASCD.

Tomlinson, C., & Sousa, D. (2020). The sciences of teaching. *Educational Leadership, 77*(8), 14–20.

The Trevor Project. (n.d.). *Estimating the number of LGBTQ youth seriously considering suicide*. https://www.thetrevorproject.org/trvr_press/national-estimate-of-lgbtq-youth-seriously-considering-suicide/

Tucker, M. (2019, December 5). *Child poverty and its impact on education in the United States*. National Center on Education and the Economy. https://ncee.org/2019/12/child-poverty-and-its-impact-on-education-in-the-u-s/

Understood.org. (2018). *Dyslexia fact sheet*. https://assets.ctfassets.net/p0qf7j048i0q/7gUDX1YFkaOHbBHiqylfli/4c5292b9283a2dc41f6b33a14dd867b4/Dyslexia_Fact_Sheet_Understood.pdf

Vygotsky, L. (1986). *Thought and language* (A. Kozulin, Ed. & Trans.). MIT Press. (Original work published in 1934)

Walkington, C., Milan, S., & Howell, E. (2014). What makes ideas stick? *The Mathematics Teacher, 108*(4), 272–279.

Waterford Foundation. (2014, March 11). *Dyslexia in schools: Understanding & teaching students with dyslexia*. https://www.waterford.org/education/dyslexia-in-schools/

Waterford Foundation. (2019a). *ADHD in the classroom: How to teach & support students with attention-deficit/hyperactivity disorder*. https://www.waterford.org/education/adhd-in-the-classroom/

Waterford Foundation. (2019b, March 26). *Information on supporting students with autism*. https://www.waterford.org/education/activities-for-children-with-autism/

Wiggins, G. (1992). Foreword. In R. Villa, J. Thousand, W. Stainback, & S. Stainback (Eds.), *Restructuring for a caring and effective education: An administrative guide to creating heterogeneous schools* (pp. xv–xvi). Paul H. Brookes.

Wiggins, G., & McTighe, J. (2005). *Understanding by design* (expanded 2nd ed.). ASCD.

Wiliam, D. (2011a). *Embedded formative assessment*. Solution Tree.

Wiliam, D. (2011b, September 16). *What assessment can—and cannot—do*. http://dylanwiliam.org/Dylan_Wiliams_website/Papers_files/Pedagogiska%20magasinet%20article.docx

Witt, D., & Soet, M. (2020, July 13). *5 effective modeling strategies for English learners*. Edutopia. https://www.edutopia.org/article/5-effective-modeling-strategies-english-learners

Wlodkowski, R., & Ginsberg, M. (1995, September 1). A framework for culturally responsive teaching. *Educational Leadership*. http://www.ascd.org/publications/educational-leadership/sept95/vol53/num01/A-Framework-for-Culturally-Responsive-Teaching.aspx

Woolf, N. (n.d.). *2 X 10 relationship building: How to do it (and why it works)*. Panorama Education. https://www.panoramaed.com/blog/2x10-relationship-building-strategy

Worthington, B. (2021). *Dyslexia in the classroom*. Dyslexia Help. http://dyslexiahelp.umich.edu/parents/living-with-dyslexia/school/classroom

Zacarian, D., Alvarez-Ortiz, L., & Haynes, J. (2020, October). Meeting student trauma with an asset-based approach. *Educational Leadership, 78*(2), 69–73.

Zimmerman, K. (2017, July 12). *What is culture?* Live Science. www.livescience.com/21478-what-is-culture-definition-of-culture.html

國家圖書館出版品預行編目（CIP）資料

每個人的教室：以差異化教學支持學生的多元需求／Carol Ann Tomlinson 著；侯秋玲，李燕菁，黃怡甄，陳映先，陳志偉譯. --初版.-- 新北市：心理出版社股份有限公司, 2025.08
　　面；　公分. --（課程教學系列；41345）
　　譯自：Everybody's classroom: differentiating for the shared and unique needs of diverse students
　　ISBN 978-626-7447-82-6（平裝）

1. CST: 教學法　2. CST: 教學設計　3. CST: 多元文化教育

521.4　　　　　　　　　　　　　　　　　114009335

課程教學系列 41345

每個人的教室：
以差異化教學支持學生的多元需求

作　　者：Carol Ann Tomlinson
譯　　者：侯秋玲、李燕菁、黃怡甄、陳映先、陳志偉
執行編輯：林汝穎
總　編　輯：林敬堯
發　行　人：洪有義
出　版　者：心理出版社股份有限公司
地　　址：231026 新北市新店區光明街 288 號 7 樓
電　　話：(02) 29150566
傳　　真：(02) 29152928
郵撥帳號：19293172 心理出版社股份有限公司
網　　址：https://www.psy.com.tw
電子信箱：psychoco@ms15.hinet.net
排　版　者：菩薩蠻數位文化有限公司
印　刷　者：辰皓國際出版製作有限公司
初版一刷：2025 年 8 月
Ｉ Ｓ Ｂ Ｎ：978-626-7447-82-6
定　　價：新台幣 350 元

■有著作權‧侵害必究■
【本書獲有原出版者全球繁體中文版出版發行獨家授權】